BWL-Basiswissen

Vorbereitung zum Europäischen Wirtschaftsführerschein – EBC*L

Peter Krahé · Frank Stolze

BWL-Basiswissen

Vorbereitung zum Europäischen Wirtschaftsführerschein – EBC*L

TLA
TeleLearn-Akademie

Bibliografische Information der Deutschen Bibliothek: Die Deutsche Bibliothek verzeichnet diese Publikation in der Deutschen Nationalbibliografie; detaillierte bibliografische Daten sind im Internet über http://dnb.ddb.de abrufbar.

2. neu bearbeitete Auflage 2007
Autoren: Peter Krahé und Frank Stolze
Satz: NB-Design Regina Neubohn
Cover: Olaf Dierker
Herausgeber und Verlag: TLA TeleLearn-Akademie GmbH (gemeinnützig), Hamburg
Herstellung: Books on Demand GmbH, Norderstedt
ISBN 978-3-940613-00-4

Inhalt

Inhalt

Einleitung

Fundiertes betriebswirtschaftliches Wissen ist das A und O einer erfolgreichen Unternehmensführung. Zahlreiche kleine, mittelständische und große Unternehmen haben diese Erkenntnis längst fest in ihrem Tagesgeschäft verankert. In der Wirtschaft werden heute von nahezu allen Mitarbeiter/-innen, gerade auch in technischen Bereichen, betriebswirtschaftliche Grundkenntnisse erwartet. Für Führungskräfte sind solche Kenntnisse unabdingbar.

Der »Europäische Wirtschaftsführerschein«, der 2005 in European Business Competence* Licence – kurz EBC*L – umbenannt wurde, zertifiziert exakt dieses Wissen. EBC*L ist ein auf Initiative des Kuratoriums Wirtschaftskompetenz für Europa e. V. durch die Wirtschaft, Verwaltung und Wissenschaft entwickeltes Zertifikat über betriebswirtschaftliche Grundlagen in den Bereichen

- Bilanzierung,
- Unternehmensziele und Kennzahlen,
- Kostenrechnung,
- Wirtschaftsrecht.

Das vorliegende Buch »BWL-Basiswissen« vermittelt fundiertes betriebswirtschaftliches Know-how in diesen vier Bereichen und bereitet gleichzeitig nach aktuellem Lernzielkatalog auf die EBC*L-Prüfung vor.

»BWL-Basiswissen« ist geeignet für Unternehmen, die ihr Personal schulen möchten, für Selbstständige, Unternehmensgründer und all diejenigen, die ihre Chancen auf dem Arbeitsmarkt verbessern oder sich innerhalb des Unternehmens kompetenter positionieren möchten.

Das »BWL-Basiswissen« ist anschaulich aufbereitet. Fragen zu jedem Kapitel helfen, das Gelernte zu festigen. Sie verstehen besser, wie Unternehmen funktionieren und auf welcher Basis planerische und organisatorische Entscheidungen in Unternehmen getroffen werden. Das branchenübergreifende Wissen ist Grundlage für unternehmerisches Denken und rationale Entscheidungen. Das Zertifikat dokumentiert die erworbenen Kompetenzen.

Für all diejenigen, die interaktiv und am PC lernen möchten, bietet die TLA TeleLearn-Akademie einen tutoriell begleiteten Online-Kurs zum EBC*L an. Dieser Kurs ist durch die Staatliche Zentralstelle für Fernunterricht zertifiziert. Die Inhalte sind auch als Lern-CD bei der TeleLearn-Akademie erhältlich.
www.ebcl-online.de

Die zweistündige schriftliche Prüfung wird in einem Prüfungszentrum abgelegt. Eine Karte mit Prüfungszentren finden Sie auf der Website des Kuratoriums Wirtschaftskompetenz für Europa e. V.
www.ebcl.de

Die TLA ist durch das Kuratorium Wirtschaftskompetenz für Europa e. V. als Prüfungszentrum zertifiziert. Wir, die Autoren des Buchs und Prüfer im TLA-Prüfungszentrum, würden uns natürlich freuen, Sie zur Prüfung begrüßen zu dürfen.

Für Hinweise und Anregungen sind wir dankbar. Kontakt zu den Autoren können Sie über die E-Mail-Adresse aufnehmen.
autoren@ebcl-online.de

Wir wünschen Ihnen viel Spaß bei der Lektüre des Buchs und viel Erfolg bei der EBC*L-Prüfung.

Weißenthurm und Hatten-Sandkrug im Juli 2007

Dipl.-Kfm. Peter Krahé Dr. Frank Stolze

Informationen über die Verfasser

Diplom-Kaufmann **Peter Krahé** arbeitete im Anschluss an sein BWL-Studium zunächst als wissenschaftlicher Mitarbeiter am Institut für Konsum- und Verhaltensforschung der Universität Saarbrücken. Danach folgten langjährige verantwortliche Tätigkeiten im Projekt- und Account-Management bei Unternehmensberatungen, Marktforschungsinstituten und Werbeagenturen. Seit 2003 freiberuflicher Unternehmensberater mit Fokus auf Marketing, Personalentwicklung und E-Learning. Lehrbeauftragter an Berufsakademien und Fachhochschulen sowie Fachautor, Tutor und Trainer für betriebswirtschaftliche Themen, Soft-Skills und Projektmanagement. Weitere Informationen unter *www.imap-consulting.de.*

Dr. rer. pol. **Frank Stolze**, Diplom-Ökonom, Diplom-Betriebswirt und Bankkaufmann. Langjährige verantwortliche Tätigkeiten als Controller im Bankbereich. Seit 1995 Dozent, Trainer und e-Moderator im Hochschulbereich, in privaten Bildungsinstituten und gewerblichen Einrichtungen. Themenschwerpunkte: Controlling, Marketing, Kostenrechnung und Basiskomponenten der Betriebswirtschafts- und Volkswirtschaftslehre. Daneben Autor zahlreicher betriebswirtschaftlicher Fachbücher. Weitere Informationen unter *www.dr-frank-stolze.de.*

EBC*L

Bilanzierung

Die Bilanz

Die Gewinn- und Verlustrechnung (GuV-Rechnung)

Der Jahresabschluss als periodenreines Ergebnis eines Unternehmens

Von der Eröffnungsbilanz zur Schlussbilanz – Buchungen von Geschäftsvorfällen über Konten

Bilanzierung

1. Die Bilanz

1.1 Einführung

Der Begriff Bilanz ist für Sie bestimmt ein geläufiges Wort. Auch im alltäglichen Sprachgebrauch kommt es häufig zum Einsatz. Ohne jetzt direkt an die Betriebswirtschaftslehre zu denken, gebrauchen Sie dieses Wort in der Regel im Sinne von »Ergebnis« oder »Fazit« bzw. wenn Sie einen abschließenden Überblick über geschehene Ereignisse geben wollen, z. B. die Bilanz Ihres bisherigen beruflichen Lebens.

Im Grunde genommen unterscheidet sich die betriebswirtschaftliche Definition von der Bilanz gar nicht so stark von dem, was wir in unserem Alltag unter Bilanz verstehen. Denn die betriebswirtschaftliche Bilanz gibt ebenso einen abschließenden Überblick über Ereignisse. Allerdings handelt es sich hierbei um die Ereignisse eines Unternehmens.

einfache Herleitung

Stellen Sie sich vor, dass Sie ein Unternehmen, z. B. einen Maschinenbaubetrieb, gründen möchten. Und jetzt überlegen Sie, was Sie bereits haben bzw. noch brauchen, um überhaupt »loslegen« zu können.

Was haben Sie?
Neben einer geeigneten Ausbildung und genügend Ideen verfügen Sie unter Umständen über bestimmte Lizenzen. Vielleicht haben Sie sogar ein Patent angemeldet.

Was brauchen Sie?
Vermutlich eine ganze Menge. Wahrscheinlich brauchen Sie für Ihr Geschäft ein Gebäude mit entsprechender Geschäftsausstattung,

Maschinen und Werkzeuge, einen Lieferwagen, ein Rohstofflager, ein Geschäftskonto und natürlich auch Bargeld, um Rechnungen von Lieferanten bezahlen zu können.

Vermögen

Was haben die aufgezählten Posten gemeinsam? Nun, sie stellen Vermögensgegenstände bzw. -werte dar, die sowohl immateriell (z. B. Ideen, Patente, Lizenzen) als auch materiell (z. B. Gebäude, Geschäftsausstattung, Teile etc.) sind. Diese Vermögensgegenstände werden in Ihrem Unternehmen benötigt, damit Sie überhaupt Ihre Leistungen am Markt anbieten, also aktiv werden können.

Kapital

Aber »Vermögen« fällt nicht einfach so vom Himmel. Um Ihr Vorhaben zu realisieren, sind Sie auf Kapital angewiesen. Einerseits werden Sie selbst eigenes Kapital (Eigenkapital) investieren, andererseits sind Sie aber auch auf fremdes Kapital (Schulden oder Fremdkapital) angewiesen.

Fremdkapital (z. B. Darlehen, Hypothekenschulden und Kredite) erhalten Sie von Banken, aber auch vielleicht von Privatpersonen. Jedenfalls benötigen Sie Kapital, um überhaupt Vermögensgegenstände zu erwerben. Im eigentlichen unternehmerischen Leistungsprozess kommt ihm allerdings nur eine passive Rolle zu.

T-Konto

Um von diesem ersten Ansatz zu einer vereinfachten Bilanz zu kommen, nehmen Sie sich einfach ein Blatt Papier und malen darauf ein etwas größeres »T« (betriebswirtschaftlich korrekt spricht man hier von einem Konto, einem so genannten T-Konto). Allgemein ist das Konto eine zweiseitige Rechnung zur getrennten und übersichtlichen Aufzeichnung verschiedener Vorgänge.

Bilanzierung

Innerhalb dieses Kontos ordnen Sie Ihr Vermögen links und das Kapital rechts ein.

Ordnen von Vermögen und Kapital

Vermögen	**Kapital**
Patente, Lizenzen	eigenes Kapital
Gebäude	
Geschäftsausstattung	
Maschinen	
Werkzeuge	
Lieferwagen	
Warenlager	fremdes Kapital
Geschäftskonto	
Kasse (Bargeld)	
Summe	**Summe**

So leicht ist eine vereinfachte Bilanz dargestellt. Nun aber zur korrekten, betriebswirtschaftlichen Definition.

Definition

> Die Bilanz ist eine kontenmäßige Gegenüberstellung von Vermögen und Schulden eines Unternehmens zu einem bestimmten Zeitpunkt (Bilanzstichtag). Durch die Gegenüberstellung von Vermögen und Schulden ermittelt das Unternehmen als Restgröße das Eigenkapital.

Momentaufnahme

Eine Bilanz wird in der Regel immer stichtagsbezogen aufgestellt (z. B. eine Bilanz zu Beginn oder Ende eines Geschäftsjahres). Deshalb ist sie eine Art Momentaufnahme des Vermögens und der Schulden eines Unternehmens.

Typischerweise erstellt jedes Unternehmen erstmals am Anfang seiner Geschäftstätigkeit eine Gründungsbilanz. Zu Beginn jedes Geschäftsjahres wird eine Eröffnungsbilanz und am Ende eine Schlussbilanz erstellt. Sollten besondere Gegebenheiten während eines Geschäftsjahres auftreten (z. B. ein Gesellschafter steigt aus dem Unternehmen aus), werden auch Zwischenbilanzen erstellt. Üblicherweise ist ein Geschäftsjahr mit dem Kalenderjahr identisch (1.1.–31.12.); allerdings muss dies nicht zwangsläufig so sein. So gibt es auch Unternehmen, deren Geschäftsjahr z. B. vom 1.10. bis zum 30.9. geht.

Bilanzierungszeitpunkte

Die Bilanz ist neben der Gewinn- und Verlustrechnung (GuV-Rechnung) ein Bestandteil des so genannten Jahresabschlusses. Die gesetzlichen Regelungen finden Sie im Handelsgesetzbuch (HGB).

Bilanz als Bestandteil des Jahresabschlusses

Nicht jedes Unternehmen muss zwangsläufig bilanzieren. Nur Kaufleute im Sinne des Handelsgesetzbuches (HGB) müssen dies tun.

Bilanzierungspflicht

Im alltäglichen Sprachgebrauch sprechen wir vom »Kaufmann« oder der »Kauffrau«, wenn wir eine kaufmännisch tätige Person meinen. Laut HGB sind Kaufleute Personen, die ein so genanntes Handelsgewerbe betreiben. Ein Handelsgewerbe ist grundsätzlich jeder Gewerbebetrieb, außer so genannte Kleingewerbetreibende (z. B. »Tante Emma-Läden«).

1.2 Der Aufbau einer Bilanz

Zu Beginn des Kapitels haben Sie bereits eine stark vereinfachte Bilanz kennen gelernt. Nun werden Sie erfahren, wie eine »richtige« Bilanz aufgebaut ist.

Im HGB werden Sie vergeblich nach einer detaillierten Gliederungsvorschrift suchen. Es gibt eben nicht nur eine Gliederungsvorschrift für Bilanzen, sondern der Detaillierungsgrad ist von der Größe und der Rechtsform des Unternehmens abhängig.

gesetzliche Mindestgliederung

So heißt es im § 247 HGB, dass in einer Bilanz

- das Anlage- und das Umlaufvermögen,
- das Eigenkapital,
- die Schulden (das Fremdkapital) sowie
- die Rechnungsabgrenzungsposten

gesondert auszuweisen und hinreichend aufzugliedern sind.

Somit sieht das gesetzlich vorgegebene Grundschema folgendermaßen aus:

Grundschema

Aktiva (Vermögen)	**Passiva (Kapital)**
Anlagevermögen	Eigenkapital
Umlaufvermögen	Fremdkapital
Rechnungsabgrenzungsposten	Rechnungsabgrenzungsposten
Summe	**Summe**

Zusammenfassung:
Die Bilanz ist eine kontenmäßige Gegenüberstellung von Vermögen und Schulden eines Unternehmens zu einem bestimmten Zeitpunkt. Es gibt mehrere Gliederungsvorschriften für Bilanzen. Diese sind abhängig von der Größe und Rechtsform der Unternehmen.

1.2.1 Die linke Seite der Bilanz – das Vermögen (Aktiva)

Auf der linken Seite einer Bilanz werden die Vermögensgegenstände des Unternehmens aufgeführt. Vermögen wird in einem Unternehmen gebraucht, um überhaupt Produkte oder Dienstleistungen produzieren zu können. Dem Vermögen kommt deswegen eine aktive Rolle zu. Daher heißt die Vermögensseite auch Aktiva.

Die Aktiva werden in Anlage- und Umlaufvermögen aufgeteilt.

Anlagevermögen

Anlagevermögen

Das Gesetz schreibt vor, dass beim Anlagevermögen nur die Gegenstände auszuweisen sind, die dazu bestimmt sind, dauernd dem Geschäftsbetrieb zu dienen. Dies bedeutet, dass das Anlagevermögen nicht zum Verkauf bestimmt ist.

Mögliche Bestandteile des Anlagevermögens sind:

- Immaterielle Vermögensgegenstände: Konzessionen, gewerbliche Schutzrechte und ähnliche Rechte und Werte sowie Lizenzen an solchen Rechten und Werten, Geschäfts- oder Firmenwert, geleistete Anzahlungen
- Sachanlagen: Grundstücke, grundstücksgleiche Rechte und Bauten einschließlich der Bauten auf fremden Grundstücken, technische Anlagen und Maschinen, andere Anlagen, Betriebs- und Geschäftsausstattung, geleistete Anzahlungen und Anlagen im Bau
- Finanzanlagen: Anteile an verbundenen Unternehmen, Ausleihungen an verbundenen Unternehmen, Beteiligungen, Ausleihungen an Unternehmen, mit denen ein Beteiligungsverhältnis besteht, Wertpapiere des Anlagevermögens

Umlaufvermögen

Umlaufvermögen

Unter dem Umlaufvermögen werden Vermögensgegenstände aufgeführt, die nicht dazu bestimmt sind, dauernd dem Geschäftsbetrieb zu dienen. Dies bedeutet, dass das Unternehmen diese Vermögensgegenstände im Rahmen der Produktion verbraucht, verkauft oder verarbeitet.

Mögliche Bestandteile des Umlaufvermögens sind:

- Vorräte: Roh-, Hilfs- und Betriebsstoffe, unfertige Erzeugnisse, unfertige Leistungen, fertige Erzeugnisse und Waren, geleistete Anzahlungen
- Forderungen: Anspruch auf Entgelt für eine erbrachte Leistung
- Wertpapiere (kurzfristig gehalten): Anteile an verbundenen Unternehmen, eigene Anteile, sonstige Wertpapiere
- Flüssige (liquide) Mittel: Schecks, Kassenbestand, Bundesbank- und Postgiro-Guthaben, Guthaben bei Kreditinstituten

Forderungen – ein besonderer Bestandteil des Umlaufvermögens

Forderungen

Von Forderungen spricht man, wenn ein Unternehmen Anspruch auf Entgelt für eine erbrachte Leistung hat.

In der Bilanz werden Forderungen im Umlaufvermögen ausgewiesen und in der Regel wie folgt untergliedert:

- Forderungen aus Lieferungen und Leistungen
- Forderungen gegen verbundene Unternehmen (= rechtlich selbstständige Unternehmen, die in einem bestimmten Verhältnis zueinander stehen, z. B. in Mehrheitsbesitz stehende Unternehmen oder Konzernunternehmen)
- Forderungen gegen Unternehmen, mit denen ein Beteiligungsverhältnis besteht
- Sonstige Vermögensgegenstände (anderweitige Forderungen)

Forderungen sind prinzipiell dem Grund und der Höhe nach gewiss, d.h. das Unternehmen weiß genau, wie viel ein Kunde wofür bezahlen muss.

Beispiel:

Beispiel

Ein Unternehmen liefert im Dezember des aktuellen Geschäftsjahres Waren, die der Kunde allerdings erst im März des folgenden Geschäftsjahres bezahlen muss (»Zahlungsziel«).

Was ist was – Anlagevermögen oder Umlaufvermögen?

Ein und derselbe Vermögensgegenstand kann in einem Unternehmen Anlagevermögen darstellen, in einem anderen Unternehmen allerdings zum Umlaufvermögen gehören. Es kommt dabei auf die Nutzungsabsicht an.

Beispiel:

Beispiel

Denken Sie an einen Computer. Für eine Werbeagentur ist ein Computer ein zentrales Betriebsmittel. In diesem Fall ist der Computer ins Anlagevermögen aufzunehmen, weil er dazu bestimmt ist, dauernd dem Geschäftsbetrieb zu dienen. Für ein Unternehmen, das mit Computern handelt, stellen Computer Umlaufvermögen dar. Computer sind in diesem Fall nicht dazu bestimmt, dauernd dem Geschäftsbetrieb zu dienen, da der Händler diese verkauft. Allerdings listet der Computerhändler auch Computer in seinem Anlagevermögen auf, wenn diese für Bürotätigkeiten genutzt werden und somit auch dauernd dem Geschäftsbetrieb dienen.

Rechnungsabgrenzungsposten

Wie der Name schon sagt, wird hier etwas »abgegrenzt«.
Wenn etwas vom Bilanzstichtag aus gesehen in eine andere Rechnungsperiode übergreift, handelt es sich um einen Rechnungsabgrenzungsposten.

aktive Rechnungsabgrenzungsposten

Aktive Rechnungsabgrenzungsposten sind bereits im Voraus bezahlte Aufwendungen für das nächste Geschäftsjahr. Diese müssen auf der linken Seite der Bilanz (Aktiva) als aktive Rechnungsabgrenzung aufgeführt werden.

Beispiel

Beispiel: aktive Rechnungsabgrenzungsposten

Am Bilanzstichtag, dem 31.12., stellt man fest, dass am 1.12. für eine neue Maschine sechs Leasingraten auf einmal gezahlt wurden. Allerdings entfällt nur eine Leasingrate auf das aktuelle Geschäftsjahr. Die restlichen fünf Raten gehören in das nächste Geschäftsjahr. Deshalb muss eine aktive Rechnungsabgrenzung gebildet werden.

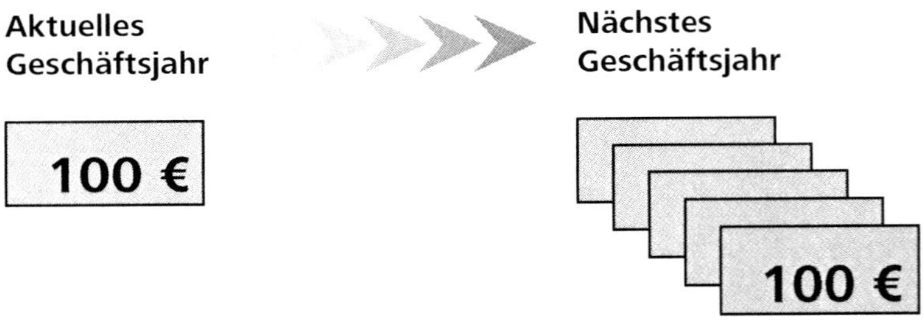

... und noch ein Beispiel:

Ein Unternehmen bezahlt im November eine Versicherungsprämie für ein Jahr in Höhe von 1.200 €. Der versicherungstechnisch abgedeckte Zeitraum Januar-Oktober fällt in das neue Geschäftsjahr. Damit müssen 1.000 € abgegrenzt werden. Es handelt sich hierbei gleichfalls um eine aktive Rechnungsabgrenzung.

Natürlich gibt es auch noch passive Rechnungsabgrenzungsposten. Erläuterungen und Beispiele hierfür erhalten Sie, wenn wir Ihnen die Passivseite (»Kapitalseite«) der Bilanz vorstellen.

Aktivierungspflicht

Aktivierungspflicht

Aktivieren heißt, dass man einen Vermögensgegenstand in die Aktivseite (»Vermögensseite«) der Bilanz aufnimmt.

Bei der Aktivierungspflicht handelt es sich um ein gesetzliches Gebot: Grundsätzlich sind (bis auf bestimmte Ausnahmen) alle Vermögensgegenstände und Rechnungsabgrenzungsposten am Bilanzstichtag auf der Aktivseite der Bilanz auszuweisen.

1.2.2 Die rechte Seite der Bilanz – das Kapital (Passiva)

Aktiva (Vermögen)	Passiva (Kapital)
Anlagevermögen Umlaufvermögen Rechnungsabgrenzungsposten	Eigenkapital Fremdkapital Rechnungsabgrenzungsposten
Summe	**Summe**

Die rechte Seite der Bilanz ist die Kapitalseite.

Jedes Unternehmen braucht Kapital, um überhaupt Vermögensgegenstände zu erwerben. Für die eigentliche Produktion kommt dem Kapital indes nur eine passive Rolle zu. Daher heißt die Kapitalseite auch Passiva.

Das Kapital (Passiva) dokumentiert in erster Linie die Ansprüche
- der Unternehmer bzw. Anteilseigner (durch den Posten Eigenkapital) und
- der Fremdkapitalgeber (durch den Posten Fremdkapital).

Fremdkapital (Schulden)

Fremdkapital

Fremdkapital ist – wie der Name es bereits verrät – fremdes Kapital. Es handelt sich also um Schulden des Unternehmens. Diese Schulden sind rechtlich entstanden oder wirtschaftlich verursacht. Das Fremdkapital dient der Finanzierung der Vermögensgegenstände.

Die Fremdkapitalgeber (Gläubiger) sind an dem Unternehmen nicht beteiligt und haben einen Anspruch auf Rück- bzw. Auszahlung (Tilgung) und ggf. Zinszahlung. Die Gläubiger stellen das Fremdkapital dem Unternehmen langfristig (z. B. Darlehen, Hypothekenschulden und Kredite) bzw. mittel- oder kurzfristig zur Verfügung.

Sehen Sie sich nun die wesentlichen Bestandteile des Fremdkapitals an.

Verbindlichkeiten

Verbindlichkeiten

Verbindlichkeiten zählen zu den Schulden eines Unternehmens, und man kann sie als Zahlungsverpflichtungen umschreiben.

Sie liegen in der Zukunft, sind allerdings bereits zum Bilanzstichtag dem Grund und der Höhe nach gewiss. Das heißt, das Unternehmen weiß genau, wie viel wofür anfällt.

Mögliche Arten von Verbindlichkeiten:

- Anleihen
- Verbindlichkeiten gegenüber Kreditinstituten (Darlehen, Hypothekenschulden und Kredite)
- Anzahlungen von Kunden
- Verbindlichkeiten aus Lieferungen und Leistungen (Warenschulden)
- Schuldwechsel
- Verbindlichkeiten gegenüber verbundenen Unternehmen und gegenüber Unternehmen, mit denen ein Beteiligungsverhältnis besteht
- Sonstige Verbindlichkeiten, insbesondere aus Steuern und im Rahmen der sozialen Sicherheit

Rückstellungen

Rückstellungen sind Zahlungen, die hinsichtlich ihrer Entstehung oder Höhe ungewiss sind, allerdings im Falle ihres Entstehens auf ein Ereignis im aktuellen Geschäftsjahr zurückzuführen sind.

Rückstellungen

Beispiel:

Ein Unternehmen befindet sich im aktuellen Geschäftsjahr in einem Rechtsstreit, dessen Ausgang ungewiss ist. Daher bildet das Unternehmen eine Rückstellung für eventuelle Entschädigungen.

Beispiel

Mögliche Arten von Rückstellungen

- Rückstellungen für Pensionen und ähnliche Verpflichtungen
- Garantieverpflichtungen
- Steuerrückstellungen
- Prozessrückstellungen
- Rückstellungen für drohende Verluste aus schwebenden Geschäften

Achtung:

Rückstellungen können nicht ohne einen konkreten Grund und nicht in beliebiger Höhe gebildet werden. Das Unternehmen muss sämtliche Rückstellungen bei Inanspruchnahme oder Wegfall des Grundes auflösen. Jedes Unternehmen wird jedoch immer versuchen, Rückstellungen zu bilden. Denn sie mindern den Gewinn und damit auch die Steuern, die an das Finanzamt zu bezahlen sind.

Die folgende Tabelle zeigt Ihnen, wie sich Rückstellungen von Verbindlichkeiten unterscheiden.

Unterschiede Rückstellungen – Verbindlichkeiten

Unterschiede Rückstellungen – Verbindlichkeiten		
Kriterien	**Rückstellungen**	**Verbindlichkeiten**
Position in der Bilanz	Fremdkapital	Fremdkapital
Zeitpunkt	Zukunft (genauer Zeitpunkt unbekannt)	Zukunft (genauer Zeitpunkt bekannt)
Grund	ungewiss	gewiss
Höhe	unbekannt	bekannt

Eigenkapital

Im Gegensatz zum Fremdkapital, das fremdes Kapital darstellt und somit – aus Sicht des Unternehmens – externen Kapitalgebern wieder zurückbezahlt werden muss, stellt Eigenkapital eigenes Kapital des Unternehmens bzw. dessen Gesellschafter und Anteilseigner dar, das im Unternehmen verbleibt.

Eigenkapital verkörpert Eigentumsrechte am Unternehmen (Mitspracherechte, Kontrollrechte, Gewinnanteilsrechte). Jeder Eigenkapitalgeber trägt aber auch das Verlustrisiko und im Falle der Insolvenz – sofern es sich um persönlich haftende Gesellschafter handelt – das über den Wert der Einlage hinausgehende Haftungsrisiko.

Eigenkapital als abstrakte Größe

Achtung:
Das Eigenkapital ist eine abstrakte Größe und ergibt sich rechnerisch als Saldo aus Vermögen und Schulden.

Eigenkapital = Summe Vermögen – Summe Schulden

Dies hat zur Folge, dass ein Unternehmen das Eigenkapital nicht einfach entnehmen und ausgeben kann. Es »steckt« gewissermaßen in den Vermögensgegenständen des Unternehmens.

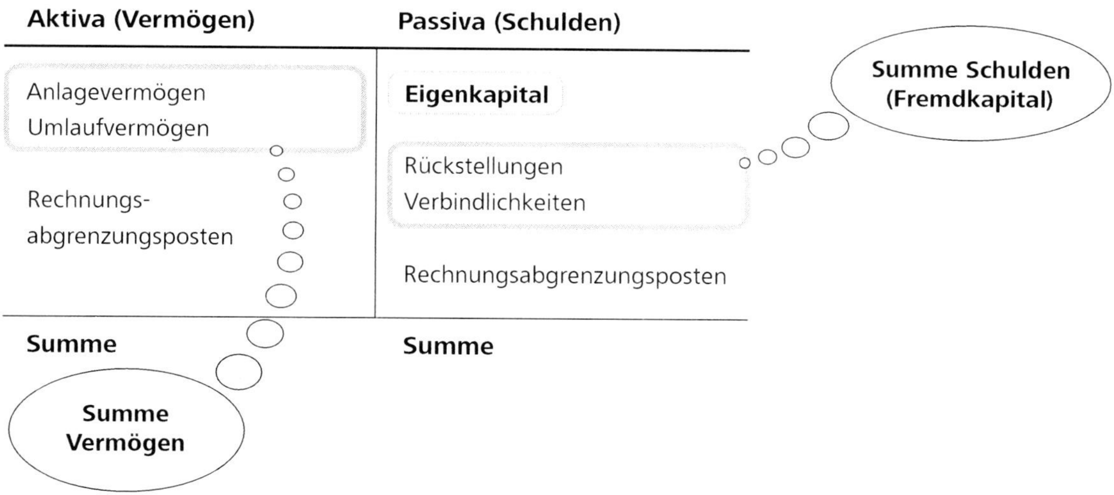

Indikator für »Reichtum«

Das Eigenkapital ist somit ein Indikator dafür, wie »reich« ein Unternehmen ist. Durch die Differenz zwischen Vermögen und Schulden erhält man das Eigenkapital, d. h. den Anteil am Vermögen, der nicht durch Schulden finanziert ist.

Denn wenn ein Unternehmen viel Vermögen besitzt, heißt das noch lange nicht, dass es sich um ein »reiches« Unternehmen handelt, da Teile des Vermögens auch durch Schulden finanziert sein können.

weitere Eigenschaften

Weitere Eigenschaften des Eigenkapitals sind:

- Das Eigenkapital muss nicht besichert werden.
- Deswegen ist Eigenkapital oftmals die Voraussetzung, um überhaupt Fremdkapital zu erhalten.

Allerdings darf man auch einen gravierenden Nachteil nicht verschweigen. Jede Person, die ihr Kapital in ein Unternehmen einbringt, trägt ein hohes Risiko. Bei Zahlungsschwierigkeiten sind Fremdkapitalgeber vorrangig zu bedienen. Die Eigenkapitalgeber (im Falle einer Insolvenz) erhalten nur ihr Kapital zurück, wenn »vom Kuchen noch etwas übrig bleibt«.

Ein weiterer Bestandteil des Eigenkapitals – Rücklagen

An dieser Stelle lernen Sie noch einen weiteren wichtigen Bestandteil einer Bilanz kennen: die Rücklagen.

nur für Kapitalgesellschaften

Achtung:
Rücklagen gibt es nur bei Kapitalgesellschaften (z. B. Aktiengesellschaften), die über ein so genanntes unveränderliches (starres) Kapitalkonto verfügen.

Rücklagen sind »Reserven«. Sie werden von Kapitalgesellschaften gebildet, um für zukünftige Investitionen oder für schlechtere Zeiten gerüstet zu sein (»Spare beizeiten, dann hast du in der Not«). Durch Rücklagen trifft man gewissermaßen eine Vorsorge für das eigene Unternehmen. In der Bilanz einer Kapitalgesellschaft zählen Rücklagen zum Eigenkapital.

Rücklagen werden zum einen auf gesonderten Rücklagenkonten bilanziert. In diesem Fall spricht man von offenen Rücklagen (vergleichen Sie hierzu bitte die Bilanz der Beispiel-AG im Kapitel 1.3).

- Kapitalrücklage: Betrag, der bei der Ausgabe von Anteilen über den Nennbetrag hinaus erzielt wird.
- Gewinnrücklagen: Gewinne, die nicht ausgeschüttet werden, sondern im Unternehmen verbleiben

Andererseits gibt es auch so genannte stille Rücklagen, die in der Bilanz überhaupt nicht in Erscheinung treten. Sie entstehen beispielsweise durch die Unterbewertung von Vermögensgegenständen (Aktiva).

Achtung:
Verwechseln Sie bitte nicht Rücklagen mit Rückstellungen! Rücklagen zählen zum Eigenkapital und Rückstellungen zum Fremdkapital. Beide Posten werden auf der rechten Seite der Bilanz ausgewiesen (vergleichen Sie hierzu bitte die Bilanz der Beispiel-AG im Kapitel 1.3).

Passive Rechnungsabgrenzungsposten

passive Rechnungsabgrenzungsposten

Die passiven Rechnungsabgrenzungsposten sind das Gegenstück der bereits beschriebenen aktiven Rechnungsabgrenzungsposten.

Von passiver Rechnungsabgrenzung spricht man, wenn ein Unternehmen bereits im aktuellen Geschäftsjahr Zahlungen erhalten hat, die allerdings in das nächste Geschäftsjahr gehören. Diese »Vorauszahlungen« müssen auf der Passivseite der Bilanz aufgeführt werden.

Beispiel:

Beispiel

Kommen wir zurück zum Zusatzbeispiel der aktiven Rechnungsabgrenzungsposten.
Dort hatte ein Unternehmen die Versicherungsprämie für ein Jahr im Voraus bezahlt. Das bezahlende Unternehmen musste eine aktive Rechnungsabgrenzung durchführen.
Das erhaltende Unternehmen, also die Versicherungsgesellschaft, ist verpflichtet, gleichfalls eine Rechnungsabgrenzung durchführen. Und zwar eine passive Rechnungsabgrenzung in Höhe des Betrages, der im aktuellen Geschäftsjahr vereinnahmt wurde, jedoch formal in das nächste Jahr gehört. 1.000 € für den Zeitraum Januar–Oktober des Folgejahres sind demnach passiv abzugrenzen.

Es existieren auch gesetzlich vorgeschriebene Passivierungspflichten (bis auf bestimmte Ausnahmen). Grundsätzlich müssen sämtliche Schulden, Rückstellungen und passive Rechnungsabgrenzungsposten in der Bilanz passiviert werden.

> **Zusammenfassung:**
> Die linke Seite der Bilanz heißt Vermögensseite oder Aktiva. Diese Seite erfasst die Formen des Vermögens, d.h. die Mittelverwendung (Investition). Die rechte Seite der Bilanz heißt Kapitalseite oder Passiva. Diese Seite erfasst die Quellen des Kapitals, d.h. die Mittelherkunft (Finanzierung).

Bilanzierung

Aktiva (Vermögen)	Passiva (Kapital)
Anlagevermögen	Eigenkapital
+ Umlaufvermögen	+ Fremdkapital
+ Rechnungsabgrenzungsposten	+ Rechnungsabgrenzungsposten
= Gesamtvermögen	**= Gesamtkapital**

Diese Seite erfasst die Formen des Vermögens, d. h. die Mittelverwendung **(Investition)**

Diese Seite erfasst die Quellen des Kapitals, d. h. die Mittelherkunft **(Finanzierung)**

Bilanz der Beispiel AG

Beispielbilanz

Aktiva (= Vermögen)	
Anlagevermögen	
Immaterielle Vermögensgegenstände	45.193.000 €
Sachanlagen	47.268.000 €
Finanzanlagen	3.190.000 €
Umlaufvermögen	
Vorräte	1.432.000 €
Forderungen	5.762.000 €
Sonstige Vermögensgegenstände	3.162.000 €
Wertpapiere	173.000 €
Flüssige Mittel	9.127.000 €
Rechnungsabgrenzungsposten	**772.000 €**
Gesamtvermögen	**116.079.000 €**

1.3 Beispielhafte Bilanz einer Aktiengesellschaft

Beispielbilanz

Wie Sie bereits wissen, gibt es nicht nur *eine* Gliederungsvorschrift für Bilanzen, sondern der Detaillierungsgrad ist von der Größe und der Rechtsform des Unternehmens abhängig. Hier sehen Sie exemplarisch die Bilanz einer großen Kapitalgesellschaft (Aktiengesellschaft). Für Kapitalgesellschaften ist ein bestimmter Aufbau der Bilanz (Bilanzgliederung) vom Gesetz her zwingend vorgeschrieben.

Passiva (= Kapital)	
Eigenkapital	
Gezeichnetes Kapital	10.746.000 €
Kapitalrücklage	11.058.000 €
Gewinnrücklagen	248.000 €
Bilanzgewinn	11.759.000 €
Fremdkapital	
Rückstellungen	
Rückstellungen für Pensionen und ähnliche Verpflichtungen	4.456.000 €
Andere Rückstellungen	11.247.000 €
Verbindlichkeiten	
Finanzverbindlichkeiten	55.411.000 €
Übrige Verbindlichkeiten	10.451.000 €
Rechnungsabgrenzungsposten	**703.000 €**
Gesamtkapital	**116.079.000 €**

Rangordung

Die Gliederung des Vermögens in einer Bilanz folgt von oben nach unten einer Rangordnung. Entscheidend ist, in welchem Maße die Positionen liquide sind, wobei die liquidesten Mittel ganz unten stehen (flüssige Mittel). Die Schulden (Fremdkapital) sind nach abnehmender Fälligkeit geordnet. Zumeist sind dies Verbindlichkeiten aus Lieferungen und Leistungen, also noch offene Rechnungen, die zu bezahlen sind.

> **Achtung:**
> Schauen Sie sich bitte in der Beispielbilanz die Summen »Aktiva (Gesamtvermögen)« bzw. »Passiva (Gesamtkapital)« an. Fällt Ihnen etwas auf? Die Summen auf beiden Seiten der Bilanz sind identisch. Und dies ist garantiert kein Zufall, wie Sie später noch sehen werden!

1.4 Die zentrale Bilanzgleichung

Aktiva = Passiva

Die zentrale Bilanzgleichung besagt, dass die Summen der beiden Bilanzseiten immer übereinstimmen müssen.

Summe Vermögen (Aktiva) = Summe Kapital (Passiva)

Die Logik der Gleichung ergibt sich folgendermaßen:

Das Vermögen des Unternehmens (= Mittelverwendung) muss auch in irgendeiner Form finanziert worden sein (= Mittelherkunft).

Kapital, das man in einem Unternehmen investiert, muss in irgendeiner Form auch vorhanden sein, denn »von nichts kommt auch nichts«.

Beispiel:

Beispiel

Eine Sekretärin möchte sich mit einem Schreibservice selbstständig machen. Sie selbst hat 9.500 € und bringt diese in ihr Unternehmen ein (Eigenkapital). Von der Bank leiht sie sich weitere 5.500 € (Fremdkapital). Somit beträgt die Summe »Kapital (Passiva)« 15.000 €. Dieses Kapital investiert die Jungunternehmerin in folgende Vermögensgegenstände und -werte:

Betriebs- und Geschäftsausstattung	11.000 €
Vorräte (Papier, Toner, Mappen usw.)	1.500 €

Das restliche Geld (2.500 €) kommt auf ein Bankkonto.

Bilanz Schreibservice			
Aktiva (= Vermögen)		**Passiva (= Kapital)**	
Anlagevermögen		**Eigenkapital**	
Betriebs- und Geschäftsausstattung	11.000 €		9.500 €
Umlaufvermögen		**Fremdkapital**	
Vorräte	1.500 €	Verbindlichkeiten	5.500 €
Flüssige Mittel	2.500 €		
Gesamtvermögen	**15.000 €**	**Gesamtkapital**	**15.000 €**

Wenn Sie sich jetzt die Bilanz ansehen, können Sie erkennen, dass auch hier die Bilanzgleichung »Aktiva = Passiva« gilt, d.h. die Bilanz ist immer ausgewogen.

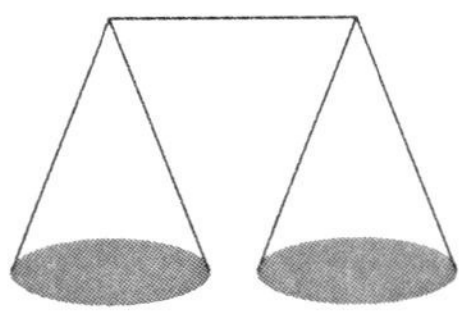

Tipp:
Wenn man bedenkt, dass das Wort Bilanz vom italienischen »bilancia« stammt und dies übersetzt »Waage« bedeutet, kann man sich über diese Eselsbrücke das Prinzip der Ausgewogenheit von Aktiva und Passiva leicht merken!

1.5 Inventur und Inventar

Eigentlich haben wir das Pferd ein wenig von hinten aufgezäumt, da wir direkt mit der Bilanz angefangen haben.

Denn bevor eine Bilanz überhaupt erstellt werden kann, sind einige vorbereitende Arbeiten erforderlich.

Welche Vorarbeiten sind zum Erstellen einer Bilanz erforderlich?

Schritt 1: Erfassen, auflisten und bewerten
Zuerst muss das gesamte Vermögen (Anlage- und Umlaufvermögen)

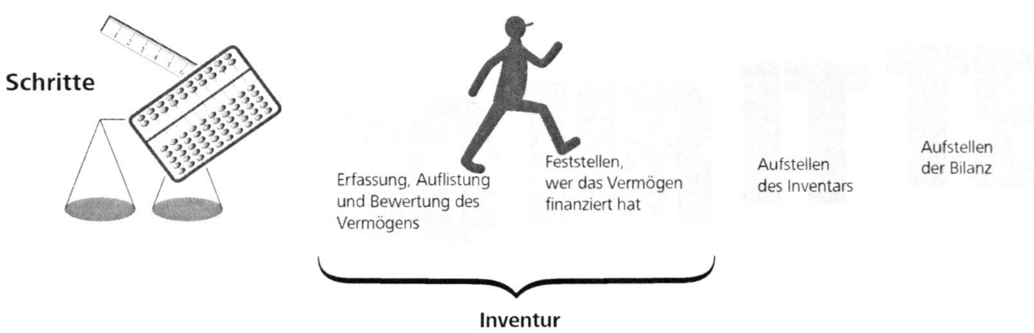

des Unternehmens gezählt (bzw. gewogen bzw. gemessen), aufgelistet und bewertet werden.

Schritt 2: Feststellen, wer das Vermögen des Unternehmens finanziert hat

Im zweiten Schritt gilt es festzustellen, ob das Vermögen aus Fremd- oder Eigenkapital finanziert wurde.

Die Schritte 1 + 2 werden »Inventur« genannt.

Inventur

Per Gesetz sind Kaufleute zu einer Inventur verpflichtet. Die Inventur muss mindestens jährlich durchgeführt werden. Inventur ist die körperliche und buchmäßige Bestandsaufnahme aller Vermögensgegenstände und Schulden eines Unternehmens.

Inventur

- *Körperliche Bestandsaufnahme:* Zählen, Messen, Wiegen (ggf. auch Schätzen) von körperlich erfassbaren Teilen des Anlage- und Umlaufvermögens und anschließende Bewertung
- *Buchmäßige Bestandsaufnahme* von körperlich nicht erfassbaren Teilen des unbeweglichen Anlagevermögens (z. B. Grundstücke, Gebäude) sowie der Forderungen und Verbindlichkeiten mit den Werten, die in der laufenden Buchführung ermittelt wurden

Anmerkung:

Buchführung ist die lückenlose Aufzeichnung aller Geschäftsvorfälle eines Unternehmens in einer bestimmten Zeitperiode. Laut HGB besteht für jeden Kaufmann im Rechtssinne sogar eine gesetzliche Verpflichtung.

Buchführung

§ 238 HGB (1)

Jeder Kaufmann ist verpflichtet, Bücher zu führen und in diesen seine Handelsgeschäfte und die Lage seines Vermögens nach den Grundsätzen ordnungsmäßiger Buchführung ersichtlich zu machen. Die Buchführung muss so beschaffen sein, dass sie einem sachverständigen Dritten innerhalb angemessener Zeit einen Überblick über die Geschäftsvorfälle und über die Lage des Unternehmens vermitteln kann. Die Geschäftsvorfälle müssen sich in ihrer Entstehung und Abwicklung verfolgen lassen.

Inventurarten

Exkurs: Inventurarten

Nach den gesetzlichen Vorschriften kann die Inventur nach verschiedenen Verfahren durchgeführt werden.

- Stichtagsinventur
- Verlegte Inventur
- Permanente Inventur

Stichtagsinventur

Bei der Stichtagsinventur handelt es sich um eine zeitnahe Inventur 10 Tage vor oder nach dem Bilanzstichtag. Wertveränderungen, die nach dem Bilanzstichtag eingetreten sind müssen herausgerechnet werden. Wertveränderungen bis zum Bilanzstichtag müssen noch hinzugefügt werden.

Verlegte Inventur

Die verlegte Inventur erfolgt an einem beliebigen Tag innerhalb der letzten 3 Monate des Geschäftsjahres oder innerhalb der ersten 2 Monate im neuen Geschäftsjahr. Auch hier erfolgt, wie bei der Stichtagsinventur, die Korrektur der Inventur zum Bilanzstichtag.

Permanente Inventur

Bei der permanenten Inventur wird der Bestand über die kontinuierliche Fortschreibung der Lagerbuchhaltung ermittelt (= Soll-Bestand). Ein Mal pro Jahr ist jedoch eine Bestandsaufnahme vorgeschrieben, in der eventuelle Differenzen festgehalten werden (= Ist-Bestand).

Inventar

Schritt 3: Inventar erstellen

ausführliches Bestandsverzeichnis in Staffelform

Die Ergebnisse der Inventur werden in einem Bestandsverzeichnis, dem Inventar, festgehalten. Das Inventar ist ein sehr ausführliches Verzeichnis des Vermögens und der Schulden nach Art, Menge und Wert. Es wird in der so genannten Staffelform (die einzelnen Positionen erscheinen untereinander) erstellt. In der folgenden Abbildung sehen Sie die Grobstruktur eines Inventars.

Grobstruktur Inventar
A. Vermögen
Anlagevermögen
+ Umlaufvermögen
= Gesamtvermögen
B. Schulden
Langfristige Schulden
+ Kurzfristige Schulden
= Gesamtschulden
C. Errechnung des Eigenkapitals
Gesamtvermögen
− Gesamtschulden
= Eigenkapital (Reinvermögen)

Schritt 4: Bilanz erstellen

übersichtliches Bestandsverzeichnis in Kontenform

Eine detaillierte Auflistung aller Bestandteile des Vermögens und der Schulden würde eine Bilanz extrem unübersichtlich werden lassen. Jede Bilanz muss sinnvoll zusammengefasst und übersichtlich gegliedert sein. Daher kommt es in der Bilanz zu einer Zusammenfassung einzelner Posten des Inventars.

Der Detaillierungsgrad ist abhängig von der Größe des Unternehmens und der Unternehmensrechtsform. Daher gibt es nicht nur *eine* Bilanz, sondern eine Vielfalt.

Bei einer Bilanz ist die Kontenform üblich: eine Gegenüberstellung von Vermögen auf der linken Seite und Schulden (Fremdkapital) sowie Eigenkapital auf der rechten Seite.

Zusammenfassung:
Die Inventur ist die Voraussetzung für die Aufstellung des Inventars. Das Inventar wiederum bildet die Grundlage für die Aufstellung der Bilanz.

Inventur >>> Inventar >>> Bilanz

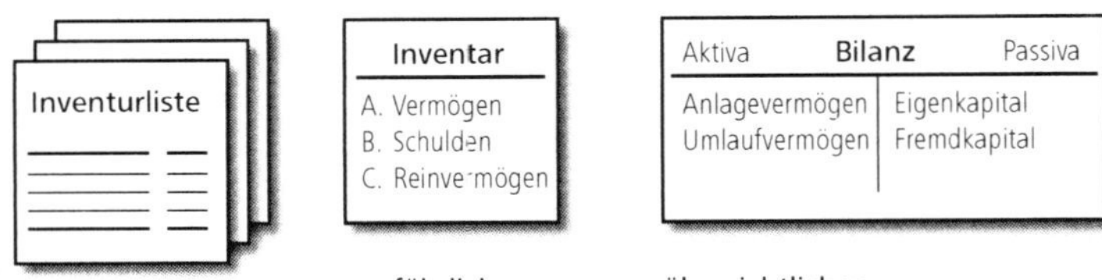

Bestandsaufnahme
Zählen, Messen, Wiegen der Vermögensteile und Schulden

ausführliches Bestandsverzeichnis
mit Angabe von Mengen, Einzel- und Gesamtwerten, Auflistung in Staffelform

übersichtliches Bestandsverzeichnis
nur Gesamtwerte, Auflistung in Kontenform

1.6 Ermittlung des Jahresergebnisses mit dem Bilanzvergleich

Vergleich Schlussbilanz – Eröffnungsbilanz

Jedes Unternehmen erstellt zu Beginn eines jeden Geschäftsjahres eine Eröffnungsbilanz. Am Ende jedes Geschäftsjahres wird eine Schlussbilanz erstellt.

Beispiel Schreibservice

Eröffnungsbilanz 01.01.05			
Aktiva (= Vermögen)		**Passiva (= Kapital)**	
Anlagevermögen		**Eigenkapital**	
Betriebs- und Geschäftsausstattung	11.000 €		9.500 €
Umlaufvermögen		**Fremdkapital**	
Vorräte	1.500 €	Verbindlichkeiten	5.500 €
Flüssige Mittel	2.500 €		
Gesamtvermögen	**15.000 €**	**Gesamtkapital**	**15.000 €**

Schlussbilanz 31.12.05			
Aktiva (= Vermögen)		**Passiva (= Kapital)**	
Anlagevermögen		**Eigenkapital**	
Betriebs- und Geschäftsausstattung	15.000 €		17.000 €
Umlaufvermögen		**Fremdkapital**	
Vorräte	1.000 €	Verbindlichkeiten	7.500 €
Flüssige Mittel	8.500 €		
Gesamtvermögen	**24.500 €**	**Gesamtkapital**	**24.500 €**

Um nun das Jahresergebnis zu berechnen, wird folgendermaßen vorgegangen.

Das Unternehmen vergleicht sein Eigenkapital, welches sich am Ende eines Geschäftsjahres (Schlussbilanz) ergibt, mit dem Eigenkapital am Anfang des Geschäftsjahres (Eröffnungsbilanz).

Gewinn bzw. Verlust

Ist das Eigenkapital größer geworden, wurde ein Gewinn erwirtschaftet, ist es kleiner geworden, ein Verlust.

	Eigenkapital Schlussbilanz	24.500 €
–	Eigenkapital Eröffnungsbilanz	15.000 €
=	**Gewinn**	**9.500 €**

Der Bilanzvergleich ergibt für den Schreibservice einen Gewinn; die Unternehmerin erhält durch den Bilanzvergleich aber nur die Information, dass ein Gewinn erzielt wurde.

In dem Kapitel zur »Gewinn- und Verlustrechnung« lernen Sie eine weitere Methode der Gewinnermittlung kennen, die Ihnen darüber hinaus auch noch verrät, *wie* ein Gewinn erzielt wurde.

Bilanzierung

Zusammenfassung:

Auf welche Fragen gibt uns eine Bilanz Auskunft?

- Welche Vermögenswerte stecken im Unternehmen? (Dies ersehen Sie aus der linken Seite – Aktiva)
- Wer hat die Vermögenswerte finanziert bzw. wem gehören die Vermögenswerte des Unternehmens? (Dies ergibt sich aus der rechten Seite – Passiva)
- Wie viel Schulden hat das Unternehmen? (Position Fremdkapital)
- Wie »reich« ist das Unternehmen? (Position Eigenkapital)
- Durch den Vergleich zweier aufeinander folgender Bilanzen kann zusätzlich folgende Frage beantwortet werden: Wie erfolgreich war das Unternehmen im letzten Geschäftsjahr?

2. Die Gewinn- und Verlustrechnung (GuV-Rechnung)

2.1 Einführung

Durch einen Bilanzvergleich können Unternehmen ermitteln, ob sie im vergangenen Geschäftsjahr einen Gewinn oder Verlust erzielt haben (sehen Sie sich hierzu bitte noch einmal das Kapitel »1.6 Ermittlung des Jahresergebnisses mit dem Bilanzvergleich« an).

Jetzt werden Sie sich fragen, wieso man dann überhaupt noch eine Gewinn- und Verlustrechnung benötigt, die – zumindest dem Namen nach – auch nur den Gewinn oder Verlust ermittelt.

Die Antwort auf diese Frage ist einleuchtend, wenn Sie sich überlegen, welche Informationen Sie aus dem Bilanzvergleich entnehmen können:

Der Bilanzvergleich gibt Ihnen nur Auskunft darüber, *ob* ein Gewinn oder Verlust erzielt wurde bzw. in welcher Höhe (durch die Veränderung des Postens Eigenkapital).

Für Unternehmen ist es allerdings wesentlich wichtiger zu wissen, *wie* ein Gewinn oder Verlust zustande gekommen ist. Denn nur, wenn die genauen Ursachen für einen Gewinn oder Verlust bekannt sind, kann man mögliche Erfolgs- oder Misserfolgsfaktoren aufdecken. Die Bilanz eignet sich nicht zur Ursachenforschung. Dies ist der Grund, weshalb es eine GuV-Rechnung gibt.

Zwischenfazit

> Die GuV-Rechnung zeigt, wie ein Jahresergebnis (Gewinn oder Verlust) zustande gekommen ist. Der Bilanzvergleich hingegen zeigt nur, ob ein Gewinn oder Verlust erzielt wurde.

Um Erfolgs- oder Misserfolgsfaktoren aufdecken zu können, müssen Sie während des Geschäftsjahres fleißig Belege sammeln, sortieren und aufzeichnen.

Sämtliche Belege werden in zwei Gruppen sortiert:

- Aufwendungen
- Erträge

Aufwendungen

Aufwendungen sind Ausgaben eines Unternehmens innerhalb eines Geschäftsjahres (periodisierte Ausgaben). Aufwendungen führen im Laufe des Jahres zu einem Verzehr an Gütern, Leistungen oder Werten. Daher vermindern Aufwendungen den Gewinn, machen das Unternehmen somit »ärmer« und verringern dadurch die Steuerlast.

Beispiele

Beispiele:

- Materialaufwand (Roh-, Hilfs- und Betriebsstoffe)
- Personalaufwand (Löhne und Gehälter)
- Zinsaufwand
- Steueraufwand
- Aufwand für öffentliche Abgaben

in voller Höhe

Die aufgeführten Beispiele reduzieren im aktuellen Geschäftsjahr *in voller Höhe* den Gewinn des Unternehmens. Was passiert aber, wenn ein Betrieb für eine Ausgabe einen »bleibenden Gegenwert« erhält?

bleibender Gegenwert

aktivierungspflichtige Ausgabe

Stellen Sie sich bitte folgendes vor: Eine Druckerei kauft sich eine neue Druckmaschine. Für diese Ausgabe erhält das Unternehmen einen – zumindest für eine gewisse Zeitdauer – bleibenden Gegenwert. Die Maschine ist somit als Anlagevermögen auf der Aktivseite in die Bilanz aufzunehmen (daher spricht man auch betriebswirtschaftlich korrekt von »aktivieren«). Im Gegensatz zu den obigen Beispielen handelt es sich also beim Kauf von Anlagevermögen um *aktivierungspflichtige Ausgaben.* Diese Ausgaben reduzieren im aktuellen Geschäftsjahr *keinesfalls in voller Höhe* den Gewinn des Unternehmens. Nur die jährliche Abschreibung darf hier als Aufwand berücksichtigt werden (zum Thema »Abschreibungen« erfahren Sie später mehr).

Abschreibung

Erträge sind die Einnahmen, die das Unternehmen innerhalb eines Geschäftsjahres erzielt hat (periodisierte Einnahmen). Erträge führen im Laufe des Jahres zu einem Zugang an Gütern, Leistungen oder Werten. Daher erhöhen Erträge den Gewinn, machen das Unternehmen somit »reicher« und erhöhen dadurch die Steuerlast.

Erträge

Beispiele:

Beispiele

- Umsatz
- Zinserträge

Anmerkung:
Näheres zu »Aufwendungen« und »Erträgen« bzw. der Abgrenzung dieser Begriffe zu »Ausgaben« und »Einnahmen« erfahren Sie im Abschnitt Kostenrechnung.

Typische Erträge sind die so genannten Umsätze. Alle Unternehmen müssen Umsätze machen, um überhaupt am Leben zu bleiben. Jeder von uns kennt diesen Begriff, wissen Sie aber auch, wie Umsatz betriebswirtschaftlich korrekt definiert ist?

Umsatz ist das, was ein Unternehmen durch den Verkauf von Produkten und Dienstleistungen einnimmt. Er ergibt sich, indem man die Menge an verkauften Produkten oder Dienstleistungen mit dem Preis pro Mengeneinheit multipliziert.

$$\text{Umsatz} = \text{Preis} * \text{Menge}$$

Beispiel

Beispiel:
Ein Unternehmen produziert und verkauft unter anderem Bleistifte. Der Preis pro Bleistift beträgt 0,50 €. Im Geschäftsjahr wurden insgesamt 15.000 Bleistifte verkauft. Der Umsatz aus dem Verkauf von Bleistiften beträgt also

Umsatz = 0,50 € * 15.000
Umsatz = 7.500 €

Stellen Sie sich nun bitte einmal vor, dass das Unternehmen nicht selbst produziert, sondern als Handelsunternehmen tätig ist und somit die Bleistifte als Handelsware eingekauft hat, um diese wiederum zu verkaufen. Aus betriebswirtschaftlicher Sicht ist es also zu einem Verbrauch an Waren (Handelswaren) gekommen.

Wareneinsatz = Aufwand

Diesen Verbrauch an Waren nennt man *Wareneinsatz*. Der Wareneinsatz steht somit in direkter Verbindung zum Umsatz und ist eine typische Aufwandsgröße.

Sie können den Wareneinsatz mit folgender Formel errechnen:

Formel

Wareneinsatz =
(Jahresanfangsbestand + Lagerzugänge – Jahresendbestand) * Preis

Beispiel

Beispiel:
Der Jahresanfangsbestand an Bleistiften betrug 20.000 Stück. Im Laufe des Geschäftsjahres kam es zu Lagerzugängen von insgesamt 10.000 Stück. Der Jahresendbestand an Bleistiften beläuft sich auf 15.000 Stück. Ein Bleistift kostete im Einkauf durchschnittlich 0,25 € pro Stück.

Wareneinsatz = (20.000 Stk. + 10.000 Stk. – 15.000 Stk.) * 0,25 € pro Stk.
Wareneinsatz = 3.750 €

Wie ist nun die GuV-Rechnung definiert?

Definition GuV-Rechnung

> Die GuV-Rechnung ist eine Gegenüberstellung von Aufwendungen und Erträgen eines Geschäftsjahres zur Ermittlung des Jahresergebnisses (Gewinn oder Verlust) und der Darstellung seiner Quellen.

Die GuV-Rechnung ist – neben der Bilanz – Pflichtbestandteil des Jahresabschlusses von Kaufleuten. Über den Jahresabschluss erfahren Sie im Kapitel 3 mehr.

2.2 Darstellungsformen der GuV-Rechnung

unterschiedliche Darstellungsformen

Die GuV kann prinzipiell in der Konten- oder Staffelform aufgestellt werden. Allerdings ist die Staffelform wegen ihrer größeren Übersichtlichkeit für große Kapitalgesellschaften (z. B. Aktiengesellschaften) gesetzlich vorgeschrieben.

2.2.1 GuV-Rechnung in Kontenform

Das Konto als zweiseitige Rechnung zur getrennten und übersichtlichen Aufzeichnung verschiedener Vorgänge haben Sie bereits im Kapitel »Bilanz« kennen gelernt.

Kontenform

Die GuV-Rechnung in Kontenform hat eine Sollseite (= linke Seite) und eine Habenseite (= rechte Seite). Aufwendungen werden im Soll und Erträge im Haben erfasst.

Wie in der Bilanz muss auch die GuV-Rechnung in Kontenform ausgeglichen sein. Es gilt:

Summe der Aufwendungen = Summe der Erträge

GuV-Rechnung in Kontenform

Aufwendungen *(Sollseite)*	**Erträge** *(Habenseite)*
Materialaufwand	Umsatz
Personalaufwand	Zinserträge
Abschreibungen	Außerordentliche Erträge
sonstige Aufwendungen	
Zinsaufwand	
Außerordentl. Aufwand	
Gewinn	**Verlust**
Summe	**Summe**

Den Gewinn oder den Verlust erhalten Sie, indem Sie die Aufwendungen von den Erträgen subtrahieren.

Erträge – Aufwendungen = Gewinn oder Verlust

Gewinn

Sind die Erträge größer als die Aufwendungen, hat das Unternehmen einen Gewinn erwirtschaftet. Damit beide Seiten der GuV-Rechnung ausgeglichen sind, wird der Gewinn auf der linken Seite, der so genannten Aufwandsseite bzw. im Soll aufgeführt.

Gewinn- und Verlustrechnung

Aufwendungen	Erträge
Materialaufwand	Umsatz
Personalaufwand	Zinserträge
Abschreibungen	Außerordentliche Erträge
sonstige Aufwendungen	
Zinsaufwand	
Außerordentl. Aufwand	
Gewinn	
Gesamtaufwand und Gewinn	**Gesamtertrag**

Sind allerdings die Aufwendungen größer als die Erträge, hat das Unternehmen einen Verlust erzielt. Der Verlust wird auf der rechten Seite, der so genannten Ertragseite bzw. im Haben aufgeführt, damit die Summen der beiden Seiten gleich sind.

Verlust

Gewinn- und Verlustrechnung

Aufwendungen	Erträge
Materialaufwand	Umsatz
Personalaufwand	Zinserträge
Abschreibungen	Außerordentliche Erträge
sonstige Aufwendungen	
Zinsaufwand	
Außerordentl. Aufwand	
	Verlust
Gesamtaufwand	**Gesamtertrag und Verlust**

Beispiel

Beispiel:

Der Umsatz eines Unternehmens betrug im vergangenen Geschäftsjahr 500.000 €. Aus Wertpapiergeschäften erzielte das Unternehmen weitere 50.000 €.

Die Angestellten des Unternehmens erhielten Löhne und Gehälter in Höhe von 150.000 €. Weiterhin wurden für Material 120.000 € bzw. Zinsen 10.000 € gezahlt. Die Wertminderungen an Gebrauchsgütern (Abschreibungen) betrugen 50.000 €.

330.000 €

Aufwendungen		**Erträge**	
Materialaufwand	120.000 €	Umsatz	500.000 €
Personalaufwand	150.000 €	Zinsertrag	50.000 €
Abschreibung	50.000 €		
Zinsaufwand	10.000 €		
Gewinn	220.000 €		
Summe	**550.000 €**	**Summe**	**550.000 €**

In diesem Beispiel sind die Erträge (= 550.000 €) größer als die Aufwendungen (= 330.000 €). Das Unternehmen hat einen Gewinn (= 220.000 €) erwirtschaftet. Damit beide Seiten der GuV-Rechnung ausgeglichen sind, wird der Gewinn auf der Aufwandsseite aufgeführt.

Umsatz ist nicht Gewinn

Umsatz ist keinesfalls Gewinn!

Die Auftragsbücher sind voll, das Unternehmen hat Arbeit, die Kunden zahlen pünktlich, und es wird ein guter Umsatz erzielt. Soweit so gut – aber viele verwechseln dabei Umsatz mit Gewinn.

Ob ein Unternehmen tatsächlich »brummt« bzw. wie viel Gewinn es abwirft, wissen Sie erst, wenn Sie seine Aufwendungen kennen. Sind die Aufwendungen höher als die Erträge, kann trotz hohen Umsatzes ein Verlust erwirtschaftet worden sein. Ein auf Dauer erwirtschafteter Verlust führt zum Ruin des Unternehmens.

2.2.2 GuV-Rechnung in Staffelform

Staffelform

Bei der GuV-Rechnung in Staffelform werden die Aufwendungen nicht den Erträgen gegenübergestellt, sondern von den Erträgen abgezogen. Die Differenz ist dann entweder Gewinn oder Verlust.

Vorteil der Staffelform

Ein deutlicher Vorteil der Staffelform ist, dass Teilergebnisse gebildet werden. Sie können dadurch einfacher feststellen, ob ein Gewinn oder Verlust aus dem Kerngeschäft des Unternehmens entstanden ist (= Betriebliches Ergebnis) oder weil Sie in diesem Jahr besonders geschickt mit Wertpapieren spekuliert haben (= Finanzergebnis).

Das folgende Schema zeigt die GuV-Rechnung in Staffelform (nach dem so genannten Gesamtkostenverfahren).

	Umsatz (betriebliche Erträge)
–	Materialaufwand (betriebliche Aufwendungen)
–	Personalaufwand (betriebliche Aufwendungen)
–	Abschreibungen (betriebliche Aufwendungen)
–	Sonstige betriebliche Aufwendungen
=	**Betriebliches Ergebnis (operatives Ergebnis)**

	Zinsen und zinsähnliche Erträge
–	Zinsen und zinsähnliche Aufwendungen
=	**Finanzergebnis**

	Betriebliches Ergebnis
+	Finanzergebnis
=	**Ergebnis der gewöhnlichen Geschäftstätigkeit (EGT)**

	Außerordentliche Erträge
–	Außerordentliche Aufwendungen
=	**Außerordentliches Ergebnis**

	Ergebnis der gewöhnlichen Geschäftstätigkeit (EGT)
+	Außerordentliches Ergebnis
=	**Gesamtergebnis (vor Steuern)**

	Gesamtergebnis (vor Steuern)
–	Steuern
=	**Jahresergebnis (Gewinn bzw. Verlust*)**

	Jahresergebnis (Gewinn bzw. Verlust)
–	Bildung (+ Auflösung) von Rücklagen
=	**Bilanzgewinn bzw. Bilanzverlust**

* Die handelsrechtliche Bezeichnung ist dafür »Jahresüberschuss« (entspricht dem Gewinn) bzw. »Jahresfehlbetrag« (entspricht dem Verlust).

Staffelform ist für Kapitalgesellschaften Pflicht

Die Staffelform ist aufgrund der größeren Übersichtlichkeit und Transparenz für Kapitalgesellschaften gesetzlich zwingend vorgeschrieben (§ 275 I HGB).

Beispiel:

Beispiel

Für ein Unternehmen gelten im aktuellen Geschäftsjahr folgende Zahlen:

Umsatz:	4.000.000 €
Materialaufwand:	1.000.000 €
Personalaufwand:	1.000.000 €
Abschreibungen:	200.000 €
Sonstige betriebliche Aufwendungen:	100.000 €
Zinsen aus Finanzanlagen:	50.000 €
Zinszahlungen:	100.000 €
Verkauf einer Immobilie:	200.000 €
Hochwasserschaden:	150.000 €
Steuerzahlungen:	680.000 €
Bildung einer Rücklage:	408.000 €

	Umsatz	(4.000.000 €)
–	Materialaufwand	(– 1.000.000 €)
–	Personalaufwand	(– 1.000.000 €)
–	Abschreibungen	(– 200.000 €)
–	Sonstige betriebliche Aufwendungen	(– 100.000 €)
=	**Betriebliches Ergebnis** EBIT	**(1.700.000 €)**

	Zinsen und zinsähnliche Erträge	(50.000 €)
–	Zinsen und zinsähnliche Aufwendungen	(– 100.000 €)
=	**Finanzergebnis**	**(– 50.000 €)**

	Betriebliches Ergebnis	(1.700.000 €)
+	Finanzergebnis	(– 50.000 €)
=	**Ergebnis der gewöhnlichen Geschäftstätigkeit**	**(1.650.000 €)**

EGT

	Außerordentliche Erträge	(200.000 €)
–	Außerordentliche Aufwendungen	(– 150.000 €)
=	**Außerordentliches Ergebnis**	**(50.000 €)**

	Ergebnis der gewöhnlichen Geschäftstätigkeit	(1.650.000 €)
+	Außerordentliches Ergebnis	(50.000 €)
=	**Gewinn vor Steuern**	**(1.700.000 €)**

	Gewinn vor Steuern	(1.700.000 €)
–	Steuern	(– 680.000 €)
=	**Jahresüberschuss**	**(1.020.000 €)**

	Jahresüberschuss	(1.020.000 €)
–	Bildung von Rücklagen	(–408.000 €)
=	**Bilanzgewinn**	**(612.000 €)**

Die Positionen der Staffelform im Detail

Der große Vorteil der Staffelform ist, dass Teilergebnisse gebildet werden können. Diese Teilergebnisse schauen Sie sich im Folgenden genauer an.

Betriebliches Ergebnis (operatives Ergebnis)

Ergebnis aus dem Kerngeschäft

Das betriebliche Ergebnis beschreibt das Ergebnis eines Geschäftsjahres, das aufgrund der eigentlichen (operativen) Tätigkeit eines Unternehmens, im so genannten Kerngeschäft, zustande gekommen ist. Aus diesem Grund nennt man es auch operatives Ergebnis.

Es ergibt sich aus der Differenz zwischen betrieblichen Erträgen und betrieblichen Aufwendungen.

	Umsatz (betriebliche Erträge)
–	Materialaufwand (betriebliche Aufwendungen)
–	Personalaufwand (betriebliche Aufwendungen)
–	Abschreibungen (betriebliche Aufwendungen)
–	Sonstige betriebliche Aufwendungen
=	**Betriebliches Ergebnis (operatives Ergebnis)**

Beispiel:
Das Kerngeschäft eines Automobilherstellers ist die Produktion von Fahrzeugen.

Beispiel

Das betriebliche Ergebnis entspricht dem aus dem Englischen übernommenen Begriff »Earnings Before Interest and Taxes (EBIT)«. Dies bedeutet übersetzt »Gewinn vor Zinsen und Steuern«. International agierende Unternehmen gebrauchen diesen Begriff aufgrund der internationalen Vergleichbarkeit.

EBIT

Das betriebliche Ergebnis kann prinzipiell positiv oder negativ sein – je nachdem, ob die betrieblichen Erträge oder die betrieblichen Aufwendungen höher sind.

Interpretation

Im Falle eines negativen betrieblichen Ergebnisses ist die Existenz des Unternehmens bedroht. Denn das eigentliche Kerngeschäft bietet keine ausreichende Existenzgrundlage mehr.

Finanzergebnis
Das Finanzergebnis ist ein Gewinn oder Verlust, den das Unternehmen aus Finanzgeschäften (z. B. Geldanlage, Aktiengeschäfte) erzielt.

Ergebnis aus Finanzgeschäften

Finanzgeschäfte sind für jedes Unternehmen notwendig, um beispielsweise Investitionsvorhaben zu finanzieren. Aber auch Geld, das ein Unternehmen nicht direkt benötigt, sollte – wegen der Zinserträge – angelegt werden.

Das Finanzergebnis ergibt sich durch die Gegenüberstellung der finanziellen Erträge und der finanziellen Aufwendungen.

	Zinsen und zinsähnliche Erträge
–	Zinsen und zinsähnliche Aufwendungen
=	**Finanzergebnis**

Sofern es sich nicht um ein Kreditinstitut handelt, ist diese Art von finanzieller Tätigkeit für Unternehmen branchenfremd.

Beispiel:

Beispiel

Ein Automobilhersteller unternimmt auch Finanzgeschäfte, um bestimmte Vorleistungen (z. B. Investitionen) zu finanzieren und vorhandene Barmittel optimal anzulegen. Diese Aktivitäten werden dann durch das »Finanzergebnis« abgebildet.

> **Achtung:**
> Wenn der Automobilhersteller aber als weiteres Geschäftsfeld ein Kreditinstitut betreibt (z. B. um seinen Kunden die Finanzierung der Fahrzeuge zu ermöglichen), sind diese Aktivitäten auch Kerngeschäft, d. h. diese werden ebenfalls im Betrieblichen Ergebnis berücksichtigt.

Interpretation

Auch das Finanzergebnis kann prinzipiell positiv oder negativ sein. Wenn es positiv ist, dann ist dies ein Indiz einer soliden Unternehmensfinanzierung. Ein positives Finanzergebnis kann auch vorübergehend dazu genutzt werden, um ein negatives Betriebliches Ergebnis zu »überdecken«. Ein negatives Finanzergebnis kann Hinweis dafür sein, dass das Unternehmen überschuldet ist. Durch eine zu große Fremdkapitaldecke wächst dann die Zinsbelastung stark an. Aber auch Kursverluste durch Wertpapieranlagen können Grund für ein negatives Finanzergebnis sein.

Ergebnis der gewöhnlichen Geschäftstätigkeit (EGT)

Ergebnis aus Kerngeschäft und finanzieller Betätigung

Das Ergebnis der gewöhnlichen Geschäftstätigkeit (EGT) beschreibt das Ergebnis, das aufgrund der eigentlichen, d. h. das Kerngeschäft betreffenden und notwendigen Betätigung eines Unternehmens, entsteht.

Es ergibt sich aus der Summe des Betrieblichen Ergebnisses und des Finanzergebnisses.

	Betriebliches Ergebnis
+	Finanzergebnis
=	Ergebnis der gewöhnlichen Geschäftstätigkeit (EGT)

Interpretation

Auch das EGT kann positiv oder negativ sein. Wichtig ist, dass das Unternehmen herausfindet, ob für das EGT

- das Betriebliche Ergebnis,
- das Finanzergebnis,
- oder beide Teilergebnisse

verantwortlich sind.

Beispiel:

Beispiel

Zwei Unternehmen haben ein identisches EGT von 100.000 €.
Bei Unternehmen A sieht es im Detail so aus:

	Betriebliches Ergebnis	200.000 €
+	Finanzergebnis	– 100.000 €
	EGT	**100.000 €**

Unternehmen B liefert folgende Zahlen:

	Betriebliches Ergebnis	– 200.000 €
+	Finanzergebnis	300.000 €
	EGT	**100.000 €**

Obwohl beide Unternehmen ein identisches EGT aufweisen, steht das Unternehmen A »besser« da. Denn aus dem eigentlichen Kerngeschäft erwirtschaftet es einen Gewinn von 200.000 €. Das Betriebliche Ergebnis des Unternehmens B weist hingegen einen Verlust von – 200.000 € auf. Somit kompensiert das Finanzergebnis des Unternehmens B den Verlust aus dem Kerngeschäft. Das Unternehmen B muss daher die Situation im Kerngeschäft erheblich verbessern. Ein negatives EGT auf Dauer kann existenzbedrohend sein.

Außerordentliches Ergebnis

Ergebnis aus einmaligen bzw. unregelmäßigen Geschäften

Unter dem Außerordentlichen Ergebnis versteht man Gewinne oder Verluste aus einmaligen bzw. nicht regelmäßigen Geschäftsvorfällen eines Geschäftsjahres (z. B. Gewinn oder Verlust aufgrund des Verkaufs eines Unternehmensteils).

Sie fallen außerhalb der gewöhnlichen Geschäftstätigkeit des Unternehmens an.

Beispiel

Beispiel:
Ein Automobilhersteller macht einen Gewinn aufgrund des Verkaufs eines Unternehmensteils oder einen Verlust wegen eines Brandschadens.

Das Außerordentliche Ergebnis ergibt sich durch die Gegenüberstellung der außerordentlichen Erträge und der außerordentlichen Aufwendungen

	Außerordentliche Erträge
–	Außerordentliche Aufwendungen
=	**Außerordentliches Ergebnis**

Interpretation

Da solche Geschäftsvorfälle in ihrer Art ungewöhnlich, selten und von z. T. hoher wertmäßiger Bedeutung sind, wird das Außerordentliche Ergebnis separat nach dem EGT ausgewiesen. Ansonsten würde ein Außerordentliches Ergebnis das Betriebliche Ergebnis und Finanzergebnis verfälschen. Durch das Ausweisen soll gezeigt werden, dass der außerordentliche Gewinn oder Verlust nur in diesem Geschäftsjahr entstanden ist und man somit keinerlei Erwartungen für die Zukunft daraus ableiten darf.

Gesamtergebnis

Das Gesamtergebnis ergibt sich, indem man zum EGT das Außerordentliche Ergebnis addiert.

»gesamtes« Ergebnis vor Steuern

	Ergebnis der gewöhnlichen Geschäftstätigkeit (EGT)
+	Außerordentliches Ergebnis
=	**Gesamtergebnis** (vor Steuern)

EBT

Im Englischen entspricht der Begriff »EBT« (Earnings Before Taxes) dem Gesamtergebnis (inklusive Außerordentlichem Ergebnis). International agierende Unternehmen gebrauchen diesen Begriff aufgrund ihrer internationalen Vergleichbarkeit.

Interpretation

Das Gesamtergebnis besteht aus den beiden Teilergebnissen EGT und Außerordentliches Ergebnis. Durch ein positives Außerordentliches Ergebnis kann ein negatives EGT leicht überdeckt werden. Hier ist die Existenz des Unternehmens in großer Gefahr, da ggf. große Probleme im Kerngeschäft (negatives betriebliches Ergebnis) und / oder im Finanzergebnis bestehen.

Beispiel:

Beispiel

	EGT	-200.000 €
+	Außerordentliches Ergebnis	300.000 €
=	**Gesamtergebnis**	**100.000 €**

Jahresergebnis

»gesamtes« Ergebnis nach Steuern

Das Jahresergebnis ist das gesamte Ergebnis eines Unternehmens (Unternehmensergebnis), das – nach Abzug der Steuern – in einem Geschäftsjahr erzielt wurde.

	Gesamtergebnis
–	Steuern
=	**Jahresergebnis (Gewinn bzw. Verlust)**

Ist das Jahresergebnis positiv, spricht man von einem Jahresüberschuss, im Falle eines negativen Jahresergebnisses von Jahresfehlbetrag. Ein Jahresüberschuss erhöht und ein Jahresfehlbetrag vermindert das Eigenkapital.

Wenn ein Jahresüberschuss erwirtschaftet wurde, entspricht dieser dem Gewinn (nach Steuern) eines Geschäftsjahres. Was mit dem Gewinn passiert, das entscheiden in der Regel die Eigentümer des Unternehmens. Kapitalgesellschaften haben zwei Möglichkeiten, wie sie mit dem Gewinn umgehen.

Gewinnverwendung

Der verbleibende Jahresüberschuss nach Steuern kann:

- entnommen (»ausgeschüttet«) oder
- einbehalten werden.

Das Einbehalten des Jahresüberschusses bzw. eines Teiles davon wird »Bildung von Rücklagen« genannt.

Denken Sie bitte daran: Rücklagen gibt es nur bei Kapitalgesellschaften (wie z. B. Aktiengesellschaften), die über ein so genanntes unveränderliches (starres) Kapitalkonto verfügen. Gemäß § 150 AktG (Aktiengesetz) sind Aktiengesellschaften sogar verpflichtet, eine so genannte gesetzliche Rücklage zu bilden.

Bilanzgewinn bzw. -verlust

Bilanzgewinn als ausgeschütteter Teil des Jahresergebnisses

Bildet eine Kapitalgesellschaft Gewinnrücklagen, sind diese Rücklagen Teil des Jahresergebnisses, das nicht unter den Eigentümern ausgeschüttet wird. Das, was an die Eigentümer ausgeschüttet wird, nennt man Bilanzgewinn (bei Aktiengesellschaften ist dies die Dividende).

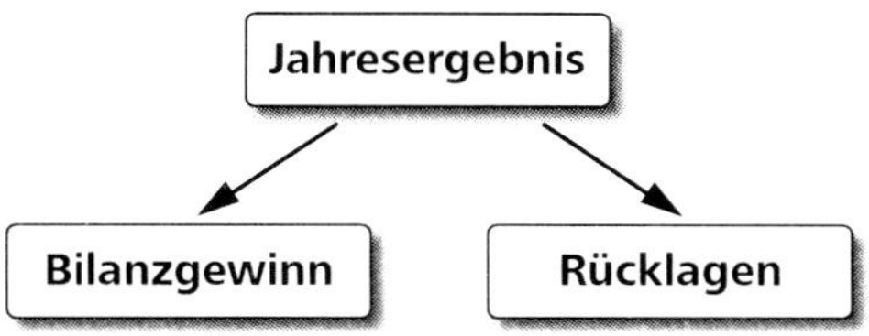

Berechnet wird der Bilanzgewinn in der GuV-Rechnung wie folgt:

  Jahresergebnis (Gewinn bzw. Verlust)
– Bildung (+ Auflösung) von Rücklagen
= **Bilanzgewinn bzw. Bilanzverlust**

Bilanz der Beispiel AG

Beispielbilanz

Aktiva (= Vermögen)	
Anlagevermögen	
Immaterielle Vermögensgegenstände	45.193.000 €
Sachanlagen	47.268.000 €
Finanzanlagen	3.190.000 €
Umlaufvermögen	
Vorräte	1.432.000 €
Forderungen	5.762.000 €
Sonstige Vermögensgegenstände	3.162.000 €
Wertpapiere	173.000 €
Flüssige Mittel	9.127.000 €
Rechnungsabgrenzungsposten	**772.000 €**
Summe	**116.079.000 €**

Kapitalgesellschaften müssen den Bilanzgewinn in der Bilanz (und ggf. im Anhang) gesondert unter dem Eigenkapital ausweisen. Die Gewinnrücklagen verbleiben als Eigenkapital im Unternehmen und sind ebenfalls in der Bilanz ersichtlich.

Passiva (= Kapital)	
Eigenkapital	
Gezeichnetes Kapital	10.746.000 €
Kapitalrücklage	11.058.000 €
Gewinnrücklagen	248.000 €
Bilanzgewinn	11.759.000 €
Fremdkapital	
Rückstellungen	
Rückstellungen für Pensionen und ähnliche Verpflichtungen	4.456.000 €
Andere Rückstellungen	11.247.000 €
Verbindlichkeiten	
Finanzverbindlichkeiten	55.411.000 €
Übrige Verbindlichkeiten	10.451.000 €
Rechnungsabgrenzungsposten	**703.000 €**
Summe	**116.079.000 €**

Zusammenfassung:
In der GuV-Rechnung werden Aufwendungen und Erträge eines Geschäftsjahres gegenübergestellt. Das Ergebnis ist der Gewinn oder Verlust. Es existieren unterschiedliche Darstellungsformen (Kontenform / Staffelform) der GuV-Rechnung.

2.3 Gewinnermittlung: GuV-Rechnung versus Bilanzvergleich

Ein Unternehmen hat im aktuellen Geschäftsjahr folgende Aufwendungen gehabt:

Waren:	260.000 €
sonstige Aufwendungen:	50.000 €
Löhne und Gehälter:	150.000 €
Werbung:	10.000 €
Abschreibungen:	40.000 €
Zinsaufwendungen:	20.000 €
Außerordentlicher Aufwand:	10.000 €

Die Erträge, die das Unternehmen innerhalb des Geschäftsjahres erzielt hat, betragen:

Umsatz:	500.000 €
Zinserträge:	76.000 €
Außerordentlicher Ertrag:	66.000 €

Gewinnermittlung über die GuV-Rechnung

Aufwendungen vermindern den Gewinn, machen deshalb das Unternehmen »ärmer«. Erträge erhöhen den Gewinn, machen somit das Unternehmen »reicher«.

Die GuV-Rechnung (hier in Kontenform) stellt sich so dar:

Gewinn- und Verlustrechnung

Aufwendungen		Erträge	
Waren	260.000 €	Umsatz	500.000 €
sonstige Aufwendungen	50.000 €	Zinserträge	76.000 €
Löhne und Gehälter	150.000 €	Außerordentlicher Ertrag	66.000 €
Werbung	10.000 €		
Abschreibungen	40.000 €		
Zinsaufwendungen	20.000 €		
Außerordentlicher Aufwand	10.000 €		
Gewinn	102.000 €		
Summe	**642.000 €**	**Summe**	**642.000 €**

540.000 €

Aufwendungen werden links (= im Soll) und Erträge rechts (= im Haben) erfasst.

Gewinn oder Verlust erhalten Sie, indem Sie die Aufwendungen von den Erträgen subtrahieren.

Erträge – Aufwendungen = Gewinn oder Verlust

642.000 € – 540.000 € = 102.000 €

Hier sind die Erträge größer als die Aufwendungen. Das Unternehmen hat im aktuellen Geschäftsjahr einen Gewinn von 102.000 € erwirtschaftet. Damit beide Seiten der GuV-Rechnung ausgeglichen sind, wird der Gewinn auf der Aufwandsseite (linke Seite, Soll-Seite) aufgeführt.

Gewinnermittlung über den Bilanzvergleich

Anhand des Bilanzvergleichs können Sie ebenfalls überprüfen, ob ein Gewinn oder ein Verlust erzielt wurde.

Schlussbilanz			
Aktiva (= Vermögen)		**Passiva (= Kapital)**	
I. Anlagevermögen		**I. Eigenkapital**	
1. Gebäude	150.000 €		285.000 €
2. Maschinen	75.000 €		
3. Fahrzeuge	30.000 €		
4. Werkzeuge	15.000 €		
5. Geschäftsausstattung	10.000 €		
II. Umlagevermögen		**II. Fremdkapital**	
1. Stoffe-Bestände	45.000 €	1. Hypothekenschulden	100.000 €
2. Unfertige Erzeugnisse	6.000 €	2. Verbindlichkeiten	60.000 €
3. Fertige Erzeugnisse	29.000 €		
4. Forderungen	40.000 €		
5. Kasse	5.000 €		
6. Bankguthaben	40.000 €		
Gesamtvermögen	**445.000 €**	**Gesamtkapital**	**445.000 €**

	Eigenkapital Schlussbilanz	285.000 €
–	Eigenkapital Eröffnungsbilanz	183.000 €
=	Gewinn	102.000 €

Fällt Ihnen etwas auf?

doppelte Gewinnermittlung = dasselbe Ergebnis

Das Ergebnis, dass durch die GuV-Rechnung ermittelt wurde (= 102.000 €) ist mit dem aus dem Bilanzvergleich (= 102.000 €) identisch. Dies muss auch so sein. Es gibt eine doppelte Gewinnermittlung.

Das Unternehmen vergleicht sein Eigenkapital, welches sich am Ende eines Geschäftsjahres (Schlussbilanz) ergibt mit dem Eigenkapital am Anfang des Geschäftsjahres (Eröffnungsbilanz).

Eröffnungsbilanz			
Aktiva (= Vermögen)		**Passiva (= Kapital)**	
I. Anlagevermögen		**I. Eigenkapital**	
1. Gebäude	150.000 €		183.000 €
2. Maschinen	90.000 €		
3. Fahrzeuge	40.000 €		
4. Werkzeuge	20.000 €		
5. Geschäftsausstattung	10.000 €		
II. Umlagevermögen		**II. Fremdkapital**	
1. Stoffe-Bestände	15.000 €	1. Hypothekenschulden	160.000 €
2. Unfertige Erzeugnisse	3.000 €	2. Verbindlichkeiten	65.000 €
3. Fertige Erzeugnisse	16.000 €		
4. Forderungen	25.000 €		
5. Kasse	8.000 €		
6. Bankguthaben	31.000 €		
Gesamtvermögen	**408.000 €**	**Gesamtkapital**	**408.000 €**

Anmerkung:
Die doppelte Gewinnermittlung ist ein Kennzeichen der so genannten Doppik (= Doppelte Buchführung in Konten).

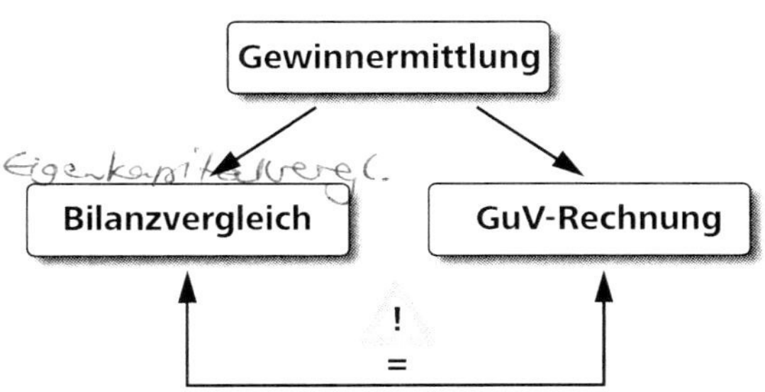

Durch den Bilanzvergleich kann das Unternehmen allerdings nur feststellen, ob ein Gewinn erzielt worden ist oder nicht. Aufgrund der GuV-Rechnung weiß das Unternehmen zusätzlich, wie ein Gewinn oder Verlust erzielt wurde, weil es genaue Informationen darüber hat, welche Positionen dafür verantwortlich gewesen sind.

2.4 GuV-Analyse

Sie haben gesehen, wie ein Unternehmen auf zweifache Art den Gewinn des aktuellen Geschäftsjahres berechnet. Jetzt lernen Sie anhand einer Analyse die Vorzüge der GuV-Rechnung in Staffelform kennen, da unser Beispielunternehmen einzelne Teilergebnisse berechnet.

Teilergebnisse als Quellen des Erfolgs

Folgende Teilergebnisse sind von Interesse:

- Wie hoch ist das Betriebliche Ergebnis (oder EBIT)?
- Wie hoch ist das Ergebnis der gewöhnlichen Geschäftstätigkeit (EGT)?
- Wie hoch ist das Gesamtergebnis (oder EBT)?

Das Betriebliche Ergebnis

Betriebliches Ergebnis

Das Betriebliche Ergebnis beschreibt das Ergebnis eines Geschäftsjahres, das aufgrund der eigentlichen (operativen) Tätigkeit eines Unternehmens (Kerngeschäft) zustande gekommen ist.

Folgende Aufwendungen haben sich aufgrund der Betätigung im Kerngeschäft ergeben (betriebliche Aufwendungen):

Waren:	260.000 €
sonstige Aufwendungen:	50.000 €
Löhne und Gehälter:	150.000 €
Werbung:	10.000 €
Abschreibungen:	40.000 €

Der Umsatz, d. h. der betriebliche Ertrag unseres Unternehmens, beträgt 500.000 €.

> Das Betriebliche Ergebnis (oder auch operatives Ergebnis) ergibt sich aus der Differenz zwischen betrieblichen Erträgen und betrieblichen Aufwendungen.

GuV-Analyse

GuV-Rechnung in Staffelform		
Betriebliche Erträge	**Umsatz**	500.000 €
minus Betriebliche Aufwendungen	Waren	−260.000 €
	sonstige Aufwendungen	−50.000 €
	Löhne und Gehälter	−150.000 €
	Werbung	−10.000 €
	Abschreibungen	−40.000 €
Betriebliches Ergebnis		**−10.000 €**

−510.000 €

Fazit: Unser Unternehmen erwirtschaftete im Geschäftsjahr im Kerngeschäft einen Verlust von - 10.000 €.

Das Ergebnis der gewöhnlichen Geschäftstätigkeit (EGT)

EGT

Das Ergebnis der gewöhnlichen Geschäftstätigkeit (EGT) beschreibt das Ergebnis, das aufgrund der eigentlichen, d. h. das Kerngeschäft betreffenden und notwendigen Betätigung eines Unternehmens entsteht. Zu der notwendigen Betätigung eines Unternehmens zählen auch die Finanzgeschäfte.

> Das EGT ergibt sich aus der Summe des Betrieblichen Ergebnisses und des Finanzergebnisses.

Das Unternehmen hat im aktuellen Geschäftsjahr Zinsaufwendungen von 20.000 € und Zinserträge von 76.000 € gehabt.

GuV-Analyse

GuV-Rechnung in Staffelform		
Betriebliche Erträge		500.000 €
minus Betriebliche Aufwendungen		−510.000 €
ist gleich Betriebliches Ergebnis		−10.000 €
plus Finanzergebnis	**Zinserträge** **Zinsaufwendungen**	76.000 € −20.000 €
ist gleich Ergebnis der gewöhnlichen Geschäftstätigkeit		**46.000 €**

Finanzergebnis
56.000 €

Fazit:
Das Ergebnis der gewöhnlichen Geschäftstätigkeit (EGT) betrug 46.000 €.

Das Gesamtergebnis

Gesamtergebnis

> Um das Gesamtergebnis (vor Steuern) zu berechnen, müssen Sie zum EGT das Außerordentliche Ergebnis addieren.

Ein Außerordentliches Ergebnis kommt durch einmalige bzw. nicht regelmäßige Geschäftsvorfälle eines Geschäftsjahres zustande (z. B. Gewinn oder Verlust aufgrund des Verkaufs eines Unternehmensteils). Sie fallen daher außerhalb der gewöhnlichen Geschäftstätigkeit des Unternehmens an.

Das Unternehmen hat im aktuellen Geschäftsjahr einen Außerordentlichen Aufwand in Höhe von 10.000 € bzw. einen Außerordentlichen Ertrag von 66.000 € erwirtschaftet.

GuV-Analyse

GuV-Rechnung in Staffelform		
Betriebliche Erträge		500.000 €
minus Betriebliche Aufwendungen		−510.000 €
ist gleich Betriebliches Ergebnis		−10.000 €
plus Finanzergebnis		56.000 €
ist gleich Ergebnis der gewöhnlichen Geschäftstätigkeit		46.000 €
plus Außerordentliches Ergebnis	**Außerordentlicher Ertrag** **Außerordentlicher Aufwand**	66.000 € −10.000 €
ist gleich Gesamtergebnis (vor Steuern)		**102.000 €**

Außerordent-liches Ergebnis 56.000 €

Fazit: Das Gesamtergebnis (vor Steuern) betrug 102.000 €.

Welche Schlüsse können Sie aus der Analyse der GuV-Rechnung ziehen?

Interpretation

- Das Kerngeschäft ist negativ (− 10.000 €), kann jedoch durch das positive Finanzergebnis (+ 56.000 €) ausgeglichen werden, so dass das EGT positiv ist (+ 46.000 €).
- Das Außerordentliche Ergebnis verbessert die Situation nochmals. Außerordentliche Ergebnisse sind allerdings ungewöhnlich in Bezug auf die normale Geschäftstätigkeit und fallen meist nur einmalig an, wie z. B. der Verkauf eines Filialbetriebs, ein Brandschaden usw. Das Unternehmen wird daher ein Gesamtergebnis in dieser Höhe nicht jedes Jahr erzielen können.

Das Unternehmen muss die Situation im Kerngeschäft (Betriebliches Ergebnis) erheblich verbessern.

3. Der Jahresabschluss als periodenreines Ergebnis eines Unternehmens

3.1 Bestandteile des Jahresabschlusses

In den vorangegangenen Kapiteln haben Sie die Bilanz und die GuV-Rechnung kennen gelernt. Beide sind Hauptbestandteile des gesetzlich vorgeschriebenen Jahresabschlusses.

Handelsrecht versus Steuerrecht

Es gibt einen handelsrechtlichen und einen steuerrechtlichen Jahresabschluss. Der handelsrechtliche Jahresabschluss bildet die Grundlage für die Aufstellung eines steuerrechtlichen Jahresabschlusses (= Betriebsvermögensvergleich nach § 4 (1) Einkommensteuergesetz (EstG)).

Das Steuerrecht ist allerdings oftmals einschneidender als das Handelsrecht, so dass es immer zu Abweichungen zwischen handelsrechtlichem- und steuerrechtlichem Jahresabschluss kommt.

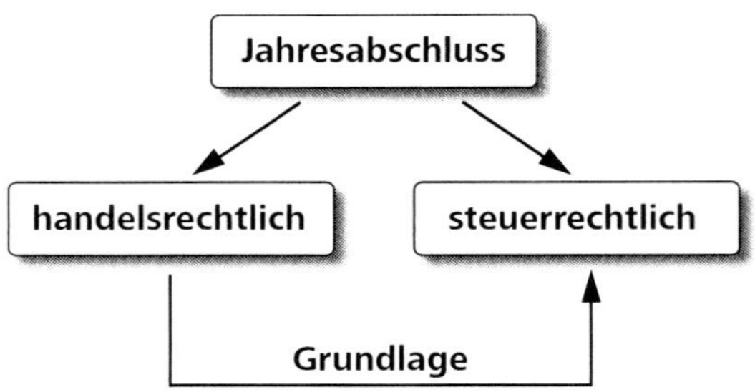

Zusatzinfo:

Einnahmen-Überschuss-Rechnung

Allerdings muss nicht zwangsläufig jedes Unternehmen bilanzieren. Nur Kaufleute nach dem Handelsgesetzbuch (HGB) müssen dies tun. Für so genannte Kleingewerbetreibende reicht dem Finanzamt die Aufstellung einer Einnahmen-Überschuss-Rechnung.

Bei einer Einnahmen-Überschuss-Rechnung werden die Betriebsausgaben einfach von den Betriebseinnahmen abgezogen.

Betriebseinnahmen		
Warenverkauf	75.000 €	
Dienstleistung	15.000 €	**90.000 €**

Betriebsausgaben		
Personalkosten	22.500 €	
Wareneinkauf	25.000 €	
Telefon	1.800 €	
Kfz-Kosten	11.000 €	
Werbung	2.300 €	
Büromaterial	615 €	
Fachliteratur	75 €	
Portokosten	490 €	
betriebliche Versicherungen	700 €	
Schuldzinsen	2.600 €	
Leasinggebühren	700 €	
Abschreibungen	1.600 €	
geringwertige Wirtschaftsgüter	700 €	**70.080 €**
Gewinn		**19.920 €**

3.2 Weitere Pflichtbestandteile für Kapitalgesellschaften

Bei Kapitalgesellschaften (z. B. Aktiengesellschaften) muss der Jahresabschluss neben der Bilanz und GuV-Rechnung zusätzlich einen Anhang und einen Lagebericht enthalten.

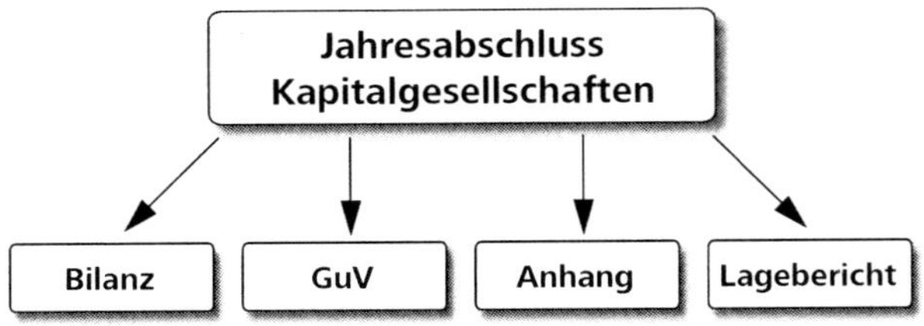

Anhang

Der Anhang dient der Erläuterung, Aufschlüsselung und Ergänzung von Angaben in der Bilanz und GuV-Rechnung.

Lagebericht

Der Lagebericht ist ein Instrument zur zukunftsorientierten Information bzgl. des Unternehmens selbst, der Branche und des geschäftlichen Umfeldes.

Gliederung und Form des Anhangs und des Lageberichts sind gesetzlich nicht verbindlich vorgeschrieben.

Prüfung des Jahresabschlusses durch Unabhängige

Weiterhin müssen unabhängige Wirtschaftsprüfer bei Kapitalgesellschaften einer gewissen Größe feststellen, ob der Jahresabschluss den gesetzlichen Vorschriften entspricht.

Publizitätspflicht

Kapitalgesellschaften müssen in der Regel auch den Jahresabschluss veröffentlichen (Publizitätspflicht).

Anmerkung:
Nur für große Gesellschaften gelten alle Vorschriften in vollem Umfang. Für mittlere und kleinere Kapitalgesellschaften gibt es einige Vereinfachungen und Erleichterungen.

Kriterien für die Einteilung von Kapitalgesellschaften als »klein«, »mittel« und »groß« sind:
- *Bilanzsumme*
- *Umsatz*
- *Anzahl der Mitarbeiter*

3.3 Ziel, Aufgaben und Interessenten eines Jahresabschlusses

Grundsätze ordnungsmäßiger Buchführung

Aus dem Handelsgesetzbuch ergibt sich aus § *243 Abs. 1 HGB*, dass der Jahresabschluss den Grundsätzen ordnungsmäßiger Buchführung zu entsprechen hat (insbesondere muss er klar und übersichtlich sein, Saldierungen zwischen Aktiva und Passiva bzw. Aufwendungen und Erträgen sind unzulässig). Wenn Sie im HGB noch ein wenig weiterblättern, stoßen Sie im § *264 Abs. 2 HGB* auf eine weitere Norm, die speziell für Kapitalgesellschaften gilt: Der Jahresabschluss hat zum *Ziel*, »unter Beachtung der Grundsätze ordnungsmäßiger Buchführung ein den tatsächlichen Verhältnissen entsprechendes Bild der Vermögens-, Finanz- und Ertragslage« zu vermitteln. Somit werden an einen Jahresabschluss ganz spezielle Qualitätsanforderungen gestellt, die sich aus den *Aufgaben* ergeben, die der Gesetzgeber einem Jahresabschluss zuschreibt. Im Einzelnen sind dies:

Ziel eines Jahresabschlusses

Aufgaben des Jahresabschlusses

- Informationsbasis der Finanzbehörden für die Steuerbemessung bzw. anderer Behörden, z. B. der Gewerbeämter
- Gläubigerschutz (Datenquelle der Kreditgeber und Lieferanten)
- Gesellschafterschutz bei Unternehmen, die nicht von den Gesellschaftern selbst geleitet werden
- Arbeitnehmerschutz (von am Gewinn beteiligten Mitarbeitern) vor einer Minderung ihrer Gewinnansprüche durch mögliche Unterbewertungen etc.
- Öffentlichkeitsschutz
- Unternehmensschutz vor einem wirtschaftlichen »Kollaps«, insbesondere im Interesse der Arbeitnehmer

Aus diesen Aufgaben können wir nun leicht die *Interessenten* an einem Jahresabschluss nennen:

Interessenten an einem Jahresabschluss

- Staat (insbesondere die Finanzbehörden)
- Anteilseigner, Gläubiger und Arbeitnehmer des Unternehmens
- Kunden des Unternehmens
- Interessierte Öffentlichkeit

3.4 Das periodenreine Ergebnis im Jahresabschluss

Ziel des Jahresabschlusses

Der Jahresabschluss soll den Eigentümern des Unternehmens und dem Fiskus ein möglichst getreues und periodenreines Bild der Vermögens-, Finanz- und Ertragslage eines Unternehmens geben. Dazu muss der Jahresabschluss auch jene Geschäftsvorfälle berücksichtigen, bei denen (noch) keine Zahlung erfolgt ist bzw. die vom Bilanzstichtag aus gesehen in eine andere Rechnungsperiode übergreifen.

nicht zahlungswirksame Geschäftsvorfälle

Die nicht zahlungswirksamen Geschäftsvorfälle lassen sich im Wesentlichen in folgende Gruppen zusammenfassen:

- Verbindlichkeiten
- Forderungen
- Rückstellungen
- Abschreibungen

3.4.1 Verbindlichkeiten, Forderungen, Rückstellungen

Weshalb sind Verbindlichkeiten, Forderungen und Rückstellungen Geschäftsvorfälle, die noch nicht zu einem konkreten Zahlungsvorgang geführt haben?

Verbindlichkeiten

Bei Verbindlichkeiten (z. B. offene Lieferantenrechnung) hat ein Unternehmen bereits im aktuellen Geschäftsjahr Leistungen (z.B. Rohstoffe) von einem Lieferanten erhalten. Die Bezahlung der offenen Lieferantenrechnung erfolgt allerdings erst im nächsten Geschäftsjahr.

Forderungen

Ähnlich verhält es sich bei Forderungen (z. B. offene Kundenrechnung): Ein Unternehmen hat eine Leistung (z. B. Maschine), die dem aktuellen Geschäftsjahr zuzurechnen ist, an einen Kunden geliefert. Der Kunde muss die Maschine erst im nächsten Geschäftsjahr bezahlen.

Rückstellungen sind Verbindlichkeiten, Verluste oder Aufwendungen, die hinsichtlich ihrer Entstehung oder Höhe ungewiss sind, aber im Falle ihres Entstehens auf ein Ereignis im aktuellen Geschäftsjahr zurückzuführen sind und deshalb im Jahresabschluss berücksichtigt werden müssen.

Rückstellungen

3.4.2 Rechnungsabgrenzungsposten

Hinter Rechnungsabgrenzungsposten (RAPs) stehen bereits erfolgte Zahlungsvorgänge; dennoch betreffen sie Geschäftsvorfälle (z. B. Vorauszahlungen), die vom Bilanzstichtag aus gesehen in eine andere Rechnungsperiode übergreifen und deshalb periodenrein abgegrenzt werden müssen.

RAPs

3.4.3 Abschreibungen

Allgemeines und Definition

Abnutzbares Anlagevermögen, das auf der Aktivseite der Bilanz aktiviert werden muss (Stichwort: Aktivierungspflicht), verliert im Laufe der Zeit an Wert. Diese Wertminderung muss im Jahresabschluss in Form von Abschreibungen berücksichtigt werden.

Abschreibung als Wertminderung von Anlagevermögen

Beispiele für abnutzbares Anlagevermögen:

- Maschinen
- Betriebs- und Geschäftsaustattung
- Fuhrpark
- Patente und Lizenzen

Beispiele

> Eine Abschreibung ist der Betrag, der bei Gegenständen des abnutzbaren Anlagevermögens aufgrund einer mehrjährigen Nutzung als eingetretene jährliche Wertminderung auftritt.

Definition

Dieser Werteverzehr wird in der GuV-Rechnung als Aufwand angesetzt. Dieser Aufwand hat keinen tatsächlichen Geldfluss (im Sinne von Zahlung) zur Folge.

zeitlich begrenzte Nutzung

Ein Vermögensgegenstand des Anlagevermögens ist dann abnutzbar, wenn die Nutzung aufgrund technischen oder wirtschaftlichen Verschleißes zeitlich begrenzt ist.

Zusatzinfo:
Die Aktivierungspflicht entsteht beim Kauf von Anlagevermögen. Aktivieren heißt, dass man ein erworbenes Anlagegut in die Aktivseite der Bilanz aufnimmt.

Ein Kauf von Anlagegütern ist daher kein Aufwand, der in der GuV-Rechnung in voller Höhe berücksichtigt wird. Aufwand stellt nur die jährliche Abschreibungsrate dar.

Die Nutzungsdauer

Nutzungsdauer

Die Nutzungsdauer ist die Zeit der Nutzung des betreffenden Anlagegutes, z. B. einer Maschine oder eines Firmenfahrzeugs. Man kann zwischen wirtschaftlicher, technischer und betriebsgewöhnlicher Nutzungsdauer unterscheiden.

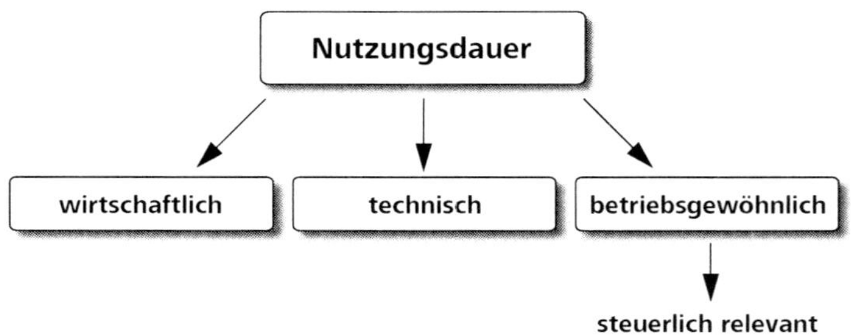

wirtschaftliche Nutzungsdauer

Wirtschaftliche Nutzungsdauer ist die Zeit, während der es wirtschaftlich sinnvoll ist, ein abnutzbares Anlagegut (z. B. Maschine) zu nutzen.

Die technische Nutzungsdauer ist die Zeitspanne, in der ein abnutzbares Anlagegut (z. B. eine Maschine, ein Fahrzeug) technisch einwandfreie Nutzungen ermöglicht.

technische Nutzungsdauer

Die betriebsgewöhnliche Nutzungsdauer wird von der Finanzverwaltung bestimmt und ist somit steuerrechtlich relevant. Dies ist die Dauer, über die man das abnutzbare Anlagegut üblicherweise in seinem Unternehmen nutzen kann. Teilweise ist die Nutzungsdauer gesetzlich festgelegt. Wenn nicht, wird sie geschätzt. Oftmals liegen dem Finanzamt auch Erfahrungswerte aus Betriebsprüfungen zugrunde.

betriebsgewöhnliche Nutzungsdauer

Beispiele für betriebsgewöhnliche Nutzungsdauern:

Beispiele

- Hardware / Software: 3 Jahre
- Firmenwagen: 5 Jahre
- Büromöbel: 13 Jahre

Absetzung für Abnutzung (AfA)

Im Steuerrecht gibt es für »Abschreibung« einen eigenen Begriff – Absetzung für Abnutzung (AfA). Darunter versteht man im Prinzip das gleiche, nämlich die Verteilung von Anschaffungskosten oder Herstellungskosten abnutzbarer Anlagegüter auf die Jahre der betriebsgewöhnlichen Nutzungsdauer.

steuerrechtliche Abschreibung

Zusatzinfo:

Neben der Absetzung für Abnutzung (AfA) gibt es noch weitere steuerrechtliche Abschreibungsvarianten:

- Absetzung für außergewöhnliche technische oder wirtschaftliche Abnutzung (AfaA)
- Absetzung für Substanzverringerung (AfS)
- erhöhte Absetzungen
- Sonderabschreibungen
- Teilwertabschreibungen
- Sofortabschreibung für geringwertige Wirtschaftsgüter (GWG)

Sofortabschreibung für geringwertige Wirtschaftsgüter (GWG)

Der Begriff »geringwertiges Wirtschaftsgut« (GWG) ist das Ergebnis steuerrechtlicher Namensfindung und Rechtsgestaltung. Geregelt ist das GWG im § 6 Abs. 2 EStG (Stand 2007). Der Paragraph führt verschiedene Merkmale auf, die ein Wirtschaftsgut in den Status eines GWG ›erheben‹.

§ 6 Abs. 2 EStG

Merkmale eines GWGs

- Das Wirtschaftsgut gehört zum Anlagevermögen (d. h. die voraussichtliche Nutzungsdauer beläuft sich mindestens auf ein Jahr).
- Die Anschaffungskosten betragen ohne Umsatzsteuer höchstens 410 €.
- Das GWG ist beweglich und darüber hinaus abnutzbar.
- Das Wirtschaftsgut kann selbstständig genutzt werden.

Treffen diese Merkmale zu, wird das Wirtschaftgut als »geringwertig« bezeichnet.

Sofortabschreibung

Die Anschaffungskosten geringwertiger Wirtschaftsgüter können theoretisch im Anschaffungsjahr in voller Höhe (also bis zu 410 € netto) als Betriebsausgaben abgeschrieben werden (Sofortabschreibung).

verteilte Abschreibung

Alternativ kann das GWG über die steuerrechtlich vorgesehene Nutzungsdauer verteilt abschrieben werden (Stichwort: AfA).

Ein Unternehmer möchte im Regelfall seinen Gewinn minimieren, um möglichst wenig Steuern zu bezahlen. Daher kann davon ausgegangen werden, dass ein GWG zumeist sofort abgeschrieben wird.

Beispiel

Ein Unternehmer kauft für sein Büro einen Aktenschrank, um seine Büroausstattung (= Anlagevermögen) zu erweitern. Er zahlt für sein neues Möbelstück 405 € netto (also ohne Umsatzsteuer). Er wählt die Abschreibungsvariante Nr. 1. Er kann somit die Anschaffungskosten des geringwertigen Wirtschaftsgutes im Anschaffungsjahr in voller Höhe abschreiben. Wählt er die Abschreibung über die steuerrechtlich vorgesehene Nutzungsdauer hinweg, so müsste er dieses Büromöbel laut amtlicher AfA-Tabelle über 13 Jahre hinweg abschreiben.

An dieser Stelle möchten wir noch einem weit verbreiteten Irrglauben entgegentreten: Ein Drucker bzw. ein Scanner werden steuerrechtlich nicht als eigenständige Wirtschaftsgüter behandelt. Sie bilden grundsätzlich eine Einheit mit der ergänzenden Hardware, dem PC. Damit sind sie nur dann geringwertige Wirtschaftsgüter, wenn das gesamte »Bundle« aus PC, Drucker und/oder Scanner zusammen nicht mehr als 410 € (netto) kostet.

Abschreibungsarten

Planmäßige Abschreibungen

Planmäßige Abschreibungen sind im Voraus festgelegte Abschreibungen. Diese legt man grundsätzlich für abnutzbare Vermögensgegenstände des Anlagevermögens (z. B. Firmenwagen) fest.

Abschreibungsplan

Dazu erstellt das Unternehmen einen Abschreibungsplan, der die Anschaffungs- oder Herstellungskosten je Vermögensgegenstand (evtl. vermindert um einen Resterlös) als Bemessungsgrundlage der Abschreibungen bestimmt. Weiterhin sind dort die voraussichtliche Nutzungsdauer (ND) und die Abschreibungsmethode aufgeführt.

laufende Nr.	Bezeichnung des Wirtschaftsguts	Anschaffungsdatum	Anschaffungskosten	letzter Buchwert 01.01.2004	ND in Jahren	AfA	AfA	Buchwert zum 31.12.2004
			€	€		in %		
1	Firmenwagen	03.01.2003	20000	16000	5	20	4000	12000

Lineare Abschreibung als Beispiel für planmäßige Abschreibungen

lineare Abschreibung

Die lineare Abschreibung verteilt den Anschaffungswert des Wirtschaftsgutes gleichmäßig auf die voraussichtlichen Nutzungsjahre.

$$\text{jahrliche AfA} = \frac{\text{Anschaffungswert}}{\text{Nutzungsdauer}}$$

Beispiel:

Beispiel

Ein Unternehmen kauft einen Firmenwagen.

- Die Anschaffungskosten belaufen sich auf 20.000 €.
- Die geschätzte Nutzungsdauer beträgt 5 Jahre.

$$\text{jährliche AfA} = \frac{20.000\ €}{5\ \text{Jahre}} = 4.000\ €\ \text{pro Jahr}$$

Nach 5 Jahren ist in diesem Beispiel der Wagen vollständig abgeschrieben.

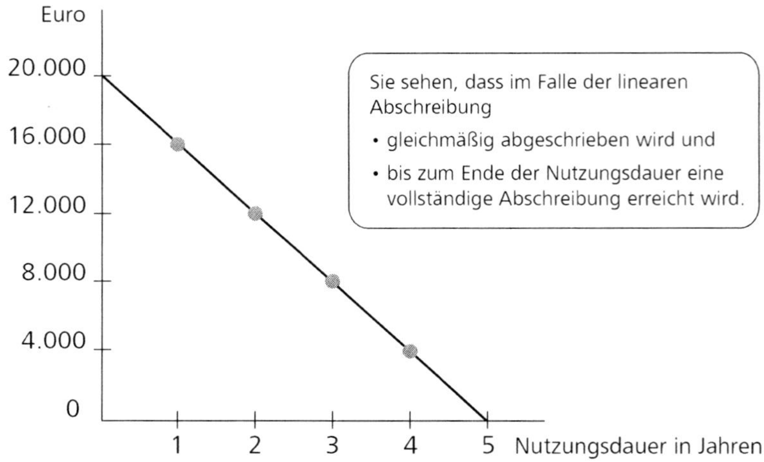

Sie sehen, dass im Falle der linearen Abschreibung

- gleichmäßig abgeschrieben wird und
- bis zum Ende der Nutzungsdauer eine vollständige Abschreibung erreicht wird.

Die jährliche Wertminderung von 4.000 € stellt für das Unternehmen Aufwand dar und muss deshalb im Jahresabschluss (in der GuV-Rechnung) berücksichtigt werden. Dieser Aufwand hat keinen tatsächlichen Geldfluss zur Folge, da der Wagen bereits gekauft bzw. finanziert wurde.

Als Aufwand verringert die Abschreibung den Betriebsgewinn. Damit wird die Steuer reduziert.

Gleichzeitig verringert sich aber der Wert des Firmenwagens auch in der Bilanz um den jährlichen Abschreibungsbetrag. Nutzt das Unternehmen den Wagen über einen längeren Zeitraum als die betriebsgewöhnliche Nutzungsdauer, weil es z. B. wirtschaftlich sinnvoll ist, darf ein so genannter Erinnerungswert (1 €) in der Bilanz zurückbleiben.

Achtung:
Wenn ein Verkäufer einem Kunden sagt, dass die Anschaffungskosten für eine Maschine (z. B. 100.000 €) noch im Jahr der Anschaffung in voller Höhe abgeschrieben werden können und daher die Maschine durch die Steuerersparnis eigentlich nur noch die Hälfte kostet, ist dies betriebswirtschaftlich falsch. Denn, wie Sie bereits wissen, handelt es sich bei der Maschine um aktivierungspflichtiges Anlagevermögen. Keinesfalls kann die Maschine im Jahr der Anschaffung in voller Höhe abgeschrieben werden. Nur die jährliche Abschreibungsrate darf als Aufwand berücksichtigt werden.

Zusatzinfo: Weitere planmäßige Abschreibungsarten

Neben der bereits vorgestellten linearen Abschreibung existieren noch weitere Verfahren:

progressive, degressive und leistungsbedingte Abschreibung

- progressive Abschreibung
- degressive Abschreibung
- leistungsbedingte Abschreibung

Bei der progressiven Abschreibung steigt der Abschreibungsbetrag von Jahr zu Jahr an.

Bei der degressiven Abschreibung verhält es sich umgekehrt: Im ersten Jahr kommt es zur höchsten Wertminderung, und sie sinkt jedes Jahr.

Die leistungsbedingte Abschreibung orientiert sich an der tatsächlichen Leistung des Anlagegutes (z. B. nach der Anzahl an Produkten, die eine Maschine produziert).

Da steuerrechtlich die lineare Abschreibung uneingeschränkt zulässig ist, gehen wir auf die übrigen Verfahren an dieser Stelle nicht näher ein.

Außerplanmäßige Abschreibungen

»Ausnahmen bestätigen die Regel« – dies gilt auch bei den Abschreibungen: Außerplanmäßige Abschreibungen sind unter bestimmten Voraussetzungen bei allen Vermögensgegenständen möglich (also auch für Vermögensgegenstände des Umlaufvermögens, wie z. B. Vorräte).

Beispiele für außerplanmäßige Abschreibungen sind:

Beispiele

- Außergewöhnliche technische oder wirtschaftliche Abnutzung
- Brand- oder Hochwasserschäden
- Substanzverringerungen

Abschreibungszeiträume

Die Abschreibungszeiträume für steuerrechtliche Abschreibungen (AfA) orientieren sich zumeist an gesetzlichen Zeitvorgaben bzw. Schätzungen. In diesem Zusammenhang haben wir bereits Beispiele für betriebsgewöhnliche Nutzungsdauern angeführt.

zeitliche Differenzen

In der Realität entsprechen die vorgegebenen Zeiträume allerdings nur selten den wirtschaftlichen Nutzungsdauern der abzuschreibenden

Wirtschaftsgüter. Teilweise sind sie länger, teilweise aber auch kürzer, so dass zeitliche Differenzen entstehen.

Deshalb wird in der Kosten- und Leistungsrechnung (KLR) die so genannte *kalkulatorische Abschreibung* berechnet, die sich nicht an steuerrechtlichen Zeiträumen orientiert, sondern vielmehr die wirtschaftliche Nutzungsdauer berücksichtigt. Die kalkulatorische Abschreibung dient – wie es der Name bereits verrät – ausschließlich kalkulatorischen Zwecken. Für die Steuererklärung ist sie ohne Relevanz. Während die steuerrechtliche Abschreibung immer vom Anschaffungswert eines Wirtschaftsgutes ausgeht, orientiert sich die kalkulatorische Abschreibung an dem realistischeren Wiederbeschaffungswert.

KLR

kalkulatorische Abschreibung

Anschaffungswert

Wiederbeschaffungswert

Beispiel:

Ein Bauunternehmer kauft einen neuen LKW für den betrieblichen Fuhrpark. Er kostet aktuell 180.000 €. Nach den steuerlichen AfA-Tabellen ist der LKW in 9 Jahren abzuschreiben. Somit beträgt die jährliche Abschreibung (bei linearer Methode) 20.000 €. Tatsächlich wird der LKW allerdings 12 Jahre genutzt. Die steuerrechtliche Abschreibungszeit liegt damit *unterhalb* der wirtschaftlichen Nutzungsdauer.

Beispiel

Firmenintern rechnet der Bauunternehmer aber bereits heute damit, wie viel der LKW kostet, der in 12 Jahren gekauft werden soll. Die Kosten der Wiederbeschaffung werden auf 210.000 € geschätzt. Die kalkulatorische Abschreibung beträgt (bei linearer Methode) somit 17.500 €. Aus steuerrechtlicher Sicht kommt es also zu einem Werteverzehr von jährlich 20.000 € (um diesen Betrag verringert sich auch der Gewinn). Die »realistische« Abschreibung beläuft sich hingegen auf 17.500 €. Und mit diesem Wert wird der Unternehmer auch kalkulieren.

Leider gibt es auch Wirtschaftsgüter, bei denen die steuerrechtliche Abschreibungszeit *oberhalb* der wirtschaftlichen Nutzungsdauer liegt. Dies sind insbesondere High-Tech-Güter wie PCs und Software.

Zusammenfassung:
Die Bilanz und die GuV-Rechnung sind Bestandteile des Jahresabschlusses. Ziel ist es, dem Staat (Finanzamt) und dem Eigentümer ein getreues und periodenreines Ergebnis der Finanz- und Ertragslage zu zeigen. Daher werden zahlungsunwirksame Geschäftsvorfälle nicht berücksichtigt. Sie lassen sich im Wesentlichen in folgende Gruppen zusammenfassen:

- Verbindlichkeiten
- Forderungen
- Rückstellungen
- Abschreibungen

Bei den Abschreibungen ist zwischen den steuerrechtlichen Abschreibungen (AfA) und den kalkulatorischen Abschreibungen zu unterscheiden. Nur die steuerrechtlichen Abschreibungen sind für den Jahresabschluss von Relevanz.

4. Von der Eröffnungsbilanz zur Schlussbilanz – Buchungen von Geschäftsvorfällen über Konten

***Anmerkung:** Nicht prüfungsrelevant!*

4.1 Eröffnungsbilanz und Geschäftsvorfälle

Zu Beginn eines Geschäftsjahres muss jedes bilanzierungspflichtige Unternehmen eine Eröffnungsbilanz erstellen. Im Falle einer Neugründung nennt man diese erste Bilanz »Gründungsbilanz«.

Eröffnungsbilanz

Die Eröffnungsbilanz ist eine kontenmäßige Gegenüberstellung von Vermögen und Schulden (Fremdkapital) eines Unternehmens zu Beginn des Geschäftsjahres (z. B. 1. Januar).

Das Eigenkapital der Eröffnungsbilanz ergibt sich als rein rechnerische »Restgröße« (Eigenkapital = Vermögen – Schulden).

Eröffnungsbilanz zum 1. Januar des Geschäftsjahres			
Aktiva (= Vermögen)		**Passiva (= Kapital)**	
Anlagevermögen		**Eigenkapital**	
Gebäude	150.000 €		183.000 €
Maschinen	90.000 €		
Fahrzeuge	40.000 €		
Werkzeuge	20.000 €		
Betriebs- und Geschäftsausstattung	10.000 €		
Umlaufvermögen		**Fremdkapital**	
Stoffe-Bestände	15.000 €	Hypothekenschulden	160.000 €
Unfertige Erzeugnisse	3.000 €	Verbindlichkeiten	65.000 €
Fertige Erzeugnisse	16.000 €		
Forderungen	25.000 €		
Kasse	8.000 €		
Bankguthaben	31.000 €		
Gesamtvermögen	**408.000 €**	**Gesamtkapital**	**408.000 €**

Allerdings steht ein Unternehmen nicht still. Während des Geschäftsjahres entstehen permanent neue Geschäftsvorfälle, die Einfluss auf das Vermögen, die Schulden und somit auch auf das Eigenkapital haben.

Geschäftsvorfälle

Geschäftsvorfälle sind alle Vorgänge im Unternehmen, die zu einer Veränderung von Vermögen und/oder Schulden bzw. Eigenkapital führen.

Hier seien beispielhaft einige Geschäftsvorfälle genannt, die während eines Geschäftsjahres auftreten können.

(1) Bareinkauf Rohstoffe (1.000 €)
(2) Umwandlung Verbindlichkeiten in Hypothekenschulden (30.000 €)
(3) Rohstoffeinkauf auf Rechnung (1.000 €)
(4) Banküberweisung einer Rechnung (5.000 €)
(5) Mietzahlungen in bar für Geschäftsräume (4.000 €)
(6) Zinserträge aus Bankguthaben (200 €)

Da eine Bilanz immer nur eine Momentaufnahme des Vermögens, der Schulden und des Eigenkapitals eines Unternehmens darstellt, könnten Sie nach jedem Geschäftsvorfall die Bilanz neu schreiben. Dieses Vorgehen ist aber äußerst unpraktikabel. Daher löst man die Bilanz in Konten auf und schafft so übersichtliche Einzelabrechnungen für jeden Posten der Bilanz.

4.2 Auflösung der Bilanz in Konten

4.2.1 Bestandskonten

Bestandskonten

Um eine genaue Übersicht über Art, Ursache und Höhe der Veränderungen der einzelnen Bilanzposten zu erhalten, wird die Bilanz in einzelne Bestandskonten aufgegliedert. Für jeden Bilanzposten wird ein separates Konto eingerichtet.

Man unterscheidet zwischen Aktiv- und Passivkonten. Ihre Seiten tragen die Bezeichnung »Soll« (linke Seite) bzw. »Haben« (rechte Seite). Aus der Eröffnungsbilanz übernehmen diese Konten den Anfangsbestand (daher auch der Name Bestandskonto).

Eröffnungsbilanz zum 1. Januar des Geschäftsjahres			
Aktiva (= Vermögen)		**Passiva (= Kapital)**	
Anlagevermögen		**Eigenkapital**	
Gebäude	150.000 €		183.000 €
Maschinen	90.000 €		
Fahrzeuge	40.000 €		
Werkzeuge	20.000 €		
Betriebs- und Geschäftsausstattung	10.000 €		
Umlagevermögen		**Fremdkapital**	
Stoffe-Bestände	15.000 €	Hypothekenschulden	160.000 €
Unfertige Erzeugnisse	3.000 €	Verbindlichkeiten	65.000 €
Fertige Erzeugnisse	16.000 €		
Forderungen	25.000 €		
Kasse	8.000 €		
Bankguthaben	31.000 €		
Gesamtvermögen	**408.000 €**	**Gesamtkapital**	**408.000 €**

Aktive Bestandskonten

Stoffe-Bestände

S	H
15.000 €	

Kasse

S	H
8.000 €	

Bank

S	H
31.000 €	

Passive Bestandskonten

Hypothekenschulden

S	H
	160.000 €

Verbindlichkeiten

S	H
	65.000 €

In diesem Beispiel werden die aktiven Bestandskonten »Stoffe-Bestände«, »Kasse« und »Bankguthaben« durch die Auflösung der entsprechenden Bilanzposten gebildet. Bei einem aktiven Bestandskonto wird der Anfangsbestand auf der Sollseite (linke Seite) gebucht, weil er in der Bilanz auch auf der linken Seite steht.

Die passiven Bestandskonten »Hypothekenschulden« und »Verbindlichkeiten« werden ebenfalls durch die Auflösung der entsprechenden Bilanzposten gebildet. Bei einem passiven Bestandskonto wird der Anfangsbestand auf der Habenseite (rechte Seite) gebucht, weil er in der Bilanz auch auf der rechten Seite steht.

Die folgende Übersicht zeigt Ihnen die Logik, mit der auf Bestandskonten gebucht wird.

S Aktives Bestandskonto	H
Anfangsbestand	**Minderung**
Mehrungen	**Schlussbestand**

Buchungslogik aktive Bestandskonten

Auf den Aktivkonten stehen
- der Anfangsbestand im Soll,
- die Mehrungen (Zugänge) im Soll,
- die Minderungen (Abgänge) im Haben und
- der Schlussbestand (Saldo) im Haben.

S	Passives Bestandskonto H
Minderungen	**Anfangsbestand**
Schlussbestand	**Mehrungen**

Buchungslogik passive Bestandskonten

Auf den Passivkonten stehen

- der Anfangsbestand im Haben,
- die Mehrungen (Zugänge) im Haben,
- die Minderungen (Abgänge) im Soll und
- der Schlussbestand (Saldo) im Soll.

4.2.2 Erfolgskonten

Erfolgskonten

Im Gegensatz zu den Bestandskonten handelt es sich bei den Erfolgskonten um Konten, die in die GuV-Rechnung eingehen. Auf Erfolgskonten werden ausschließlich erfolgswirksame Geschäftsvorfälle gebucht. In der Bilanz ist das Eigenkapital ein Indikator dafür, wie »(erfolg-)reich« ein Unternehmen ist. Durch die Veränderung des Eigenkapitals zeigt sich somit Erfolg (= Gewinn) oder Misserfolg (= Verlust) eines Unternehmens.

Grundsätzlich kann das Eigenkapital aufgrund eines Geschäftsvorfalls

- konstant bleiben,
- steigen oder
- fallen.

Wenn das Eigenkapital unverändert bleibt, ist der Geschäftsvorfall erfolgsneutral bzw. erfolgsunwirksam. Steigt das Eigenkapital durch einen Geschäftsvorfall, sagt man, dass es sich um einen Ertrag handelt. Fällt hingegen das Eigenkapital, handelt es sich um einen Aufwand. Nur erfolgswirksame Geschäftsvorfälle verändern somit das Eigenkapital.

erfolgswirksame Geschäftsvorfälle

Eigentlich müssten Sie sämtliche erfolgswirksamen Geschäftsvorfälle direkt auf dem Bestandskonto »Eigenkapital« erfassen. Dann würde dieses Konto aber sehr unübersichtlich werden. Daher wird das Eigenkapitalkonto in einzelne Erfolgskonten, in Aufwands- bzw. Ertragskonten, aufgespaltet.

Für die beiden erfolgswirksamen Geschäftsvorfälle

(5) Mietzahlungen in bar für Geschäftsräume (4.000 €)

(6) Zinserträge aus Bankguthaben (200 €)

werden aus Gründen der Übersichtlichkeit das Ertragskonto »Zinsertrag« bzw. »Mietaufwand« als Unterkonten des Bestandskontos »Eigenkapital« gebildet.

Eröffnungsbilanz zum 1. Januar des Geschäftsjahres			
Aktiva (= Vermögen)		**Passiva (= Kapital)**	
Anlagevermögen		**Eigenkapital**	
Gebäude	150.000 €		183.000 €
Maschinen	90.000 €		
Fahrzeuge	40.000 €		
Werkzeuge	20.000 €		
Betriebs- und Geschäftsausstattung	10.000 €		
Umlaufvermögen		**Fremdkapital**	
Stoffe-Bestände	15.000 €	Hypothekenschulden	160.000 €
Unfertige Erzeugnisse	3.000 €	Verbindlichkeiten	65.000 €
Fertige Erzeugnisse	16.000 €		
Forderungen	25.000 €		
Kasse	8.000 €		
Bankguthaben	31.000 €		
Gesamtvermögen	**408.000 €**	**Gesamtkapital**	**408.000 €**

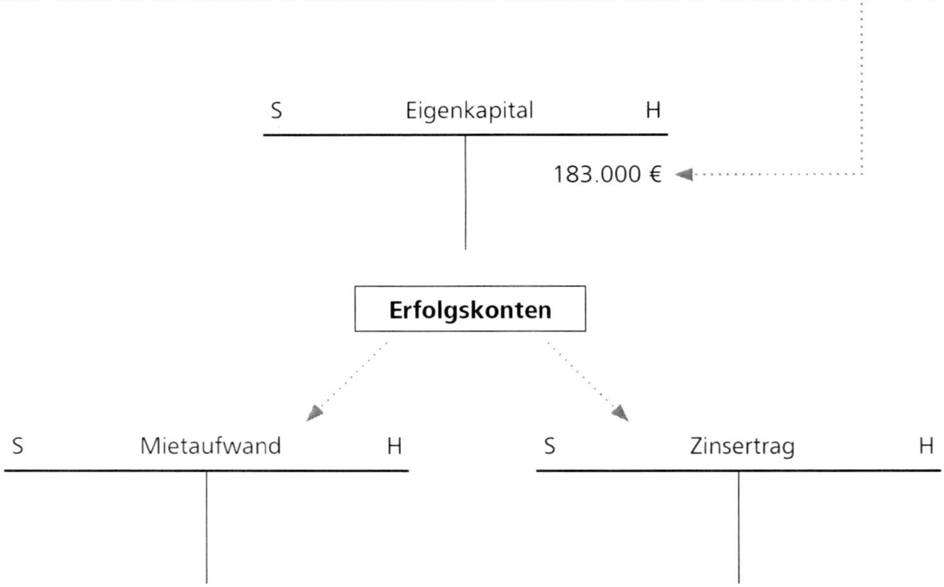

Erfolgskonten (= Aufwands- und Ertragskonten) besitzen keine Anfangsbestände.

4.3 Analyse der Geschäftsvorfälle

Doppik

Jeder Geschäftsvorfall berührt immer zwei Konten in der Bilanz. Man spricht deshalb von der doppelten Buchführung in Konten oder auch Doppik. Das führt dazu, dass die Bilanz auf beiden Seiten stets ausgeglichen ist.

Tipp:
Bilanz kommt vom italienischen »bilancia« (= die Waage). Stellen Sie sich jetzt einfach einmal eine Waage vor. Auf der linken Waagschale »liegen« die Aktivkonten, auf der rechten Waagschale die Passivkonten.

4.3.1 Analyse von erfolgsunwirksamen Geschäftsvorfällen

(1) Bareinkauf Rohstoffe (1.000 €)

Analyse erster Geschäftsvorfall

Das Unternehmen kauft Rohstoffe im Wert von 1.000 € bar ein. Dadurch erhöht sich der Bestand an Stoffe-Beständen und verringert sich der Kassenbestand um jeweils 1.000 €.

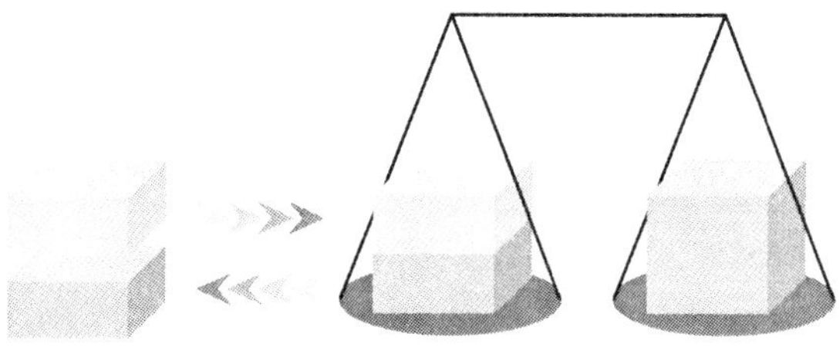

Durch den Geschäftsvorfall werden ausschließlich Aktivkonten betroffen: Rohstoffe im Wert von 1.000 € werden auf die linke Waagschale gelegt und im Gegenzug verlassen 1.000 € Bargeld die linke Waagschale.

Fazit:

Aktivtausch

Durch den Geschäftsvorfall werden zwei Konten auf der Aktivseite verändert. Die Bilanzsumme bleibt unverändert. Daher nennt man diese Art von Geschäftsvorfällen auch Aktivtausch.

(2) Umwandlung Verbindlichkeiten in Hypothekenschulden (30.000 €)

Analyse zweiter Geschäftsvorfall

Das Unternehmen wandelt eine Verbindlichkeit über 30.000 € (z. B. eine offene Lieferantenrechnung) in eine längerfristige Hypothek um (= Umschuldung). Dadurch erhöhen sich die Hypothekenschulden und verringern sich die Verbindlichkeiten um jeweils 30.000 €.

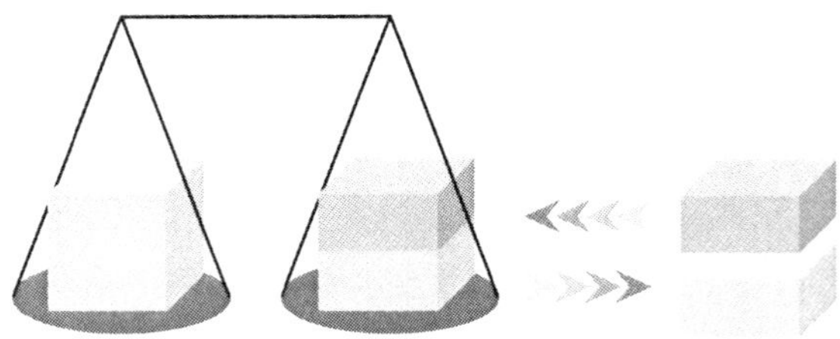

Durch den Geschäftsvorfall werden ausschließlich Passivkonten betroffen: Hypothekenschulden im Wert von 30.000 € werden auf die rechte Waagschale gelegt und im Gegenzug verlassen 30.000 € Verbindlichkeiten die rechte Waagschale wieder.

Fazit:

Passivtausch

Durch den Geschäftsvorfall werden zwei Konten auf der Passivseite verändert. Die Bilanzsumme bleibt unverändert. Daher nennt man diese Art von Geschäftsvorfällen auch Passivtausch.

(3) Rohstoffeinkauf auf Rechnung (1.000 €)

Das Unternehmen kauft nochmals Rohstoffe im Wert von 1.000 € ein. Diesmal wird allerdings nicht bar bezahlt, sondern das Unternehmen hat ein Zahlungsziel vereinbart. Dadurch erhöht sich jeweils der Bestand an Rohstoffen und an Verbindlichkeiten um 1.000 €.

Analyse dritter Geschäftsvorfall

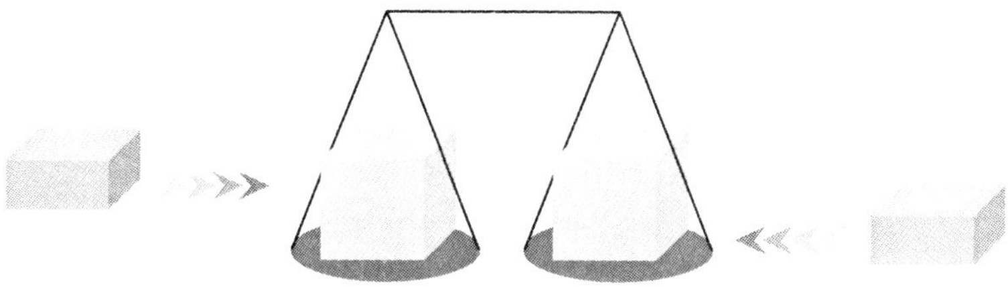

Durch den Geschäftsvorfall wird sowohl ein Aktivkonto als auch ein Passivkonto betroffen: Rohstoffe im Wert von 1.000 € werden auf die linke Waagschale gelegt und Verbindlichkeiten in Höhe von 1.000 € kommen auf die rechte Waagschale.

Fazit:

Durch den Geschäftsvorfall werden ein Konto auf der Aktivseite und ein Konto auf der Passivseite verändert. Die Bilanzsumme wird größer. Daher nennt man diese Art von Geschäftsvorfällen auch Aktiv-Passiv-Mehrung oder Bilanzverlängerung.

Aktiv-Passiv-Mehrung (Bilanzverlängerung)

(4) Banküberweisung einer Rechnung (5.000 €)

Das Unternehmen bezahlt eine offene Lieferantenrechnung über 5.000 € per Banküberweisung. Dadurch verringert sich der Bestand an Verbindlichkeiten und an Bankguthaben um jeweils 5.000 €.

Analyse vierter Geschäftsvorfall

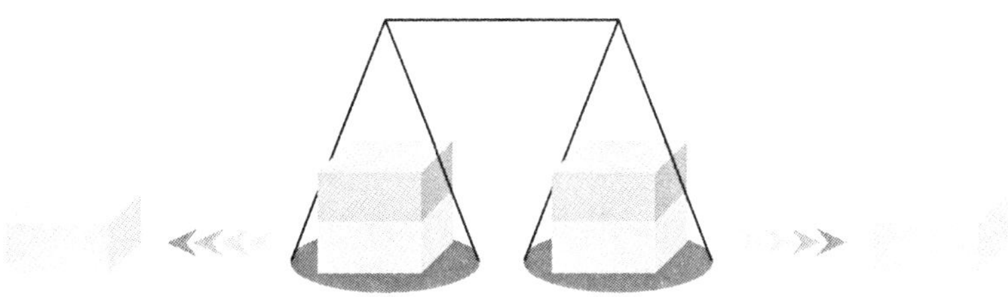

Durch den Geschäftsvorfall wird sowohl ein Aktivkonto als auch ein Passivkonto betroffen: Das Bankguthaben im Wert von 5.000 € verlässt die linke Waagschale und Verbindlichkeiten in Höhe von 5.000 € verlassen die rechte Waagschale.

Fazit:
Durch den Geschäftsvorfall werden ein Konto auf der Aktivseite und ein Konto auf der Passivseite verändert. Die Bilanzsumme wird kleiner. Daher nennt man diese Art von Geschäftsvorfällen auch Aktiv-Passiv-Minderung oder Bilanzverkürzung.

Aktiv-Passiv-Minderung (Bilanzverkürzung)

Zum Abschluss fasst die Tabelle alle Wertbewegungen übersichtlich zusammen:

Übersicht über mögliche Wertbewegungen

	Beispiel	Wertbewegung	Bilanzsumme
Aktivtausch	Bareinkauf Rohstoffe	+ Stoffe-Bestände – Kasse	konstant
Passivtausch	Umwandlung Verbindlichkeiten in Hypothekenschuld	+ Hypothekenschuld – Verbindlichkeiten	konstant
Aktiv-Passiv-Mehrung (Bilanzverlängerung)	Rohstoffeinkauf auf Rechnung	+ Stoffe-Bestände + Verbindlichkeiten	größer
Aktiv-Passiv-Minderung (Bilanzverkürzung)	Banküberweisung einer Rechnung	– Verbindlichkeiten – Bankguthaben	kleiner

Buchungen auf Bestandskonten

Die Geschäftsvorfälle (1) bis (4) werden auf den Bestandskonten wie folgt dokumentiert (AB = Anfangsbestand).

S Stoffe-Bestände H

S		H	
AB	15.000 €		
(1)	1.000 €		
(3)	1.000 €		

S Hypothekenschulden H

S		H	
		AB	160.000 €
		(2)	30.000 €

S Kasse H

S		H	
AB	8.000 €	(1)	1.000 €

S Verbindlichkeiten H

S		H	
(2)	30.000 €	AB	65.000 €
(4)	5.000 €	(3)	1.000 €

S Bank H

S		H	
AB	31.000 €	(4)	5.000 €

Buchungen auf Bestandskonten sind erfolgsunwirksam

Geschäftsvorfälle, die Bestandskonten berühren, haben keinen Einfluss auf das Eigenkapital des Unternehmens. Das Unternehmen wird somit weder »reicher« noch »ärmer«. Damit sich das Eigenkapital verändert, müssen die Geschäftsvorfälle erfolgswirksam sein.

4.3.2 Analyse von erfolgswirksamen Geschäftsvorfällen

Die Geschäftsvorfälle (5) und (6) sind erfolgswirksam, wie Sie gleich sehen werden.

(5) Mietzahlungen in bar für Geschäftsräume (4.000 €)
(6) Zinserträge aus Bankguthaben (200 €)

Mietzahlungen stellen Aufwand dar, machen das Unternehmen also tatsächlich »ärmer«, berühren das Eigenkapital und sind somit erfolgswirksam. Genauso verhält es sich mit den Zinserträgen. Sie machen das Unternehmen »reicher«, berühren ebenfalls das Eigenkapital und sind deshalb erfolgswirksam.

Eigentlich müsste man sämtliche erfolgswirksamen Geschäftsvorfälle direkt auf dem Bestandskonto »Eigenkapital« erfassen. Wegen der dabei entstehenden Unübersichtlichkeit wird stattdessen das passive Bestandskonto »Eigenkapital« in einzelne Erfolgskonten (Aufwands- bzw. Ertragskonten) aufgespalten. Diese Erfolgskonten besitzen keine Anfangsbestände.

Da jeder Geschäftsvorfall immer zwei Konten berührt (Stichwort: Doppik), wird durch den Geschäftsvorfall (5) das aktive Bestandskonto »Kasse« auf der Haben-Seite um 4.000 € verringert. Durch den Geschäftsvorfall (6) wird das aktivische Bestandskonto »Bank« im Soll um 200 € vergrößert (vgl. Buchungslogik Bestandskonten S. 87f.).

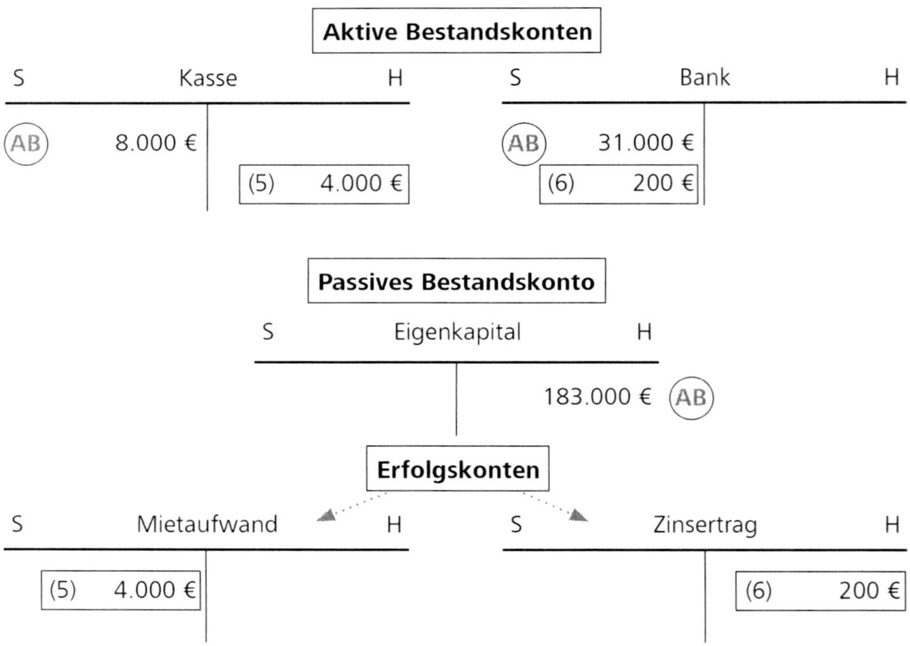

4.4 Abschluss der Erfolgskonten

Zusammenfassung auf Gewinn- und Verlustkonto

Am Ende des Geschäftsjahres wird durch den Abschluss der Erfolgskonten das Ergebnis (Gewinn bzw. Verlust) des Unternehmens ermittelt. Das Gewinn- und Verlustkonto übernimmt diese Aufgabe. Hier werden alle Erfolgskonten des Geschäftsjahres zusammengefasst.

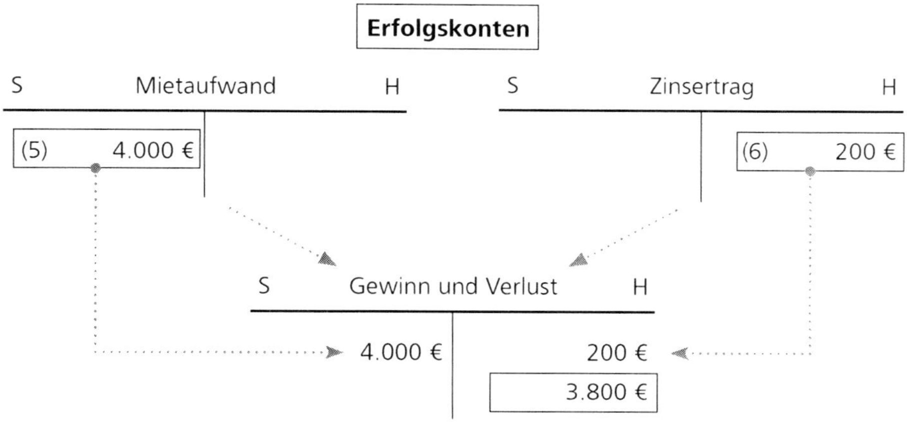

In diesem Beispiel erzielte das Unternehmen einen Verlust von 3.800 €.

Gewinn bzw. Verlust auf Eigenkapitalkonto übertragen

Das Ergebnis aus dem Gewinn- und Verlustkonto (hier der Verlust von 3.800 €) wird auf das Eigenkapitalkonto übertragen und der Schlussbestand ermittelt.

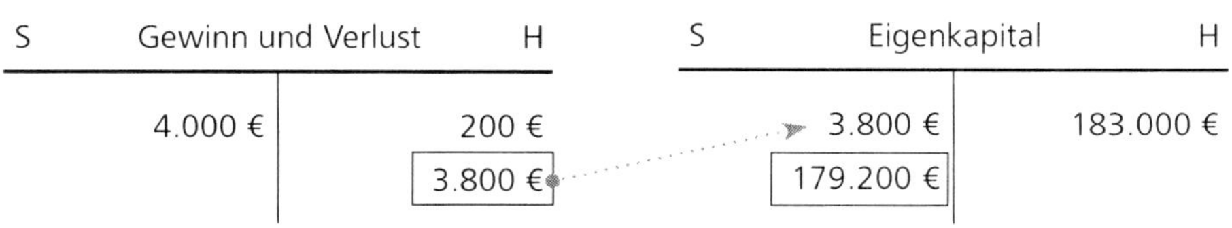

In diesem Beispiel beträgt der Schlussbestand des Kontos »Eigenkapitals« 179.200 €.

4.5 Abschluss der Bestandskonten

Nachdem der Erfolg des Unternehmens bestimmt wurde, wird nun für jedes Bestandskonto der jeweilige Schlussbestand (SB) errechnet.

Aktive Bestandskonten

S — Stoffe-Bestände — H

S		H	
AB	15.000 €		
(1)	1.000 €		
(3)	1.000 €	17.000 €	SB

S — Kasse — H

S		H	
AB	8.000 €	(1)	1.000 €
		(5)	4.000 €
		SB	3.000 €

S — Bank — H

S		H	
AB	31.000 €	(4)	5.000 €
(6)	200 €	SB	26.200 €

Passive Bestandskonten

S — Hypothekenschulden — H

S		H	
		160.000 €	AB
SB	190.000 €	(2)	30.000 €

S — Verbindlichkeiten — H

S		H	
(2)	30.000 €	65.000 €	AB
(4)	5.000 €	(3)	1.000 €
SB	31.000 €		

4.6 Aufstellen der Schlussbilanz

Die Schlussbestände der Bestandskonten werden nun in die Schlussbilanz übertragen und die Bilanzsumme bestimmt. Dabei werden die Schlussbestände der Aktivkonten (hier: »Stoffe-Bestände«, »Kasse«, »Bank«) auf die Aktivseite bzw. die Schlussbestände der Passivkonten (hier: »Eigenkapital«, »Hypothekenschulden«, »Verbindlichkeiten«) auf die Passivseite übertragen.

Schlussbilanz zum 31. Dezember des Geschäftsjahres			
Aktiva (= Vermögen)		**Passiva (= Kapital)**	
Anlagevermögen		**Eigenkapital**	
Gebäude	150.000 €		179.200 €
Maschinen	90.000 €		
Fahrzeuge	40.000 €		
Werkzeuge	20.000 €		
Betriebs- und Geschäftsausstattung	10.000 €		
Umlagevermögen		**Fremdkapital**	
Stoffe-Bestände	17.000 €	Hypothekenschulden	190.000 €
Unfertige Erzeugnisse	3.000 €	Verbindlichkeiten	31.000 €
Fertige Erzeugnisse	16.000 €		
Forderungen	25.000 €		
Kasse	3.000 €		
Bankguthaben	26.200 €		
Gesamtvermögen	**400.200 €**	**Gesamtkapital**	**400.200 €**

Aktive Bestandskonten

S	Stoffe-Bestände	H
		17.000 € SB

S	Kasse	H
		3.000 € SB

S	Bank	H
		26.200 € SB

Passive Bestandskonten

S	Eigenkapital	H
SB 179.200 €		

S	Hypothekenschulden	H
SB 190.000 €		

S	Verbindlichkeiten	H
SB 31.000 €		

Schlussbilanz

Auch die Schlussbilanz ist eine kontenmäßige Gegenüberstellung von Vermögen und Schulden eines Unternehmens. Allerdings wird sie am Ende des Geschäftsjahres erstellt (z. B. 31. Dezember).

Zusammenhang Inventur-Schlussbilanz

Das Vermögen und die Schulden eines Unternehmens können auf zweifache Weise bestimmt werden:

- Aus der Schlussbilanz, die sich »rechnerisch« aus den im Geschäftsjahr bebuchten Konten ergibt (»Soll-Werte«)
- Aus der Inventur, also der körperlichen und buchmäßigen Bestandsaufnahme (»Ist-Werte«)

Beide Ergebnisse sollten identisch sein, jedoch kann es durch Schwund zu Abweichungen kommen. Sollten solche Abweichungen auftreten, hat das Inventurergebnis (»Ist-Werte«) Vorrang vor den gebuchten Werten (»Soll-Werten«). Im Zweifelsfalle müssten die gebuchten Werte korrigiert werden.

4.7 Buchungssätze

Sämtliche Geschäftsvorfälle und die damit verbundenen Buchungen eines Geschäftsjahres werden durch so genannte Buchungssätze dokumentiert.

Ein Buchungssatz ist eine Art »Regieanweisung« des Buchhalters für die einzelnen Geschäftsvorfälle. Buchungssätze vereinfachen die Buchführungsarbeit.

Jeder Buchungssatz wird aufgrund vorliegender Belege gebildet.

Beispiel:

Beispiel

Geschäftsvorfall (1): Bareinkauf Rohstoffe (1.000 €)
Hier liegen dem Buchhalter zwei Belege vor: eine Rechnung und der Kassenbeleg, der den Zahlungsausgang dokumentiert.

Deshalb merken Sie sich bitte den elementarsten Satz eines jeden Buchhalters:

Keine Buchung ohne Beleg!

Jeder Buchungssatz gibt Ihnen Auskunft darüber, wie der betreffende Geschäftsvorfall gebucht wird bzw. gebucht wurde.

Buchungssätze haben grundsätzlich immer die gleiche Form. Sie ergibt sich aus der Tatsache, dass jeder Geschäftsvorfall auf mindestens zwei Konten gebucht wird (Stichwort: Doppelte Buchführung oder Doppik).

Folglich werden im Buchungssatz zuerst die Buchungen im Soll angegeben, dann die Buchungen im Haben:

Soll an Haben

Beispiel:

Schauen Sie sich noch einmal unsere Geschäftsvorfälle (1) bis (4) an: **Beispiel**

(1) Bareinkauf Rohstoffe (1.000 €)
(2) Umwandlung Verbindlichkeiten in Hypothekenschulden (30.000 €)
(3) Rohstoffeinkauf auf Rechnung (1.000 €)
(4) Banküberweisung einer Rechnung (5.000 €)

Die Geschäftsvorfälle (1) bis (4) wurden auf den Bestandskonten wie folgt dokumentiert.

Aktive Bestandskonten

S	Stoffe-Bestände		H
AB	15.000 €		
(1)	1.000 €		
(3)	1.000 €		

S	Kasse		H
AB	8.000 €	(1)	1.000 €

S	Bank		H
AB	31.000 €	(4)	5.000 €

Passive Bestandskonten

S	Hypothekenschulden		H
			160.000 € AB
		(2)	30.000 €

S	Verbindlichkeiten		H
(2)	30.000 €		65.000 € AB
(4)	5.000 €	(3)	1.000 €

Die den Geschäftsvorfällen entsprechenden Buchungssätze lauten:

(1) Rohstoffe an Kasse 1.000 €

(2) Verbindlichkeiten an Hypothekenschulden 30.000 €

(3) Rohstoffe an Verbindlichkeiten 1.000 €

(4) Verbindlichkeiten an Bank 5.000 €

Zusammenfassung:
Geschäftsvorfälle werden in Bestands- und Erfolgskonten gebucht. Der Abschluss der Erfolgskonten erfolgt über das GuV-Konto, dessen Saldo in das Eigenkapital eingebucht wird.

EBC*L

Unternehmensziele und Kennzahlen

Einführung

Finanzielle Kennzahlen

Produktivität und Wirtschaftlichkeit

1. Einführung

Kennzahlen sind wichtige Maßstabswerte, durch die sich unternehmerisches Handeln dokumentieren, überprüfen und erklären lässt. Sie setzen in einem einzigen Zahlenausdruck verschiedene ökonomische Größen in ein sinnvolles Verhältnis zueinander (z. B. Gewinn zum Eigenkapital, Gewinn zum Umsatz). Kennzahlen sind wesentlich aussagekräftiger als Einzelgrößen (z. B. Gewinn, Umsatz).

Definition

Kennzahlen setzen bestimmte ökonomische Größen in ein sinnvolles Verhältnis zueinander und besitzen dadurch eine konzentrierte Aussagekraft.

Was können Kennzahlen leisten?

Anhand von Kennzahlen können Sie beispielsweise erkennen, welche ökonomischen Ziele ein Unternehmen verfolgt (z. B. Sollwert »Gewinn / Eigenkapital«) und ob die gesteckten Ziele auch erreicht wurden (durch einen Soll-Ist-Vergleich der Kennzahlen).

wichtige Unternehmensziele

Wichtige ökonomische Ziele eines Unternehmens sind:

- Erreichen eines bestimmten Umsatzes (Umsatzziele)
- Erreichen eines anvisierten Absatzes (Absatzziele)
- Gewinnsteigerung (Gewinnziele)
- Erzielen einer bestimmten Rentabilität (Rentabilitätsziele)
- Sicherstellung der Liquidität (Liquiditätsziele)
- Verbesserung der Produktivität (Produktivitätsziele)
- Steigerung der Wirtschaftlichkeit (Wirtschaftlichkeitsziele)

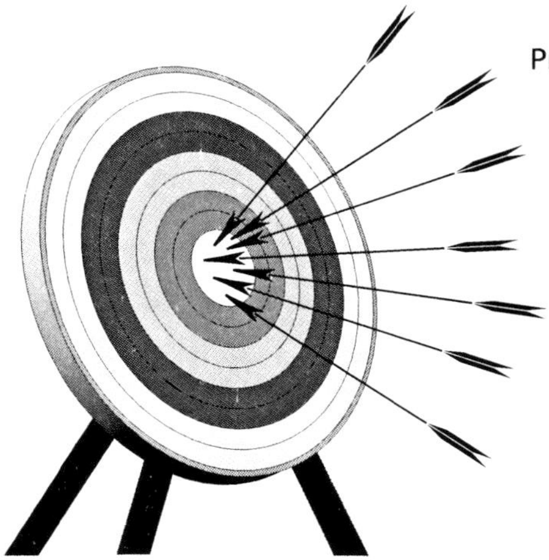

das Bündel der Unternehmensziele

Informationen für Unternehmensexterne

Aber auch für Unternehmensexterne (z. B. Öffentlichkeit, Aktionäre, Banken) sind Kennzahlen von Interesse, da sie aufzeigen, inwieweit das Management »ordentlich« gearbeitet hat bzw. ob es sich lohnt, eventuell in das Unternehmen zu investieren.

Welche Kennzahlen wollen wir betrachten?

Grundsätzlich existieren sehr viele Möglichkeiten, ökonomische Größen in ein sinnvolles Verhältnis zueinander zu setzen und somit Kennzahlen zu bilden. So gibt es finanzielle Kennzahlen (z. B. Rentabilität, Liquidität) und produktionswirtschaftliche Kennzahlen (z. B. Produktivitätskennzahlen). Diese beiden Gruppen stehen – neben der Wirtschaftlichkeit – auch im Mittelpunkt unserer Betrachtungen. Damit ist das Feld der Kennzahlen allerdings keineswegs erschöpft. Denn so ziemlich jeder betriebliche Funktionsbereich hat seine eigenen Kennzahlen (Marketingkennzahlen, Logistikkennzahlen, Personalkennzahlen etc.).

2. Finanzielle Kennzahlen

Finanzielle Kennzahlen geben Aufschluss darüber, wie »fit« ein Unternehmen aus finanzieller Sicht ist. Sie geben Ihnen Antworten auf folgende wichtige Fragen:

- Ist das Unternehmen erfolgreich?
- Ist die Existenz des Unternehmens gesichert?
- Ist das Unternehmen kreditwürdig?

Die Fragen können direkt finanziellen Kennzahlen zugeordnet und im Überblick dargestellt werden:

Überblick über finanzielle Kennzahlen

Finanzielle Kennzahlen

Ist das Unternehmen erfolgreich?	Ist die Existenz gesichert?	Ist das Unternehmen kreditwürdig?
• Rentabilität • Cashflow	• Liquidität	• Eigenkapitalquote • Fremdkapitalquote (Verschuldungsgrad)

Jahresabschluss als Zahlenlieferant

Der Jahresabschluss (Bilanz, GuV-Rechnung) liefert Ihnen das Zahlenmaterial, das zur Berechnung finanzieller Kennzahlen notwendig ist. Dort finden Sie die relevanten ökonomischen Größen.

2.1 Rentabilität

Sicherlich gebrauchen Sie hin und wieder den Begriff »Rentabilität«. Vermutlich sprechen Sie dann von »rentabel« im Sinne von »Lohnt sich das überhaupt?«

Wenn Sie sich eine betriebswirtschaftliche Definition der Rentabilität ansehen, werden Sie merken, dass sich diese gar nicht so stark von Ihrer »Alltagsdefinition« unterscheidet.

Definition

> Die Rentabilität zeigt, wie erfolgreich ein Unternehmen mit dem eingesetzten Kapital wirtschaftet.

Die Rentabilität gibt Ihnen somit Auskunft darüber, wie erfolgreich das Unternehmen ist. Der Erfolg wird dabei an der Größe »Gewinn« gemessen. Diesen erhalten Sie aus dem Jahresabschluss, genauer gesagt aus der GuV-Rechnung.

> Gewinn = Erträge – Aufwendungen

GuV-Rechnung in Kontenform

Aufwendungen		**Erträge**	
Personalaufwand	70.000 €	Umsatz	200.000 €
Materialaufwand	50.000 €	Zinsertrag	50.000 €
Zinsaufwand	15.000 €		
Abschreibungen	30.000 €		
Gewinn	85.000 €		
Summe	**250.000 €**	**Summe**	**250.000 €**

Mit dem Gewinn haben Sie bereits eine Komponente, um die Rentabilität zu berechnen. Das Charakteristische an Kennzahlen ist allerdings, dass sie *verschiedene* ökonomische Größen in ein sinnvolles Verhältnis zueinander setzen. Somit brauchen wir für eine Kennzahl mindestens zwei Größen. Schauen Sie sich bitte noch einmal die Definition von Rentabilität an:

Die Rentabilität zeigt, wie erfolgreich ein Unternehmen mit dem eingesetzten Kapital wirtschaftet.

Es wird deutlich, dass als weitere ökonomische Größe das eingesetzte Kapital berücksichtigt werden muss. Das Kapital ist die zweite erforderliche Größe für die Rentabilitätskennzahl.

Und wo finden Sie im Jahresabschluss das Kapital? Richtig: In der Bilanz!

Bilanz	
Aktiva (= Vermögen)	**Passiva (= Kapital)**
Anlagevermögen + Umlaufvermögen = Gesamtvermögen	Eigenkapital + Fremdkapital = Gesamtkapital

Das gesamte Kapital unterteilt sich in Eigenkapital und Fremdkapital (vgl. Sie hierzu das Kapitel »Bilanzierung«).

2.1.1 Eigenkapitalrentabilität

Definition und Erläuterung

Eigenkapital ist (eigenes) Kapital des Unternehmens bzw. das von Gesellschaftern und Anteilseignern in das Unternehmen investierte Kapital.

Die Eigenkapitalrentabilität eines Unternehmens ist ein Erfolgskriterium für Gesellschafter und Anteilseigner (oder englisch »Shareholder«). Sie beantwortet die Frage, inwieweit sich die Investition in das Unternehmen gelohnt hat oder ob eine alternative Anlage (z. B. auf der Bank oder in Aktien) lukrativer ist.

Wie viel Euro wurden je 100 € Eigenkapital verdient?

Theoretisch können auch andere Größen (z. B. 50 €, 1 €) als Grundlage für die Frage herangezogen werden. Da die Eigenkapitalrentabilität zumeist als Prozentwert angegeben wird, wählen wir ganz bewusst die Größe 100 €.

Eigenkapitalrentabilität = Unternehmerrentabilität

Eigenkapitalrentabilität nennt man auch »Unternehmerrentabilität«. Denn das Eigenkapital umfasst jene Mittel,

- die von den Eigentümern bzw. Anteilseignern (Shareholder) eines Unternehmens zu dessen Finanzierung aufgebracht oder
- als erwirtschafteter Gewinn im Unternehmen belassen wurden.

Grundformel für die Eigenkapitalrentabilität

Grundformel

$$\text{Eigenkapitalrentabilität} = \frac{\text{Gewinn}}{\text{Eigenkapital}} * 100$$

Beispiel:

Beispiel

Umsatz im Geschäftsjahr: 40 Mio. €
Aufwendungen im Geschäftsjahr: 39 Mio. €
Eigenkapital: 5 Mio. €

Gewinn = Erträge – Aufwendungen
Gewinn = 40 Mio. € – 39 Mio. €
Gewinn = 1 Mio. €

$$\text{Eigenkapitalrentabilität} = \frac{\text{Gewinn}}{\text{Eigenkapital}} * 100$$

$$\text{Eigenkapitalrentabilität} = \frac{1\ \text{Mio.}\ €}{5\ \text{Mio.}\ €} * 100$$

$$\text{Eigenkapitalrentabilität} = 20\ \%$$

Die Unternehmer verdienten pro 100 € Eigenkapital 20 €. Diese 20 € stellen die Rendite (= jährlicher Gesamtertrag des investierten Kapitals) dar.

Beurteilung von Eigenkapitalrentabilitäten

Interpretation

Grundsätzlich gilt: Je höher die Eigenkapitalrentabilität ist, desto besser ist dies für die Unternehmer. Insbesondere lockt eine hohe Eigenkapitalrentabilität viele Investoren (z. B. Aktionäre) an. Der Bankzinssatz für langfristige Geldanlagen ist dabei die Vergleichsgröße. Denn wenn eine Bank für langfristig angelegte Gelder mehr Rendite auszahlt als ein Unternehmen für risikobehaftete Investitionen, ist es besser, das Geld auf der Bank sicher anzulegen. Die Zielvorgabe für die Eigenkapitalrentabilität liegt üblicherweise bei 20 % bis 25 %.

Risikoprämie

Vergleicht man die Eigenkapitalrentabilität mit dem aktuellen Bankzinssatz für langfristig angelegte Gelder, so ist der Überschuss der Eigenkapitalverzinsung die Prämie für das Risiko (Unternehmerwagnisprämie).

	Eigenkapitalrentabilität
–	Bankzinssatz für langfristige Geldanlagen
=	Risikoprämie (Unternehmerwagnisprämie)

Die Eigenkapitalrentabilität sollte also über die aktuelle Verzinsung hinaus zumindest auch das Unternehmerrisiko (Risikoprämie) abdecken.

Zusatzinfo ROE:

Die Eigenkapitalrentabilität entspricht dem aus dem Englischen übernommenen Begriff »Return on Equity (ROE)«. Dies bedeutet übersetzt »Rendite aus dem Eigenkapital«.

Return on Equity (ROE)

Achtung:

Die Größe »Gewinn« allein ist nicht sehr aussagekräftig. Erst wenn Sie den Gewinn zum eingesetzten Kapital in Beziehung setzen, erfahren Sie, inwieweit sich die unternehmerische Tätigkeit gelohnt hat oder ob es vielleicht sinnvoller ist, in andere Anlagen zu investieren.

Gewinn allein ist wenig aussagekräftig

Beispiel:

Nehmen Sie an, dass ein großes Unternehmen den gleichen Gewinn erwirtschaftet wie ein kleineres Unternehmen (jeweils 100.000 €). Wenn Sie nun beide Gewinne miteinander vergleichen, könnten Sie auf die Idee kommen, dass beide Unternehmen gleich erfolgreich sind. Weit gefehlt, denn Gewinn ist immer relativ zum »Einsatz« zu sehen.

Beispiel

Eigenkapital großes Unternehmen = 2.000.000 €
Eigenkapital kleines Unternehmen = 400.000 €

$$\text{Eigenkapitalrentabilität großes Unternehmen} = \frac{100.000\ €}{2.000.000\ €} * 100 = 5\ \%$$

$$\text{Eigenkapitalrentabilität kleines Unternehmen} = \frac{100.000\ €}{400.000\ €} * 100 = 25\ \%$$

Das kleinere Unternehmen hat allen Grund zum Feiern.
Der Manager des großen Unternehmens wird nicht gerade in »Partylaune« sein.

wichtige Regel

Daher merken Sie sich diese wichtige Regel:
Nicht nur die Höhe des erzielten Gewinns ist für die Beurteilung des Erfolgs eines Unternehmens maßgebend. Erst durch den Bezug zum »Einsatz« (hier das Eigenkapital) kann der Erfolg angemessen beurteilt werden.

2.1.2 Fremdkapitalrentabilität

Fremdkapital ist die Bezeichnung für die in der Bilanz ausgewiesenen Schulden des Unternehmens. Es befindet sich auf der rechten Seite der Bilanz (Passiv- oder Kapitalseite).

Fremdkapital ist somit – im Gegensatz zum Eigenkapital – fremdes Kapital, mit dem das Unternehmen arbeitet. Die Fremdkapitalgeber (= Gläubiger) sind an dem Unternehmen nicht beteiligt und haben nur einen Anspruch auf Rück- bzw. Auszahlung (Tilgung) und ggf. Zinszahlung.

eher von untergeordneter Bedeutung

Der Fremdkapitalrentabilität kommt innerhalb der finanziellen Kennzahlen eine eher untergeordnete Bedeutung zu. Die Frage könnte z. B. lauten:

Wie viel Euro wurden je 100 € Fremdkapital an Zinsen gezahlt?

Die Fremdkapitalrentabilität errechnet sich als Quotient aus den Zinsen für Dritte (z. B. Banken) einerseits und dem Fremdkapital andererseits. Sie gibt an, welchen prozentualen Anteil die gezahlten Fremdkapitalzinsen am Fremdkapital haben.

Grundformel für die Fremdkapitalrentabilität

$$\text{Fremdkapitalrentabilität} = \frac{\text{Zinsaufwand}}{\text{Fremdkapital}} * 100$$

Grundformel

Verständlicherweise ist ein Unternehmen bestrebt, die Fremdkapitalrentabilität möglichst niedrig zu halten.

Interpretation

2.1.3 Gesamtkapitalrentabilität

Die Gesamtkapitalrentabilität gibt Auskunft darüber, wie rentabel das gesamte Unternehmen ist, d.h. wie sich das in das Unternehmen insgesamt eingesetzte Kapital verzinste.

Gesamtkapitalrentabilität = Unternehmensrentabilität

> Wie viel Euro wurden je 100 € Gesamtkapital verdient?

Das gesamte Kapital eines Unternehmens besteht, wie Sie bereits wissen, aus Eigen- und Fremdkapital.

Bilanz	
Aktiva (= Vermögen)	**Passiva (= Kapital)**
Anlagevermögen	Eigenkapital
+ Umlaufvermögen	+ Fremdkapital
= Gesamtvermögen	= Gesamtkapital

Grundformel für die Gesamtkapitalrentabilität

Gewinn und Fremdkapitalzinsen werden zum Gesamtkapital (= Eigen- und Fremdkapital) in Beziehung gesetzt.

Grundformel

$$\text{Gesamtkapitalrentabilität} = \frac{\text{Gewinn} + \text{Zinsaufwand}}{\text{Eigenkapital} + \text{Fremdkapital}} * 100$$

Der Gewinn ist dabei das, was den Unternehmern und Anteilseignern aufgrund der geleisteten Investition zurückfließt. Der Zinsaufwand ist der »Lohn« für die Fremdkapitalgeber (z. B. Banken). Sie »investieren« Kredite und erhalten dafür eine Verzinsung.

Beispiel:

Beispiel

Gewinn im Geschäftsjahr: 1 Mio. €
Zinsaufwand: 2 Mio. €
Eigenkapital: 5 Mio. €
Fremdkapital: 20 Mio. €

$$\text{Gesamtkapitalrentabilität} = \frac{\text{Gewinn} + \text{Zinsaufwand}}{\text{Eigenkapital} + \text{Fremdkapital}} * 100$$

$$\text{Gesamtkapitalrentabilität} = \frac{1\text{ Mio.}€ + 2\text{ Mio.}€}{5\text{ Mio.}€ + 20\text{ Mio.}€} * 100$$

$$\text{Gesamtkapitalrentabilität} = \frac{3\text{ Mio.}€}{25\text{ Mio.}€} * 100$$

$$\text{Gesamtkapitalrentabilität} = 12\,\%$$

Das Unternehmen erzielte pro 100 € Gesamtkapital 12 € Rendite.

Beurteilung von Gesamtkapitalrentabilitäten

Interpretation

Grundsätzlich gilt: Je höher die Gesamtrentabilität ist, desto besser wird mit dem zur Verfügung stehenden Kapital gewirtschaftet. Die Zielvorgabe liegt üblicherweise bei 10 % bis 12 %.

Die Gesamtkapitalrentabilität wird oftmals synonym zu dem Begriff »Return on Investment (ROI)« gebraucht. Der Return on Investment gibt an, welche Rendite das gesamte im Unternehmen eingesetzte Kapital innerhalb eines Geschäftsjahres erwirtschaftet hat bzw. wie hoch der prozentuale Anteil des Gewinns am Gesamtkapital ausfällt.

Return on Investment (ROI)

Die Gleichsetzung von ROI und Gesamtkapitalrentabilität ist nicht immer völlig korrekt. Innerhalb dieses Abschnitts soll dies aus Vereinfachungsgründen aber angenommen werden.

Schulden machen kann zum Erfolg führen

Stellen Sie sich eine Situation vor, in der die Aufnahme von Fremdkapital (= Schulden) rentabel ist. Unmöglich? Doch, denn es gibt so etwas wie eine »Hebelwirkung« des Fremdkapitals. Dieses Phänomen ist auch als Leverage-Effekt bekannt.

»Hebelwirkung« des Fremdkapitals

Der Leverage-Effekt umschreibt die eigenkapitalrentabilitätssteigernde Wirkung wachsender Verschuldung. Nur wenn der Zinssatz für das Fremdkapital unter der Gesamtkapitalrentabilität liegt, kann man durch die Aufnahme von zusätzlichem Fremdkapital die Eigenkapitalrentabilität erhöhen.

Wie funktioniert das? Sehen Sie sich hierzu das folgende Beispiel an:

Beispiel

Eigenkapital des Unternehmens: 700.000 €
Gewinn des Unternehmens im letzten Geschäftsjahr: 50.000 €

$$\text{Eigenkapitalrentabilität} = \frac{\text{Gewinn}}{\text{Eigenkapital}} * 100$$

$$\text{Eigenkapitalrentabilität} = \frac{50.000\ €}{700.000\ €} * 100$$

$$\text{Eigenkapitalrentabilität} = 7{,}14\ \%$$

Die Unternehmer verdienten 7,14 € pro 100 € Eigenkapital.

Die Unternehmensleitung beschließt, einen langfristigen Bankkredit in Höhe von 1,25 Mio. € zum jährlichen Zinssatz von 7 % aufzunehmen. Dadurch entstehen zwar Zinsaufwendungen von 87.500 € (= 0,07 * 1,25 Mio. €), allerdings kann das Unternehmen dadurch den Gewinn auf 150.000 € steigern. Zieht man davon die Zinsen für den Kredit ab, verbleiben dem Unternehmen 62.500 € Gewinn (= 150.000 € – 87.500 €).

Eigenkapital des Unternehmens: 700.000 €
Gewinn des Unternehmens im folgenden Geschäftsjahr: 62.500 €

$$\text{Eigenkapitalrentabilität} = \frac{\text{Gewinn}}{\text{Eigenkapital}} * 100$$

$$\text{Eigenkapitalrentabilität} = \frac{62.500\ €}{700.000\ €} * 100$$

$$\text{Eigenkapitalrentabilität} = 8{,}93\ \%$$

Das Unternehmen verdient jetzt pro 100 € Eigenkapital 8,93 €.

Somit ist bei identischer Eigenkapitalausstattung (jeweils 700.000 €) die Eigenkapitalrentabilität im zweiten Fall – wegen der Kreditaufnahme – höher.

Vergleichen Sie bitte die beiden Gesamtkapitalrentabilitäten. Die allgemeine Formel lautet:

$$\text{Gesamtkapitalrentabilität} = \frac{\text{Gewinn} + \text{Zinsaufwand}}{\text{Eigenkapital} + \text{Fremdkapital}} * 100$$

Fall 1: Eigenkapital 700.000 €, kein Fremdkapital

$$\text{Gesamtkapitalrentabilität} = \frac{50.000\ € + 0\ €}{700.000\ € + 0\ €} * 100$$

$$\text{Gesamtkapitalrentabilität} = 7{,}14\ \%$$

Da im ersten Fall kein Kredit aufgenommen wurde, entspricht die Gesamtkapitalrentabilität der Eigenkapitalrentabilität.

Fall 2: Eigenkapital 700.000 €, 1.250.000 € Fremdkapital zum Zinssatz von 7 %

$$\text{Gesamtkapitalrentabilität} = \frac{62.500\ € + 87.500\ €}{700.000\ € + 1.250.000\ €} * 100$$

$$\text{Gesamtkapitalrentabilität} = 7{,}69\ \%$$

der »Hebel«

Und hier setzt der »Hebel« an: Es kommt immer nur dann zu einer Erhöhung der Eigenkapitalrentabilität, wenn die Gesamtkapitalrentabilität über dem Fremdkapitalzins liegt.

2.1.4 Umsatzrentabilität

Umsatzrentabilität = Umsatzverdienstrate

Bei der Umsatzrentabilität wird der Gewinn nicht zum Kapital, sondern zum Umsatz (= Preis * Menge) des Unternehmens in Verbindung gesetzt.

Die Umsatzrentabilität informiert darüber, wie viel Prozent des Umsatzes dem Unternehmen als Gewinn zugeflossen sind, oder:

Wie viel Euro wurden je 100 € Umsatz verdient?

ROS

Daher spricht man auch von der Umsatzverdienstrate oder Umsatzrendite. Im englischen Sprachraum bezeichnet man die Umsatzrentabilität als »Return on Sales« (ROS).

Grundformel

$$\text{Umsatzrentabilität} = \frac{\text{Gewinn}}{\text{Umsatz}} * 100$$

Beispiel:

Beispiel

Umsatz im Geschäftsjahr: 40 Mio. €
Gewinn im Geschäftsjahr: 1 Mio. €

$$\text{Umsatzrentabilität} = \frac{1\text{ Mio. €}}{40\text{ Mio. €}} * 100$$

$$\text{Umsatzrentabilität} = 2{,}5\ \%$$

Das Unternehmen erzielte pro 100 € Umsatz 2,50 € Rendite.

Beurteilung von Umsatzrentabilitäten

Interpretation

Grundsätzlich gilt: Je höher die Umsatzrentabilität, desto besser ist es für das Unternehmen. Umsatzrentabilitäten sind generell stark branchenabhängig. Insbesondere im Einzelhandel werden manchmal nur Umsatzrentabilitäten von 2 % bis 2,5 % erzielt.

Bedeutung der Umsatzrentabilität für Unternehmen

Kostenstruktur

Da die Höhe dieser Kennzahl im Wesentlichen von der Kostenstruktur eines Unternehmens geprägt ist (Gewinn = Umsatz – Kosten), kann man Umsatzrenditen verschiedener Branchen nicht miteinander vergleichen. Sinn macht dies also nur für Betriebe innerhalb einer Branche mit vergleichbaren Organisations- und Kostenstrukturen.

Marktstellung

Die Umsatzrentabilität liefert erste Anhaltspunkte bezüglich der Marktstellung des jeweiligen Unternehmens. Ist die Umsatzrentabilität gering, deutet dies zumeist auf einen hart umkämpften, wettbewerbsintensiven Markt hin.

Abschätzung von Gefahrenpotenzialen

Durch die Kenntnis der Umsatzrentabilität können Unternehmen auch Gefahrenpotenziale abschätzen, die sich z. B. aus möglichen Kostensteigerungen ergeben können.

2.2 Cashflow

Übersetzt bedeutet Cashflow soviel wie »Kassenzufluss« oder »Kassenüberschuss«. Der Cashflow ist eine finanzielle Kennzahl. Sie gibt an, welche im Geschäftsjahr selbst erwirtschafteten Mittel dem Unternehmen für die Finanzierung von Investitionen, Schuldentilgung und Gewinnausschüttung zur Verfügung stehen.

Und was erwirtschaftet ein Unternehmen?

Bestandteile des Cashflows

Zum einen erwirtschaftet ein erfolgreiches Unternehmen Gewinn. Zum anderen gibt es noch weitere Posten, die das Unternehmen »verdient« hat. Bestandteile des Cashflows sind daher neben dem Gewinn alle Aufwendungen eines Geschäftsjahres, die nicht zu einer konkreten Auszahlung geführt haben. Dies sind insbesondere:

- Abschreibungen
- Bildung von Rückstellungen

Aber auch alle Erträge, die nicht zu einer konkreten Einzahlung geführt haben, müssen bei der Berechnung des Cashflows berücksichtigt werden (z. B. Auflösung von Rückstellungen).

Grundformel Cashflow

Grundformel

	Gewinn nach Steuern
+	Abschreibungen
+	Bildung (– Auflösung) von Rückstellungen
=	Cashflow

Der Cashflow ist der Überschuss der Einnahmen über die tatsächlichen Ausgaben eines Unternehmens.

Beispiel

Beispiel:

Gewinn nach Steuern:	400.000 €
Abschreibungen:	220.000 €
Bildung Rückstellung:	100.000 €

	Gewinn nach Steuern	400.000 €
+	Abschreibungen	+ 220.000 €
+	Bildung (– Auflösung) von Rückstellungen	+ 100.000 €
=	Cashflow	= 720.000 €

Interpretation

Das Unternehmen hat damit insgesamt 720.000 € selbst erwirtschaftete Mittel als Finanzierungsspielraum für Investitionen, Schuldentilgung oder Gewinnausschüttung.

Banken und Analysten ziehen den Cashflow gerne heran, um die Ertragskraft eines Unternehmens zu beurteilen. Unter Ertragskraft versteht man die voraussichtliche Fähigkeit (das Potenzial) eines Unternehmens, zukünftig Gewinne zu erzielen.

Warum ist das so? Es ist bekannt, dass weder die Abschreibungen noch die Rückstellungen mit einer direkten Ausgabe verbunden sind, sondern nur »auf dem Papier« dokumentiert sind (hierzu lesen Sie bitte Abschnitt »3.3 Das periodenreine Ergebnis im Jahresabschluss«

im Kapitel »Bilanzierung«). Abschreibungen und Rückstellungen können daher ein ausgewiesenes Ergebnis so weit verzerren, dass ein Gewinn oder Verlust nur wenig Aussagekraft hat. Der Cashflow gibt Auskunft darüber, wie viel Geld tatsächlich ausgegeben und eingenommen wurde. Er ist als Kennzahl daher aussagefähiger als gewinnorientierte Rentabilitätskennzahlen.

Zusammenfassung:
Kennzahlen sind wichtige Maßstabswerte, durch die sich unternehmerisches Handeln dokumentieren, überprüfen und in konzentrierter Form erklären lässt. Rentabilitätskennzahlen sind finanzielle Kennzahlen. Sie geben Auskunft darüber, wie erfolgreich ein Unternehmen ist. Der Erfolg wird dabei an dem Verhältnis »Gewinn« zu »Kapital« bzw. »Umsatz« gemessen. Der Cashflow ist auch eine finanzielle Kennzahl. Bestandteile des Cashflows sind neben dem Gewinn alle Aufwendungen bzw. Erträge eines Geschäftsjahres, die nicht zu einer konkreten Ein- bzw. Auszahlung geführt haben.

2.3 Liquidität

Liquidität als Überlebenselixier

»Liquide sein« bedeutet in der Umgangssprache so viel wie »flüssig sein«, also »Geld haben«. Für Unternehmen ist die Liquidität die wesentliche Voraussetzung, um überhaupt zahlungsfähig zu sein und somit »im Geschäft« zu bleiben. Man kann sagen, dass ein Unternehmen die Liquidität braucht wie der Mensch die Luft zum Atmen.

Definition Liquidität

> Liquidität ist die Fähigkeit und Bereitschaft eines Unternehmens, seinen bestehenden Zahlungsverpflichtungen termingerecht und betragsgenau nachzukommen.

Was bedeutet das genau?

Liquide sein bedeutet, dass

- die laufenden Ausgaben durch laufende Einnahmen gedeckt werden und
- genügend Mittel »flüssig gemacht« werden können, um außerordentliche Ausgaben (z. B. Ersatz für defekte Maschinen) begleichen zu können.

Die Liquidität beantwortet dem Unternehmer die Frage: »Bin ich zahlungsfähig?«

Wie wichtig die Zahlungsfähigkeit ist, zeigen uns zahlreiche Beispiele von Unternehmen, die nicht mehr liquide sind. Die Folge: Insolvenz. Laut Insolvenzverordnung muss mangelnde Zahlungsunfähigkeit angezeigt werden. Im Anschluss wird dann über das betreffende Unternehmen ein Insolvenzverfahren eröffnet. Das vorrangige Ziel eines Insolvenzverfahrens ist zwar die Sanierung, es kann aber im schlimmsten Fall auch das Ende eines Unternehmens bedeuten.

Wo finden Sie im Jahresabschluss die Indikatoren der Liquidität?
Informationen über die Zahlungsfähigkeit eines Unternehmens finden Sie in seiner Bilanz.

Informationen über die Liquidität

Schauen Sie sich bitte die folgende Bilanz an. Sie stammt aus dem Kapitel »Bilanzierung«.

Bilanz Schreibservice			
Aktiva (= Vermögen)		**Passiva (= Kapital)**	
Anlagevermögen		**Eigenkapital**	
Betriebs- und Geschäftsausstattung	11.000 €		9.500 €
Umlaufvermögen		**Fremdkapital**	
Vorräte	1.500 €	Verbindlichkeiten	5.500 €
Flüssige Mittel	2.500 €		
Gesamtvermögen	**15.000 €**	**Gesamtkapital**	**15.000 €**

liquide Mittel

Auf der Aktivseite der Bilanz sehen Sie im Umlaufvermögen die flüssigen Mittel. Flüssige Mittel werden auch liquide Mittel genannt. Es sind zumeist die Barmittel eines Unternehmens, also jene Mittel, auf die unmittelbar zugegriffen werden kann (Kasse und Bankguthaben).

In unserem Beispiel betragen die liquiden Mittel 2.500 €.

Liquidisierbarkeit von Umlaufvermögen

In einer weiter gefassten Definition werden zu den liquiden Mitteln auch die Vermögensbestandteile des Umlaufvermögens gezählt, die das Unternehmen beispielsweise durch Veräußerung in Barmittel umwandeln kann. Dies sind, sortiert nach abnehmender Liquidisierbarkeit:

- Wertpapiere des Umlaufvermögens (»Spekulationsaktien«)
- Kurzfristige Forderungen
- Waren- und Lagerbestände
- Halbfertigwaren
- Rohstoffe

Beispiel

Stellen Sie sich nun folgendes Szenario vor: Die Computeranlage des Schreibservices ist plötzlich defekt und die Unternehmerin muss sofort für Ersatz sorgen. Der EDV-Händler liefert prompt und überreicht der Unternehmerin eine Rechnung über 4.000 €, zahlbar innerhalb von 10 Tagen. Durch die Lieferung der Computeranlage entsteht somit eine kurzfristige Verbindlichkeit über 4.000 €. Nun steht die Unternehmerin vor einem Problem. Ein Blick in die Bilanz verrät ihr nämlich, dass sie nur über 2.500 € liquide Mittel verfügt – zu wenig, um die geforderten 4.000 € zu begleichen.

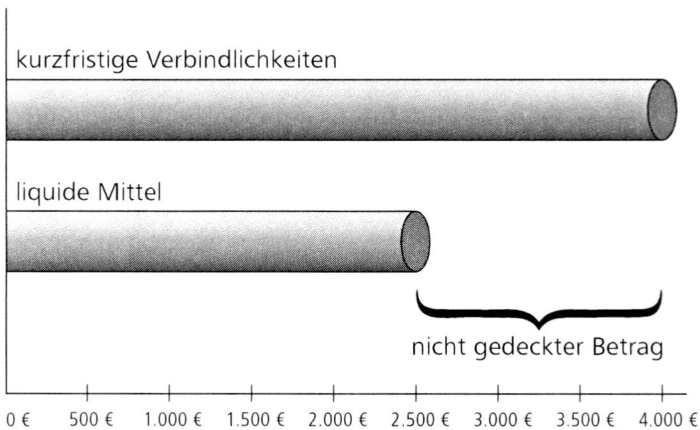

Liquiditätsengpass

Die Grafik verdeutlicht, dass eine »Lücke« zwischen den vorhandenen liquiden Mitteln und der Höhe der kurzfristigen Verbindlichkeiten (= offene Rechnung) klafft. Ein Teil der Rechnung (1.500 €) kann nicht bezahlt werden. Diese Situation bezeichnet man als einen Liquiditätsengpass.

Können offene Rechnungen nicht bezahlt werden, liegt ein Liquiditätsengpass vor.

Folgen eines Liquiditätsengpasses

Ist jetzt das Ende des Schreibbüros besiegelt? Nein. Die Unternehmerin kann versuchen, einen Kredit bei der Bank aufzunehmen. Allerdings wird die Bank auch nicht auf das Geratewohl Geld verleihen. Sie wird nur dann den Kredit gewähren, wenn sie sich sicher sein kann, dass Kredit und Zinsen wieder zurückbezahlt werden. Ob die Unternehmerin kreditwürdig ist, kann die Bank u.a. auch durch die Bilanzkennzahlen des Schreibbüros erkennen (z. B. Eigenkapitalquote). Doch dazu später mehr.

2.3.1 Kennzahlen zur Bestimmung der kurzfristigen Liquidität

Liquiditätskennzahlen liefern aussagekräftige und komprimierte Erkenntnisse über die Zahlungsfähigkeit eines Unternehmens. Um die Liquidität eines Unternehmens zu bestimmen, setzt man bestimmte Vermögenspositionen in der Bilanz (z. B. liquide Mittel) zu Fremdkapitalpositionen (insbesondere kurzfristige Verbindlichkeiten) in Beziehung.

Wir betrachten im Rahmen dieses Abschnittes folgende kurzfristigen Liquiditätskennzahlen:

- Liquidität ersten Grades
- Liquidität zweiten Grades
- Liquidität dritten Grades

2.3.1.1 Liquidität ersten Grades

Liquidität ersten Grades = Barliquidität

Die Liquidität ersten Grades setzt die Zahlungs- oder Barmittel (z. B. Kasse, Bankguthaben) eines Unternehmens ins Verhältnis zu den kurzfristigen Verbindlichkeiten. Deshalb nennt man sie auch Barliquidität (englisch »cash ratio«).

Diese Kennzahl ist sehr wichtig, denn sie zeigt, inwieweit ein Unternehmen jederzeit in der Lage ist, seinen Zahlungsverpflichtungen nachzukommen.

Grundformel

Die Grundformel sieht folgendermaßen aus:

Liquidität ersten Grades

$$= \frac{\text{Barmittel (z. B. Kassenbestand, Bankguthaben)}}{\text{kurzfristige Verbindlichkeiten (z. B. offene Rechnungen)}} * 100$$

Beispiel:

Beispiel

Ein Unternehmen verfügt über Barmittel in Höhe von 50.000 €. Die kurzfristigen Verbindlichkeiten belaufen sich ebenfalls auf 50.000 €.

$$\text{Liquidität ersten Grades} = \frac{50.000\ €}{50.000\ €} * 100$$

$$\text{Liquidität ersten Grades} = 100\ \%$$

Interpretation

Die Liquidität ersten Grades beträgt 100 %. Somit kann das Unternehmen den aktuellen Zahlungsverpflichtungen nachkommen. Liegt die Kennzahl unter 100 %, kann es u. U. gefährlich werden, da in diesem Fall bereits ein Liquiditätsengpass vorliegt. Tritt ein Liquiditätsengpass ein, kann dies die Insolvenz des Unternehmens zur Folge haben.

2.3.1.2 Liquidität zweiten Grades

Liquidität zweiten Grades = Liquidität auf kurze Sicht

Die Liquidität zweiten Grades baut gewissermaßen auf der Liquidität ersten Grades auf. Als »Liquidität auf kurze Sicht« (englisch »quick ratio«) berücksichtigt sie noch einen weiteren Bestandteil des Umlaufvermögens.

Da vor Ablauf der Zahlungsfrist ggf. auch noch Gelder auf das Unternehmenskonto fließen (Kunden bezahlen offene Rechnungen), werden hier neben den Barmitteln auch noch kurzfristige Forderungen ins Verhältnis zu den kurzfristigen Verbindlichkeiten gesetzt.

Grundformel

Schauen wir uns auch hier die Grundformel an:

$$\text{Liquidität zweiten Grades} = \frac{\text{Barmittel} + \text{kurzfristige Forderungen}}{\text{kurzfristige Verbindlichkeiten}} * 100$$

Beispiel:

Beispiel

Ein Unternehmen hat – neben Barmitteln in Höhe von 50.000 € – noch kurzfristige Forderungen von 25.000 €. Die kurzfristigen Verbindlichkeiten belaufen sich weiterhin auf 50.000 €.

$$\text{Liquidität zweiten Grades} = \frac{50.000\ € + 25.000\ €}{50.000\ €} * 100$$

$$\text{Liquidität zweiten Grades} = 150\ \%$$

Interpretation

Die Liquidität zweiten Grades beträgt 150 %. Dies ist ein sehr gutes Ergebnis. Eine generell verbindliche Mindesthöhe der Liquidität zweiten Grades existiert nicht, allerdings sollte diese größer als 100 % sein, um als ausreichend betrachtet zu werden.

2.3.1.3 Liquidität dritten Grades

Liquidität dritten Grades = Liquidität auf mittlere Sicht

Betrachtet das Unternehmen seine Liquidität auf mittlere Sicht, bildet es die Kennzahl Liquidität dritten Grades (englisch »current ratio«). Auf mittlere Sicht lassen sich neben den Barmitteln und kurzfristigen Forderungen prinzipiell sämtliche Positionen des Umlaufvermögens »flüssig« machen.

Grundformel

Somit sieht die Grundformel folgendermaßen aus:

$$\text{Liquidität dritten Grades} = \frac{\text{gesamtes Umlaufvermögen}}{\text{kurzfristige Verbindlichkeiten}} * 100$$

Beispiel:

Beispiel

Ein Unternehmen verfügt über Barmittel in Höhe von 50.000 €. Die kurzfristigen Forderungen betragen 25.000 €. Wenn das Unternehmen sämtliche Vorräte bzw. Warenbestände verkaufen würde, könnte es mit weiteren 50.000 € rechnen. Somit beträgt das gesamte Umlaufvermögen 125.000 €. Die kurzfristigen Verbindlichkeiten belaufen sich weiterhin auf 50.000 €.

$$\text{Liquidität dritten Grades} = \frac{125.000 \text{ €}}{50.000 \text{ €}} * 100$$

$$\text{Liquidität dritten Grades} = 250 \%$$

Interpretation

Die Liquidität dritten Grades beträgt 250 %. Obwohl es auch für diese Kennzahl keine verbindlichen Mindestwerte gibt, kann in diesem Fall von einer sehr guten Liquidität auf mittlere Sicht gesprochen werden. Die Liquidität dritten Grades sollte nach allgemeiner Auffassung ca. 200 % betragen.

Generelle Anmerkung zu den Liquiditätskennzahlen

Die vorgestellten Liquiditätskennzahlen leiten sich aus der Bilanz des Unternehmens ab. Und genau hier liegt das Kritikpotenzial. Da die Bilanz sich immer auf einen Stichtag bezieht, also vergangenheitsorientiert ist, können die Kennzahlen lediglich den Hinweis geben, ob das betreffende Unternehmen zum Zeitpunkt der Bilanzerstellung seine kurzfristigen Verbindlichkeiten begleichen konnte. Somit ist der aktuelle Aussagewert dieser Kennzahlen von vorneherein beschränkt.

vergangenheits-orientiert

Weitere Kritikpunkte ergeben sich aus der informatorischen Basis:

weitere Kritikpunkte

- Aus einer Bilanz können keine Aussagen über exakte Fälligkeiten kurzfristiger Forderungen und Verbindlichkeiten abgeleitet werden.
- Es entstehen in aller Regel – neben den ausgewiesenen Verbindlichkeiten – weitere Aufwendungen, die nicht in der Bilanz aufgeführt sind (z. B. außerordentliche Instandhaltungen, für die keine ausreichenden Rückstellungen gebildet wurden).
- Es ist durchaus denkbar, dass bestimmte Bilanzpositionen nicht richtig bewertet sind.

Es ließen sich an dieser Stelle sicherlich noch weitere Kritikpunkte anführen. Zusammenfassend können Sie allerdings jetzt leicht nachvollziehen, dass es ggf. zu einer nicht unerheblichen Fehleinschätzung der Liquiditätslage kommen kann.

mögliche Fehleinschätzung der Liquiditätslage

Die folgende Grafik zeigt Ihnen zusammenfassend die Bestandteile des Umlaufvermögens, die bei den kurzfristigen Liquiditätskennzahlen berücksichtigt werden.

zusammenfassende Darstellung

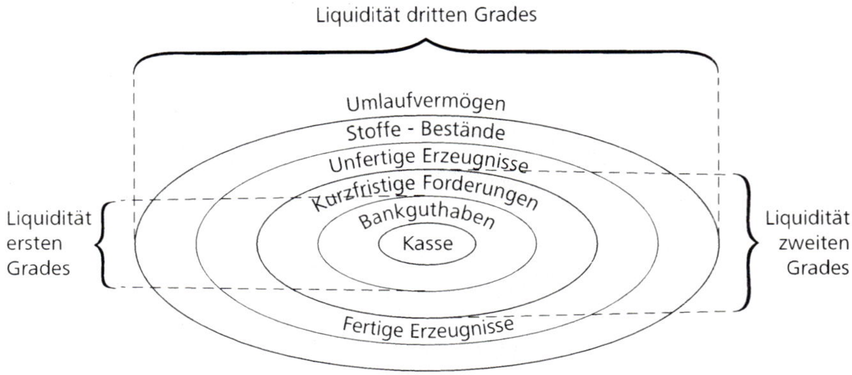

2.3.2 Langfristige Liquiditätskennzahlen

Bislang lernten Sie nur kurzfristige Liquiditätskennzahlen kennen. Die BWL hat allerdings auch langfristige Liquiditätskennzahlen im »Repertoire« (z. B. der Deckungsgrad als Verhältnis zwischen Eigenkapital zum Anlagevermögen). Die Darstellung dieser Kennzahlen würde allerdings den Rahmen sprengen.

2.4 Unterschied zwischen Rentabilität und Liquidität

Rentabilitätskennzahlen beschreiben die wirtschaftliche Attraktivität des Unternehmens (z. B. wie gut sich das Eigenkapital »verzinst« hat). Im Gegensatz dazu ist Liquidität für jedes Unternehmen lebensnotwendig, denn bei mangelnder Zahlungsfähigkeit ist jedes Unternehmen »pleite«. Wenn Sie die Wahl zwischen »Rentabilität« und »Liquidität« haben, gilt:

wichtiger Grundsatz

Liquidität geht vor Rentabilität!

Dennoch sollten Unternehmen im Umkehrschluss nicht »auf Teufel komm raus« Geld horten, um nur ja nicht in die »Falle der Zahlungsunfähigkeit« zu geraten. Geld, das nicht für den Betriebsablauf erforderlich ist, sollte unbedingt gewinnbringend investiert werden. Zwar sind Rentabilitätsziele stets dem Liquiditätsziel untergeordnet, sie dürfen dennoch nie aus den Augen verloren werden.

Zusammenfassung:
Liquiditätskennzahlen zählen auch zu den finanziellen Kennzahlen. Sie werden für die Liquidität ersten, zweiten und dritten Grades errechnet. Liquiditätskennzahlen informieren grundsätzlich über die Zahlungsfähigkeit des Unternehmens. Die Liquidität ist für die Unternehmensexistenz von zentraler Bedeutung. Daher gilt: Liquidität geht vor Rentabilität!

2.5 Kennzahlen der Kreditwürdigkeit

Kreditwürdigkeit

Kreditwürdig sind Unternehmen oder Personen, von denen die Banken annehmen können, dass sie ihren Verpflichtungen (Zahlung der Kreditraten und Zinsen) nachkommen werden. Wie Sie bereits im letzten Kapitel erfahren haben, kann ein Kredit sogar »Rettung in letzter Not« bedeuten, insbesondere bei vorübergehenden Zahlungsschwierigkeiten. Dennoch wird keine Bank der Welt einem Unternehmen einfach so einen Kredit geben. Die Bank wird u. a. Einsicht in den Jahresabschluss verlangen (in der Regel erwarten Banken bei bestehenden Unternehmen die letzten drei Jahresabschlüsse), um die Kreditwürdigkeit (Bonität) des Unternehmens zu beurteilen.

Bonitätskennzahlen

Das Bilanzwerk des Unternehmens liefert neben den Grunddaten für die beschriebenen Liquiditätskennzahlen auch die Ausgangsdaten für weitere bonitätsspezifische Kennzahlen. Dabei handelt es sich insbesondere um

- die Eigenkapitalquote,
- den Verschuldungsgrad,
- die goldene Finanzierungsregel und
- die goldene Bilanzregel.

Die dort angeführten Kennzahlen sind *wesentliche Faktoren zur Beurteilung der Kreditwürdigkeit* eines Unternehmens.

Basel II

Daneben gewinnt die Kreditwürdigkeitsprüfung für Unternehmen nach *Basel II* an Bedeutung. So sollten mit Basel II internationale Standards bei der Absicherung von Krediten etabliert und die Gefahren bei der Kreditvergabe an Unternehmen minimiert werden. Kernpunkt von Basel II ist, dass – neben einigen bankinternen Sicherheitsbestimmungen – u. a. ein breiteres Kriterienspektrum für die Kreditwürdigkeitsprüfung von Unternehmen (engl. »Rating«) festgelegt wurde.

internes / externes Rating

Das Rating nach Basel II wird entweder von den Banken selbst *(internes Rating)* oder durch Ratingagenturen *(externes Rating)* durchgeführt.

Im Detail erfasst es *quantitative (harte)* wie auch *qualitative (weiche)* Faktoren.

quantitative bzw. harte Faktoren

Zu den *quantitativen bzw. harten Faktoren* gehören u.a.

- der Jahresabschluss,
- betriebswirtschaftliche Auswertungen (Umsatz- und Ertragsplanungen, Liquiditätsplanungen etc.) und
- die privaten Vermögensverhältnisse.

Diese Bewertung anhand ›harter‹ Zahlen und Fakten ist nicht neu. Basel II unterscheidet sich von der bisherigen Kreditwürdigkeitsprüfung insbesondere dadurch, dass nun auch andere, *qualitative bzw. weiche Faktoren* Berücksichtigung finden. Diese beziehen sich beispielsweise auf

qualitative bzw. weiche Faktoren

- das Management (Unternehmenskonzept, Rechnungswesen, Controlling etc.) und
- den Markt bzw. die Branche (Entwicklung, Konkurrenz etc.)
- Zukunftsplanungen (Finanz- und Liquiditätsplanung, Unternehmensnachfolge etc.)

Ratingklassen

Wurden die Faktoren ermittelt, gewichtet die Bank oder Ratingagentur diese und gelangt zu so genannten *Ratingklassen*. Diese gehen von AAA (»beste Qualität, beste Bonität, geringstes Insolvenzrisiko«) bis D (»zahlungsunfähig«).

Höhe des Kreditzinses

Kreditverweigerung

Bei einem Unternehmen, das sehr gut, also beispielsweise mit AAA bewertet wurde, ist die vollständige und termingerechte Rückzahlung der Verbindlichkeiten unstrittig. Da sich hier für die geldgebende Bank kaum ein Risiko abzeichnet, bekommt das Unternehmen, entsprechend seinem guten Ratingergebnis, einen günstigen *Kreditzins*. Eine höhere Zinsbelastungen oder gar eine *Kreditverweigerung* erhält das Unternehmen, dessen Rating schlecht ausfiel.

Wiederholung und Aktualisierung des Rating

Bilanzwerte sind bekannterweise statischer Natur. Basel II interessiert jedoch auch noch die künftige, also prognostizierte Entwicklung des Unternehmens. Damit dies nicht »graue Theorie« bleibt, sind die kreditnehmenden Unternehmen nach Basel II verpflichtet, das Rating jährlich oder bei Veränderungen (z. B. ein weiterer Kreditantrag) zu aktualisieren und positive oder negative Entwicklungen einfließen zu lassen.

2.5.1 Eigenkapitalquote

Eigenkapitalquote als Kennzahl der Kapitalstruktur

Die Kennzahl Eigenkapitalquote beschreibt den Anteil des Eigenkapitals am Gesamtkapital (= Eigenkapital + Fremdkapital) des Unternehmens. Somit informiert diese Kennzahl über die Kapitalstruktur, Stabilität und Unabhängigkeit des Unternehmens.

Grundformel

$$\text{Eigenkapitalquote} = \frac{\text{Eigenkapital}}{\text{Gesamtkapital}} * 100$$

Anmerkung:
Bei Kapitalgesellschaften (z.B. Aktiengesellschaften) besteht das Eigenkapital aus dem gezeichneten Kapital und den Rücklagen.

Beispiel:

Beispiel

Bilanz Schreibservice			
Aktiva (= Vermögen)		**Passiva (= Kapital)**	
Anlagevermögen		**Eigenkapital**	
Betriebs- und Geschäftsausstattung	11.000 €		9.500 €
Umlaufvermögen		**Fremdkapital**	
Vorräte	1.500 €	Verbindlichkeiten	5.500 €
Flüssige Mittel	2.500 €		
Gesamtvermögen	**15.000 €**	**Gesamtkapital**	**15.000 €**

Die Bilanz unseres Schreibservices weist ein Eigenkapital von 9.500 € aus. Das Gesamtkapital beträgt 15.000 €.

$$\text{Eigenkapitalquote} = \frac{\text{Eigenkapital}}{\text{Gesamtkapital}} * 100$$

$$\text{Eigenkapitalquote} = \frac{9.500\text{ €}}{15.000\text{ €}} * 100 = 63{,}3\ \%$$

Somit beträgt die Eigenkapitalquote 63,3 %.

Interpretation

Die Eigenkapitalquote ist stark branchenabhängig. Es gibt Unternehmen, die nur über 10 % Eigenkapitalanteil verfügen. Somit ist die in unserem Beispiel ausgewiesene Eigenkapitalquote von 63,3 % ein sehr guter Wert. Grundsätzlich gilt: Je höher die Eigenkapitalquote ist, desto besser ist die Kreditwürdigkeit des Unternehmens.

2.5.2 Verschuldungsgrad

Verschuldungsgrad = Fremdkapitalquote

Setzt man anstelle des Eigenkapitals das Fremdkapital ins Verhältnis zum Gesamtkapital, so erhält man die Kennzahl Verschuldungsgrad. Aus diesem Grund nennt man diese Kennzahl auch Fremdkapitalquote.

Beispiel:

Beispiel

Bilanz Schreibservice			
Aktiva (= Vermögen)		**Passiva (= Kapital)**	
Anlagevermögen		**Eigenkapital**	
Betriebs- und Geschäftsausstattung	11.000 €		9.500 €
Umlaufvermögen		**Fremdkapital**	
Vorräte	1.500 €	Verbindlichkeiten	5.500 €
Flüssige Mittel	2.500 €		
Gesamtvermögen	**15.000 €**	**Gesamtkapital**	**15.000 €**

Die Bilanz unseres Schreibservices weist ein Fremdkapital in Höhe von 5.500 € aus. Das Gesamtkapital beträgt 15.000 €.

$$\text{Fremdkapitalquote} = \frac{\text{Fremdkapital}}{\text{Gesamtkapital}} * 100$$

$$\text{Fremdkapitalquote} = \frac{5.500\ €}{15.000\ €} * 100 = 36{,}7\ \%$$

Somit beträgt die Fremdkapitalquote 36,7 %.

Auch der Verschuldungsgrad ist stark branchenabhängig. Es gibt Unternehmen, die einen sehr hohen Fremdkapitalanteil in der Bilanz aufweisen. Somit ist der in unserem Beispiel ausgewiesene Verschuldungsgrad von 36,7 % ein sehr guter Wert. Grundsätzlich gilt: Je niedriger der Verschuldungsgrad, desto besser ist die Kreditwürdigkeit des Unternehmens.

Interpretation

2.5.3 Vorteile einer hohen Eigenkapitalquote bzw. eines niedrigen Verschuldungsgrades

Dies sind Vorteile einer hohen Eigenkapitalquote bzw. eines niedrigen Verschuldungsgrades:

geringere laufende Zinszahlungen

Wenn ein Unternehmen wenig Zinsen bezahlen muss, ist dies im Falle einer »Durststrecke« von Vorteil (z. B. fallende Einnahmen, verstärkte Konkurrenz, erhöhte Ausgaben). In einer solchen Situation wird das Unternehmen nicht noch zusätzlich mit hohen Zinszahlungen belastet.

Allerdings haben Zinszahlungen auch etwas Positives: Sie sind abzugsfähig und »drücken« damit den Gewinn und somit die Steuern, die an das Finanzamt zu bezahlen sind.

bessere Kreditmöglichkeiten

Durch eine hohe Eigenkapitalquote bzw. eine niedrige Fremdkapitalquote bekommt das Unternehmen in der Regel leichter Kredite.

finanzielle Unabhängigkeit

Je höher der Eigenkapitalanteil bzw. je niedriger der Fremdkapitalanteil eines Unternehmens ist, um so finanziell unabhängiger ist das Unternehmen.

2.5.4 Goldene Finanzierungsregel

Eine weitere Kennzahl, die Banken interessiert, ist die »Goldene Finanzierungsregel« (auch bekannt als »Goldene Bankregel«):

Definition

Die Dauer und zeitliche Struktur der Finanzierung (= Passiva) und der Investitionen (= Aktiva) sollen sich entsprechen.

Durch Befolgung dieses Grundsatzes soll die Zahlungsfähigkeit (Liquidität) des Unternehmens sichergestellt werden.

Beispiel:

Beispiel

Eine neue Produktionsanlage wird durch einen Kredit finanziert. Wenn das Unternehmen die Goldene Finanzierungsregel berücksichtigt, dann bedeutet das konkret: Die Auszahlungen für Kreditrückzahlung und Zinsen dürfen zu keinem Zeitpunkt größer sein als die Einzahlungsüberschüsse bzw. Auszahlungsersparnisse, die die Maschine während ihrer Nutzungsdauer erzielt.

Dilemma

In der Praxis ist es oftmals unmöglich, jeder einzelnen Investition ihre ganz spezifische Finanzierung zuzuordnen.

Wie löst man dieses Dilemma auf? Schauen Sie sich hierzu die Grobstruktur einer Bilanz an. Auf der linken Seite (Aktiva) befindet sich das Vermögen (= Investitionen) und auf der rechten Seite (Passiva) das Kapital (= Finanzierung).

Aktiva	Passiva
Anlagevermögen (langfristig) Umlaufvermögen (langfristig)	Eigenkapital (langfristig) Fremdkapital (langfristig)
Umlaufvermögen (kurzfristig)	Fremdkapital (kurzfristig)
Summe	**Summe**

Ausweg aus dem Dilemma

Wie Sie sicherlich noch aus dem Kapitel »Bilanzierung« wissen, sind sowohl Aktiva als auch Passiva nach Fristen (langfristig bis kurzfristig) geordnet. Und diesen »Trick« nutzt man nun aus. Anstatt Zahlungsprozesse einzelnen Investitionen zuzuordnen, schafft man eine Art »globale Zuordnung« nach Kapitalverwendungs- und Kapitalherkunftsgruppen. Somit vereinfacht sich die Goldene Finanzierungsregel zur Goldenen Bilanzregel.

2.5.5 Goldene Bilanzregel

In einer engen Fassung besagt die Goldene Bilanzregel:

enge Fassung

> Das Anlagevermögen eines Unternehmens soll ausschließlich mit Eigenkapital finanziert werden.

Zum Anlagevermögen gehören nur die Gegenstände, die dazu bestimmt sind, dauernd und somit langfristig dem Geschäftsbetrieb zu dienen. Auch das Eigenkapital verbleibt langfristig im Unternehmen.

Die weitere Fassung der Goldenen Bilanzregel besagt:

weitere Fassung

> Das Anlagevermögen eines Unternehmens soll mit Eigenkapital und langfristigem Fremdkapital finanziert werden.

Die weiteste Fassung der goldenen Bilanzregel lautet:

weiteste Fassung

> Sämtliche langfristig gebundenen Vermögensgegenstände (also auch die langfristig gebundenen Teile des Umlaufvermögens, z. B. eiserne Bestände an Roh-, Hilfs- und Betriebsstoffen) sollen mit Eigenkapital und langfristigem Fremdkapital finanziert werden.

individueller Spielraum

Grundsätzlich gibt es keine generell verbindlichen Festlegungen darüber, welche Aktiva bzw. Passiva als langfristig eingestuft werden. In der Regel zählt man zu den langfristigen Passiva das gesamte Eigenkapital und das Fremdkapital mit einer Restlaufzeit von mindestens einem Jahr. Dennoch existieren individuelle Spielräume, die sich auf spezifische Verhältnisse in den betreffenden Unternehmen beziehen.

Zusammenfassung:
Kennzahlen der Kreditwürdigkeit errechnen sich aus der Kapitalstruktur. Die Eigenkapitalquote und der Verschuldungsgrad sind hier von besonderer Bedeutung. Die Finanzierungsregeln betrachten die Struktur der Finanzierung und der Investitionen.

3. Produktivität und Wirtschaftlichkeit

3.1 Produktivität

Auch der Begriff »Produktivität« kommt ab und an in unserer Umgangssprache vor. Wenn wir sagen, dass wir manchmal »unproduktiv« sind, meinen wir damit, dass wir »nicht leistungsstark« sind. So haben wir beispielsweise ein bestimmtes Ziel (z. B. Zimmer tapezieren) nicht im angedachten Zeitraum (z. B. 1 Tag) erreicht.

Und wenn Sie sich die betriebswirtschaftliche Definition von Produktivität ansehen, werden Sie feststellen, dass diese im Prinzip das Gleiche aussagt:

Definition Produktivität

> Die Produktivität beschreibt, wie leistungsstark bzw. ergiebig ein bestimmter betriebswirtschaftlicher Produktionsfaktor (Betriebsmittel, menschliche Arbeitsleistung, Werkstoffe) ist. Produktivität beschreibt somit ein (mengenmäßiges) Output-Input-Verhältnis.

$$\text{Produktivität} = \frac{\text{Output}}{\text{Input}}$$

Beispiel: Produktivität eines Betriebsmittels (z. B. einer Maschine)

Beispiel

Output: 1.000 Stück eines bestimmten Produktes
Input: 1 Stunde Laufzeit

$$\text{Produktivität} = \frac{\text{1.000 Stück}}{\text{1 Stunde}}$$

Die Produktivität der Maschine beträgt 1.000 Stück pro Stunde.

unterschiedliche Produktivitäten

Da es verschiedene Produktionsfaktoren (= Input) gibt (z. B. Angestellte und Arbeiter, Maschinen, Rohstoffe) und die von ihnen hervorgebrachten Leistungen (= Output) variieren (Produkte, erzielte Umsätze, Anzahl bearbeiteter Vorgänge etc.), gibt es konsequenterweise auch unterschiedliche Produktivitäten.

Beispiele

Beispiele:
Produktivität Außendienstmitarbeiter
Output = Anzahl abgeschlossener Verträge
Input = Anzahl Stunden

Produktivität Maschine
Output = Anzahl produzierter Produkte
Input = Anzahl Maschinenstunden

Produktivität Materialeinsatz
Output = Anzahl Produkte
Input = Materialeinsatz

Teilproduktivitäten

Somit sind verschiedene Produktivitäten nicht einfach addierbar und nicht direkt miteinander vergleichbar. Deshalb beschränkt man sich in der Regel auf die Berechnung von so genannten Teilproduktivitäten (z. B. Arbeitsproduktivität, Produktivität des Materialeinsatzes).

Aber auch einzelne Teilproduktivitäten sind für sich alleine genommen noch nicht aussagekräftig. So wird z. B. eine Arbeitsproduktivität erst dann aussagekräftig, wenn man sie mit anderen Arbeitsproduktivitäten vergleicht.

Beispiel:
Arbeitsproduktivitäten unterschiedlicher Mitarbeiter

Arbeitsproduktivität (Stück / Stunde)

Beispiel

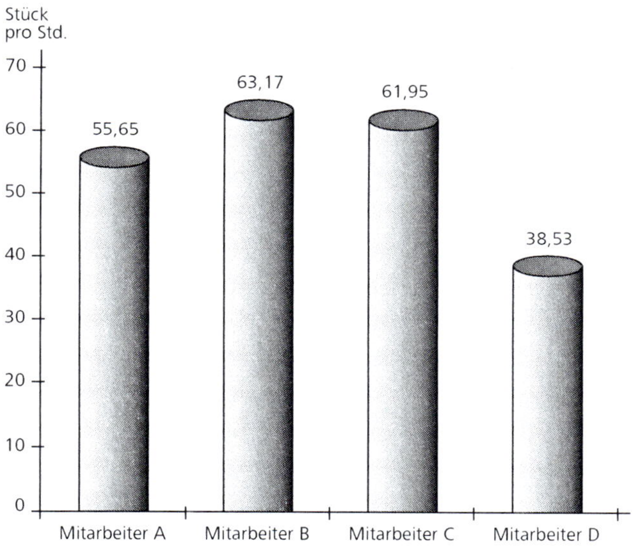

Interpretation

Grundsätzlich möchte jedes Unternehmen möglichst produktiv sein (ein möglichst gutes Output-Input-Verhältnis erzielen). Denn die betriebswirtschaftlichen Produktionsfaktoren (= Input) verursachen Kosten. Und je mehr Leistungen (= Output) mit einem gegebenen Einsatz an Produktionsfaktoren erzielt werden können, desto günstiger sind auch die Stückkosten der Leistungen. Durch niedrigere Kosten kann ein Unternehmen seinen Gewinn steigern oder in seiner Preispolitik aggressiver auftreten.

niedrige Produktivitäten

Niedrige Produktivitäten zeigen immer aktuellen Handlungsbedarf. Denn wenn die Produktivität nicht stimmt, ist das Unternehmen nicht mehr wettbewerbsfähig. Die Ursachen für niedrige Produktivitäten müssen dann genau analysiert werden, denn die Kennzahl selbst liefert ja nur das »Resultat«.

Gründe

Mögliche Gründe für niedrige Produktivitäten sind

- schlechte technische Ausstattung,
- zu genaues bzw. langsames Arbeiten des Mitarbeiter,
- unzufriedene Mitarbeiter,
- zeitaufwendiger Versuch, beim Materialverbrauch zu sparen etc.

auch Qualität ist wichtig

Aber neben der Quantität ist vor allem Qualität wichtig. Und Qualität kann durch Produktivitätskennzahlen nicht gemessen werden. Deshalb sollte ein Unternehmen sich niemals ausschließlich auf rein (quantitative) Produktivitätskennzahlen stützen. Unter Umständen leidet dann nämlich die Qualität der erstellten Produkte oder Leistungen.

Zusammenfassung:
Die Produktionskennzahl setzt die betrieblichen Komponenten Output und Input zueinander ins Verhältnis und trifft so eine Aussage über die Leistungsstärke des Betriebes. Die Produktivität kann in verschiedene betriebliche Teilproduktivitäten und damit auch in ein Bündel von Kennzahlen aufgespalten werden.

3.2 Wirtschaftlichkeit

Eine weitere wichtige betriebliche Kennzahl ist die Wirtschaftlichkeit. Im Vergleich zur Produktivität, die ein *mengenmäßiges* Output-Input-Verhältnis beschreibt, ist die Sichtweise bei der Messung der Wirtschaftlichkeit eine *wertmäßige*. Somit ist die Wirtschaftlichkeit eine Wertgröße.

Wirtschaftlichkeit

Wertgröße

> Wirtschaftlichkeit beschreibt das Verhältnis zwischen der jeweils zu Marktpreisen (in Geldeinheiten) bewerteten Ausbringungsmenge (Output) zur Einsatzmenge (Input). Die Kennzahl gibt an, wie hoch der Ertrag (bzw. die Leistung) im Verhältnis zum Aufwand (bzw. zu den Kosten) ist.

Definition Wirtschaftlichkeit

$$\text{Wirtschaftlichkeit} = \frac{\text{Output} * \text{Geldeinheit}}{\text{Input} * \text{Geldeinheit}} = \frac{\text{Ertrag (bzw. Leistung)}}{\text{Aufwand (bzw. Kosten)}} * 100$$

Ein Heizungsbaubetrieb erzielt in einem bestimmten Monat einen Umsatz (= Ertrag) in Höhe von 70.000 €. Im gleichen Zeitraum fallen Aufwendungen in Höhe von 60.000 € an. Die Wirtschaftlichkeitskennzahl beträgt somit

Beispiel

$$\text{Wirtschaftlichkeit} = \frac{\text{Ertrag}}{\text{Aufwand}} * 100 = \frac{70.000\text{ €}}{60.000\text{ €}} * 100 = 116{,}67\ \%$$

Interpretation

Die Wirtschaftlichkeit des Heizungsbaubetriebs beträgt ca. 117 %. Ein Betrieb handelt immer dann wirtschaftlich, wenn die Erträge höher als die Aufwendungen sind, d.h. die Wirtschaftlichkeitskennzahl > 100 % ist.

Zusammenhang Produktivität – Wirtschaftlichkeit

Es ist durchaus möglich, dass eine *steigende* Produktivität mit einer *sinkenden* Wirtschaftlichkeit einhergeht (oder umgekehrt). Denken Sie beispielsweise an sinkende Verkaufspreise oder steigende Rohstoffpreise: Sinken die Verkaufspreise (= geringere Erträge) und/oder steigen die Preise für die Inputfaktoren (= höhere Aufwendungen), dann verschlechtert sich die Wirtschaftlichkeit, obwohl das Unternehmen u.U. sogar produktiver gearbeitet haben kann.

Diesen Zusammenhang verdeutlichen wir anhand eines Beispiels.

Beispiel

Situation A:

Produzierte und abgesetzte Menge: 50.000 Stk.
Verkaufspreis: 5 € pro Stk.
Erträge: 250.000 € (= 50.000 Stk. * 5 € pro Stk.)
Aufwendungen: 200.000 €
Geleistete Arbeitsstunden: 2.000 Std.

$$\text{Arbeitsproduktivität} = \frac{\text{Output}}{\text{Input}} = \frac{50.000\text{ Stk.}}{2.000\text{ Std.}} = \textbf{25 Stk. pro Std.}$$

$$\text{Wirtschaftlichkeit} = \frac{\text{Ertrag}}{\text{Aufwand}} * 100 = \frac{250.000\text{ €}}{200.000\text{ €}} * 100 = \textbf{125 \%}$$

Situation B:

Produzierte und abgesetzte Menge: 50.000 Stk.
Verkaufspreis: 4,80 € pro Stk.
Erträge: 240.000 € (= 50.000 Stk. * 4,80 € pro Stk.)
Aufwendungen: 220.000 €
Geleistete Arbeitsstunden: 1.800 Std.

$$\text{Arbeitsproduktivität} = \frac{\text{Output}}{\text{Input}} = \frac{50.000 \text{ Stk.}}{1.800 \text{ Std.}} = \mathbf{27{,}78\ Stk.\ pro\ Std.}$$

$$\text{Wirtschaftlichkeit} = \frac{\text{Ertrag}}{\text{Aufwand}} * 100 = \frac{240.000\ €}{220.000\ €} * 100 = \mathbf{109{,}1\ \%}$$

Fazit

Obwohl in der Situation B die Arbeitsproduktivität im Vergleich zur Situation A um 2,78 Stück pro Stunde gestiegen ist, ist die Wirtschaftlichkeit um 15,9 % gefallen. Dies ist durch die – im Vergleich zur Situation A – gesunkenen Verkaufspreise (– 0,20 € pro Stück) und durch höhere Aufwendungen (+ 20.000 €) zu erklären.

Zusammenfassung:
Die Wirtschaftlichkeit ist eine Wertgröße und setzt den Ertrag (bzw. die Leistung) und den Aufwand (bzw. die Kosten) ins Verhältnis. Es ist durchaus möglich, dass eine *steigende* Produktivität mit einer *sinkenden* Wirtschaftlichkeit einhergeht (und umgekehrt).

EBC*L

Kostenrechnung

Einführung

Auszug aus dem »Fachchinesisch« der KLR

Die Rechnungsebenen der KLR

Die Deckungsbeitragsrechnung (DBR)

Märkte und Preise

Profit-Center-Rechnung

1. Einführung

1.1 Grundsätzliches zur Kostenrechnung

Dilemma vieler Betriebe: zu hohe Kosten

Wir alle kennen die Klagen deutscher Betriebe: Die Kosten sind zu hoch. Die Kosten steigen ständig. Die betriebliche Ergebnissituation ist gefährdet.

Was ist zu tun?

mögliche Auswege aus dem Dilemma

Zum einen kann man versuchen, durch Umsatzsteigerungen die »Ergebnisschere« zu Gunsten eines verbesserten Ergebnisses weiter zu öffnen. Damit ist in erster Linie das Marketing gefragt. Allerdings erhöht sich dadurch das Marketingbudget. Die Kosten steigen damit erneut und die »angepeilten« Erfolge sind ggf. erst einmal nicht sofort zu realisieren.

Zum anderen können die Kosten sinnvoller strukturiert werden, um (»überflüssige«) Kosten zu erkennen und zu beseitigen.

Das gewonnene Potenzial kann dann u. U. neuen, profitableren betrieblichen (Marketing-)Aktivitäten (z. B. Neuproduktentwicklungen, Werbung etc.) zugeführt werden.

Wie können Kosten strukturiert werden?

Kosten- und Leistungsrechnung (KLR)

Die Betriebswirtschaftslehre bietet Ihnen im Zusammenhang mit unserer Fragestellung das Instrument der Kosten- und Leistungsrechnung (KLR). Aus der Bezeichnung dieses betriebswirtschaftlichen Instruments ergibt sich bereits der Kostenbezug. Die KLR hat diverse Aufgaben zu erfüllen. Hier sollen exemplarisch nur die zentralen Aufgaben vorgestellt werden. Später werden Sie sich mit weiteren Aufgaben der KLR beschäftigen.

Neben der Ermittlung des Betriebsergebnisses ist eine der zentralen Aufgabenstellungen der KLR die Schaffung der betrieblichen Kostentransparenz. Damit werden die Voraussetzungen für die Interpretation der vorhandenen Kostenstrukturen und der sich daraus ableitenden weiteren Aufgaben der Kostenrechnung geschaffen. Einer »Strukturierung« der Kosten steht nun also nichts mehr im Wege.

Betriebsergebnis

Kostentransparenz

Die KLR ist kein spezielles betriebliches Kriseninstrument, sondern sie ist permanent zu betreiben. Und das hat seinen guten Grund, denn wenn es ganz deutlich in dem Unternehmen kriselt, ist es in aller Regel für eine erfolgreiche Sanierung bereits zu spät. Daher sollte die Vorsorge der Regelfall sein.

die KLR ist permanent zu betreiben

1.2 Die KLR als Bestandteil des betrieblichen Rechnungswesens

Kommen wir zuerst zum Begriff. Ihnen ist sicherlich aufgefallen, dass wir die Begriffe »Kostenrechnung« und »Kosten- und Leistungsrechnung (KLR)« sprachlich nebeneinander verwenden. Tatsächlich werden auch in der Praxis beide Begriffe häufig synonym benutzt. Allerdings beschreibt die Bezeichnung »Kosten- und Leistungsrechnung« die Dimension dieses Rechnungssystems differenzierter als der Begriff »Kostenrechnung«. Denn die KLR beschäftigt sich nicht nur mit Kosten, sondern auch mit den Leistungen, die diese Kosten verursachen. Sie können den Begriff »Leistung« mit dem Begriff »Produkt« gleichstellen. (Wir verwenden die Begriffe im Folgenden aus sprachlichen Gründen parallel bzw. bleiben bei der Kurzform KLR.)

synonyme Begriffe

Die Bezeichnung »Rechnungssystem« soll uns den »Brückenschlag« zum betrieblichen Rechnungswesen ermöglichen. Das Rechnungswesen (Rewe) ist der Sammelbegriff für verschiedene betriebliche Rechnungsarten.

Rechnungswesen (Rewe)

Kostenrechnung

Es gibt eine Vielzahl von Vorschlägen für die Gliederung des Rechnungswesens. Wir stellen Ihnen die traditionelle Gliederung des Rewe vor. Nach dieser gliedert sich das Rechnungswesen in die Bereiche

externes Rewe
internes Rewe

- externes Rechnungswesen und
- internes Rechnungswesen.

externes Rewe

Starten wir mit dem externen Rewe. Dem externen Rewe werden die Bereiche

- Buchführung,
- Bilanz,
- Gewinn- und Verlustrechnung (GuV) und
- Sonderrechnungen

zugeordnet.

Das externe Rewe wird vielfach auch als Geschäfts- oder Finanzbuchhaltung bezeichnet. Hier greifen verschiedene (nationale) gesetzliche Grundlagen. Das externe Rewe beschäftigt sich mit den finanziellen Wirkungen, die betriebliche Aktivitäten auslösen (vgl. Kapitel »Bilanzierung«).

Gesamtergebnis

In der Finanzbuchhaltung werden die finanziellen Wirkungen dieser Aktivitäten gebucht. Dadurch wird die Bilanz verändert und / oder die Gewinn- und Verlustrechnung beeinflusst. In der Konsequenz wird in der Finanzbuchhaltung das Gesamtergebnis ermittelt.

Betriebliche Aktivitäten mit finanzieller Wirkung sind z. B.

- der Kauf von Rohstoffen für die industrielle Weiterverarbeitung
- Gehaltszahlungen an die Mitarbeiter
- Steuerzahlungen etc.

Aktivitäten mit finanzieller Wirkung

Zum internen Rewe gehören

- die KLR,
- die Statistik bzw. Vergleichsrechnung und
- die Planungsrechnung.

internes Rewe

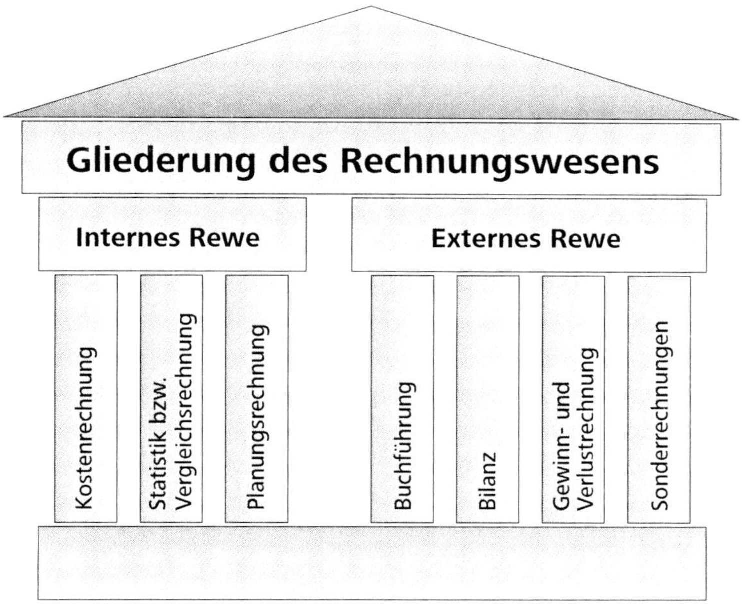

Die KLR wird auch als Betriebsbuchhaltung bezeichnet. Als zentrales Teilgebiet des internen Rewe erfasst sie zahlenmäßig den innerbetrieblichen Leistungsprozess. Gesetzliche Bestimmungen greifen hier nur in Ansätzen.

KLR = Betriebsbuchhaltung

Ausnahme:
Die so genannte Krankenhaus- bzw. Pflegebuchführungsverordnung schreiben für Krankenhäuser und Pflegeeinrichtungen zwingend eine KLR vor.

Betriebsergebnis

Innerhalb der Betriebsbuchhaltung bzw. der KLR wird das Betriebsergebnis (= Leistungen – Kosten) festgestellt.

Die Einführung und Nutzung der KLR ist nicht abhängig von der Größe des anwendenden Betriebs. Jeder Betrieb kann und sollte die KLR verwenden.

1.3 Abgrenzungsrechnung

Die KLR bezieht ihre Informationen im Wesentlichen aus den Werten der Finanzbuchhaltung (externes Rewe). Die Buchführung als Teil des externen Rewe verbucht Aufwendungen und Erträge. Die Zusammenführung dieser Komponenten erfolgt in der GuV-Rechnung (vgl. »Bilanzierung«).

In der KLR werden hingegen Kosten und Leistungen verarbeitet. Da die KLR als zentraler Bestandteil des internen Rechnungswesens andere Interessen verfolgt als das externe Rewe, übernimmt die KLR die Werte der Buchführung natürlich nicht vorbehaltlos.

Abgrenzungsrechnung

Vor der Einstellung der Buchführungswerte in die KLR werden sie auf ihre »KLR-Tauglichkeit« geprüft. Das geschieht in der so genannten Abgrenzungsrechnung, die wie folgt skizziert werden kann.

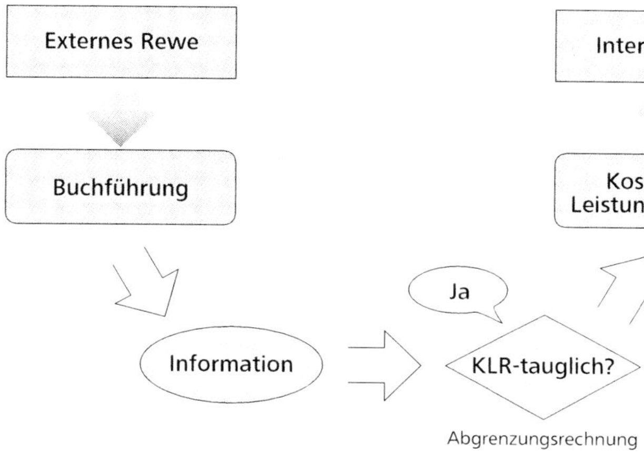

Aufwendungen und Erträge, die nicht aus der Buchführung übernommen und in die KLR eingestellt werden, sind solche, die sich nicht auf den direkten betrieblichen Ablauf beziehen, also betriebsfremd sind.

»KLR-Tauglichkeit« = Bezug zum direkten betrieblichen Ablauf

Beispiele:

Beispiele

- Verluste aus Wertpapieren als Aufwand (denken Sie an Kurseinbrüche im DAX)
- Zinserträge

Beide Positionen beziehen sich auf Kapitalanlagen. Mit der ursprünglichen betrieblichen Aktion, also der Produktion von Leistungen, haben diese Aufwendungen und Erträge in der Regel nichts zu tun (sofern es sich nicht um Kreditinstitute handelt). Die angeführten Aufwendungen sind dem neutralen Aufwand zuzuordnen. Zinserträge zählen zum neutralen Ertrag.

neutraler Aufwand / neutraler Ertrag

De facto versucht die KLR nur die Kosten und Leistungen zu berücksichtigen, die sich eindeutig auf den angeführten betrieblichen Ablauf beziehen. Grundkosten werden auch als aufwandsgleiche Kosten bezeichnet.

Grundkosten

Zweckaufwendungen

Den Gegenpart dazu bilden in der Buchführung die Zweckaufwendungen. Typische Grundkosten sind z. B. Löhne und Gehälter. Löhne und Gehälter werden in der Buchführung als Aufwendungen verarbeitet, in der KLR werden sie zu Kosten.

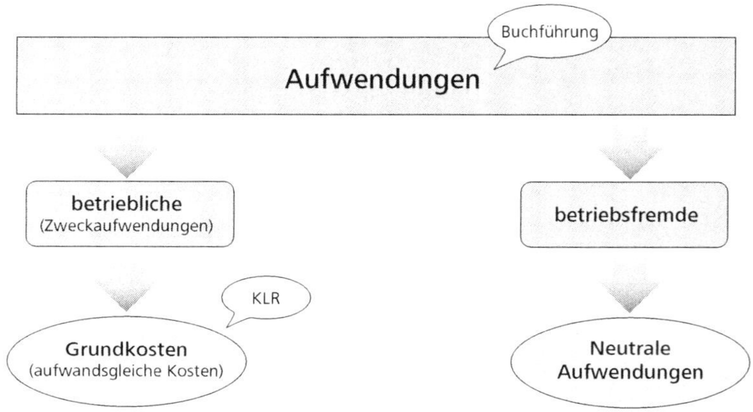

Die Erträge werden analog zu den Aufwendungen gegliedert.

kalkulatorische Kosten

Neben diesen Ausschlussmöglichkeiten entwickelt die KLR eigenständige Betrachtungsmaßstäbe. Dafür können beispielhaft kalkulatorische Abschreibungen und der kalkulatorische Unternehmerlohn angeführt werden. Beide Positionen zählen zu den kalkulatorischen Kosten.

Grafisch lässt sich die beschriebene Abgrenzung von Aufwendungen und Kosten sowie Erträgen und Leistungen (Erlösen) wie folgt darstellen.

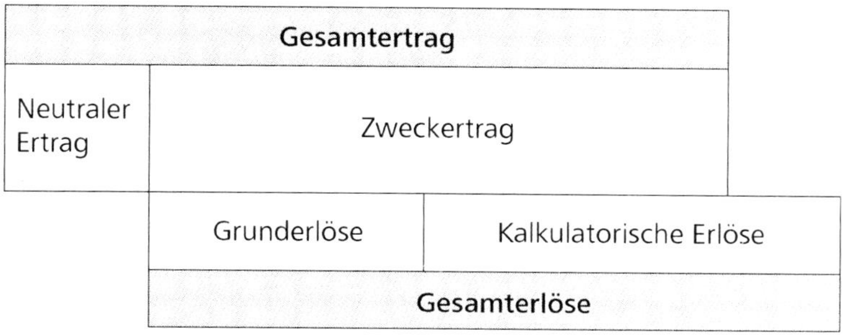

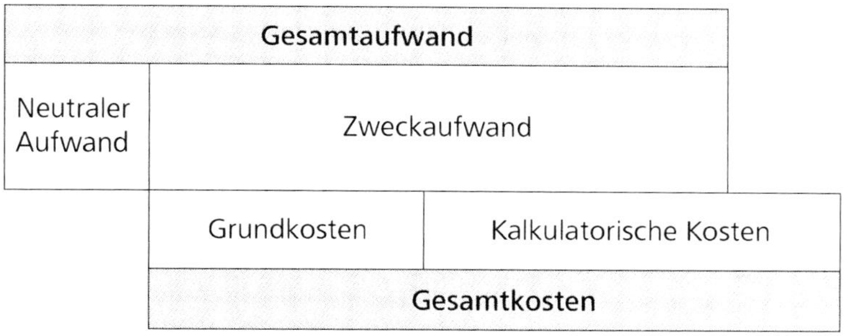

1.4 Aufgaben der KLR

Wir haben oben bereits in Ansätzen auf die Aufgaben der KLR hingewiesen. Schauen wir uns noch weitere Aufgaben der KLR an.

Errechnung des Betriebsergebnisses

Wie bereits erwähnt, ist die Berechnung des Betriebsergebnisses auf der Grundlage der vorhandenen Kosten (Ohne Kostentransparenz nicht möglich!) eine wichtige Aufgabe der KLR. Dabei werden die Kosten und Leistungen einer Abrechnungsperiode gegeneinander verrechnet.

weitere Aufgaben der KLR

Weitere Aufgaben der KLR sind u. a.:

- Hilfeleistung bei der Preisbildung
  (Welche Herstell- und Selbstkosten fallen an? Welcher Preis ist somit möglich?)
- Grundlage für Make-or-Buy-Entscheidungen
  (Welche Kosten sind höher – die Herstell- bzw. Selbstkosten für eine Eigenproduktion oder die Kosten des Fremdbezugs? Die günstigere Alternative wird gewählt!)
- Kontrolle der Wirtschaftlichkeit
  (Die Wirtschaftlichkeitskontrolle kann sich auf separate Leistungen oder Leistungsbereiche beziehen.)
- Auffinden von »Kostentreibern«
  (Welche Kosten ufern aus?)

Vor dem Hintergrund der genannten Aufgaben verwundert es nicht, wenn die KLR als Grundlage für Planungen und Entscheidungen herangezogen wird.

zusammenfassender Überblick

Ausgewählte Aufgaben der KLR

- Ermittlung des Betriebsergebnisses
  Schaffung der betrieblichen Kostentransparenz
- Hilfeleistung bei der Preisbildung
- Grundlage für Make-or-Buy-Entscheidungen
- Kontrolle der Wirtschaftlichkeit
- Orten von »Kostentreibern«

1.5 Struktur der KLR

Struktur der KLR

Die KLR gliedert sich in einer sachlogischen Abfolge in drei Dimensionen (Rechnungsebenen). Diese sind im Detail:

- Kostenartenrechnung
- Kostenstellenrechnung
- Kostenträgerrechnung

Jede Rechnungsebene hat eine Aufgabe, die durch eine bestimmte Frage unterlegt wird. Es handelt sich dabei um die folgenden Fragestellungen.

Fragestellungen

Dimension	Zentrale Fragestellung
Kosten**arten**rechnung	**Welche** Kosten sind angefallen?
Kosten**stellen**rechnung	**Wo** sind Kosten angefallen?
Kosten**träger**rechnung	**Wofür** sind Kosten angefallen?

Auf die verschiedenen Rechnungsebenen der KLR werden wir später näher eingehen.

Zusammenfassung:
Die KLR ist Bestandteil des internen Rechnungswesens. Elementarste Aufgaben der KLR sind, das Betriebsergebnis zu ermitteln und eine Kostentransparenz herzustellen. Unter Einbeziehung der Abgrenzungsrechnung übernimmt die KLR viele Werte aus der Buchführung. Zur KLR gehören die Kostenarten-, Kostenstellen- und Kostenträgerrechnung.

2. Auszug aus dem »Fachchinesisch« der KLR

Wer sich mit der KLR inhaltlich auseinandersetzt, sollte sich zuvor mit zentralen Begriffen des Themas beschäftigen. Das werden Sie jetzt auch tun. Denn nur so lässt sich sicherstellen, dass Sie den weiteren Ausführungen auch weiterhin bequem folgen können.

Vorab ein Hinweis. Die aufgeführten Begriffe sind nicht alphabetisch, sondern nach ihrer Themenzugehörigkeit sortiert.

Kostenarten

Kostenarten

Kostenarten sind – wie der Name es bereits verrät – verschiedene Arten oder Kategorien von Kosten. Die Kostenarten eines Betriebs werden nach verschiedenen Gesichtspunkten gegliedert. Sie entstehen innerhalb (= Eigenleistung) und außerhalb (= Fremdleistung) des Betriebs.

Kostenarten sind z. B.:

- Personalkosten
- Anlagenkosten
- Materialkosten
- Wartungskosten
- Steuern
- Beiträge
- Versicherungen etc.

Der Abschnitt Kostenartenrechnung greift die Kostenarten erneut auf.

Kostenstellen

Kostenstellen

Jeder Betrieb ist in verschiedene Abteilungen bzw. Bereiche (»Stellen«) aufgeteilt. Es ist selbstverständlich, dass in den einzelnen Abteilungen auch Kosten anfallen. Somit entstehen in Kostenstellen Kosten, die verschiedene Abteilungen (»Stellen«) des Betriebs verursachen (z. B. Personalabteilung, Marketingabteilung, Fertigungsstellen etc.). Diese Stellen sind Betriebsstellen, die konkret in den Leistungsprozess einbezogen sind. Sie werden kostenrechnerisch selbständig abgerechnet.

Kostenstellen können nach verschiedenen Kriterien unterschieden werden. Nach dem Leistungsgesichtspunkt unterscheidet man
- allgemeine Kostenstellen,
- Hilfskostenstellen,
- Hauptkostenstellen und
- Nebenkostenstellen.

Nach dem Verrechnungsgesichtspunkt differenziert man zwischen
- Vorkostenstellen und
- Endkostenstellen.

allgemeine Kostenstellen

Allgemeine Kostenstellen dienen i. d. R. dem gesamten Betrieb. Durch Kostenumlagen werden anderen Kostenstellen die durch die allgemeinen Kostenstellen verursachten Kosten zugeordnet.

Beispiel:

Beispiel

In großen Industriebetrieben ist die Werksfeuerwehr eine allgemeine Kostenstelle. Ihre Kosten werden den anderen betrieblichen Stellen (Fertigung, Verwaltung etc.) zugeordnet.

Hilfskostenstellen

Hilfskostenstellen sind Kostenstellen, die nicht direkt mit der Herstellung der betrieblichen Produkte und Dienstleistungen befasst sind, sondern Vorleistungen für andere (Haupt-)Kostenstellen erbringen. Somit geben Hilfskostenstellen ihre Kosten an diese ab.

Beispiel:

Beispiel Die Betriebstechnik fertigt innerhalb eines vorgegebenen Produktionsablaufs für eine Hauptkostenstelle Fertigungsteile, die in der Hauptkostenstelle zu einem abschließenden Produkt zusammengefügt werden.

Nebenkostenstellen Nebenkostenstellen sind Kostenstellen, die keine Haupt-, sondern Nebenprodukte fertigen.

Beispiel:

Beispiel Die Verarbeitung von Abfallstoffen zu Nebenprodukten.

Hauptkostenstellen Hauptkostenstellen bilden organisatorisch das eigentliche Leistungsprogramm des Betriebs ab. Von den Hauptkostenstellen werden die Leistungen in den Markt abgegeben.

Beispiel:

Beispiel Dreherei, Schweißerei, Montage

Vorkostenstellen Vorkostenstellen entsprechen den allgemeinen Kostenstellen bzw. den Hilfskostenstellen. Ihre Leistungen fließen entweder an sämtliche Kostenstellen des Unternehmens (z. B. Werksfeuerwehr, eigene Stromerzeugung etc.) oder sie werden nur für spezielle Unternehmensbereiche erbracht (z. B. Arbeitsvorbereitung für die Fertigung). Die Kosten von Vorkostenstellen werden im Rahmen der so genannten Betriebsabrechnung (dazu später mehr) anderen Hilfs- oder Endkostenstellen belastet.

Endkostenstellen Endkostenstellen sind Kostenstellen, auf die in der innerbetrieblichen Leistungsverrechnung (dazu später mehr) gesammelte Beträge nicht auf weitere Kostenstellen verrechnet, sondern in die Kalkulation übernommen werden. In der Regel handelt es sich dabei um Hauptkostenstellen.

Grafisch lässt sich die Verknüpfung der Kostenstellen wie folgt darstellen.

Verknüpfung von Kostenstellen

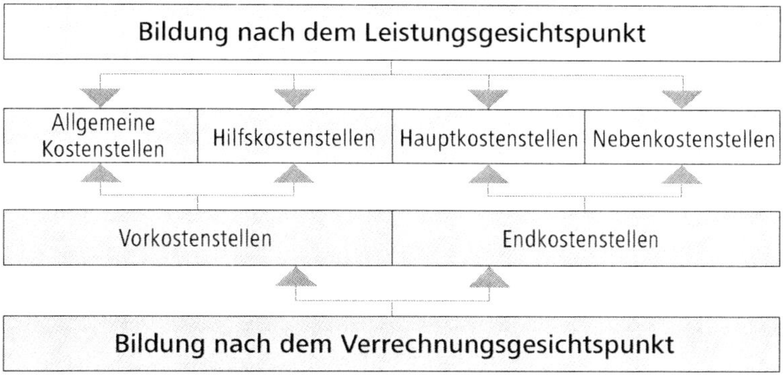

Kostenträger

Kostenträger

Kostenträger sind die am Absatzmarkt angebotenen Produkte und Dienstleistungen eines Unternehmens, bei deren Verkauf die bei der Produktion entstandenen Kosten »getragen« werden.

Beispiele:

Beispiele

Autos, Kugelschreiber, Beratungsleistungen

Gemeinkosten

Gemeinkosten = indirekte Kosten

Gemeinkosten sind all*gemeine* Kosten, sie fallen für mehrere Kostenstellen bzw. Kostenträger gemeinschaftlich an. Somit können Gemeinkosten einer Kostenstelle bzw. einem Kostenträger (Produkt oder Dienstleistung) nicht direkt zugeordnet werden. Aufgrund der fehlenden direkten Zuordnung nennt man Gemeinkosten auch indirekte Kosten. Eine Zuordnung erfolgt durch Umlagen im Betriebsabrechnungsbogen (BAB). Der BAB wird im Folgenden separat beschrieben.

Beispiel:

Beispiel

Typische Gemeinkosten sind z. B. die Kosten, die von der Personalabteilung und dem Hausmeister verursacht werden.

Einzelkosten

Einzelkosten = direkte Kosten

Einzelkosten können einer Kostenstelle bzw. einem Kostenträger direkt zugerechnet werden. Einzelkosten werden üblicherweise in die Bereiche

- Fertigungsmaterialkosten (z. B. Rohstoffverbrauch),
- Fertigungslohnkosten,
- Sondereinzelkosten der Fertigung (z. B. Lizenzgebühren) und
- Sondereinzelkosten des Vertriebs (z. B. Spezialverpackung)

unterteilt.

Fixkosten

Fixkosten

Die Fixkosten (K_{fix}) einer Leistung sind die Kosten, die auch dann anfallen, wenn nicht produziert wird. Das bedeutet, dass Fixkosten einer Leistung von der Leistungsmenge (x) unabhängig sind.

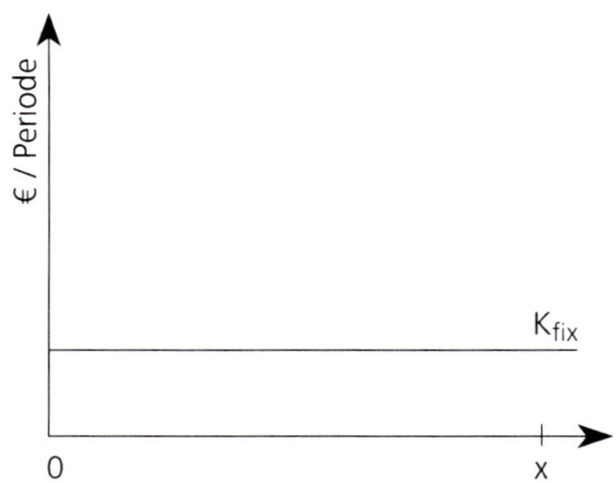

Die Grafik verdeutlicht diesen Sachverhalt. Die Fixkostenkurve verläuft konstant. Die Leistungsmenge (x) hat keinen Einfluss auf ihren Verlauf.

Beispiel:

Beispiel

Die Darlehensraten für die Produktionsmaschine sind kontinuierlich zu bezahlen. Die Zahlungen der Darlehensraten erfolgen unabhängig von der Produktion. Das heißt: Auch bei rückläufiger oder stehender Produktion sind die Raten bis zur Schlussrate in gleicher Höhe fällig.

Variable Kosten

Variable Kosten (K_{var}) einer Leistung sind im Gegensatz zu den Fixkosten von der Leistungsmenge (x) abhängig, d.h. sie fallen oder steigen mit der Stückzahl bzw. dem Beschäftigungsgrad (= Kapazitätsauslastung).

variable Kosten

Entsprechend steigt die Kurve der variablen Kosten mit zunehmender Leistungsmenge (x) an.

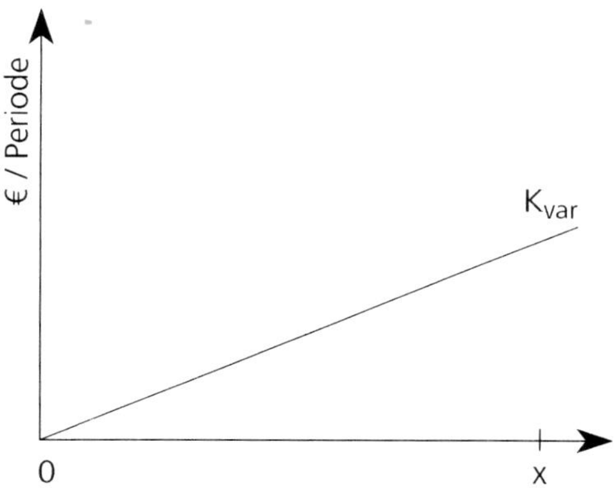

Beispiel:

Für die Produktion von Tischen wird Holz benötigt. Je mehr Tische produziert werden, desto mehr Holz wird benötigt. Da die Holzmenge von der Leistungs- bzw. Produktionsmenge abhängt, sind die Kosten für das Holz variabel.

Beispiel

Gesamtkosten

Die Gesamtkosten (K_{ges}) ergeben sich aus der Addition der variablen Kosten (K_{var}) und der Fixkosten (K_{fix}).

Gesamtkosten

Mathematisch können Gesamtkosten durch diese Formel ausgedrückt werden:

$$K_{ges} = K_{fix} + K_{var}$$

Die Grafik bildet neben den bereits angeführten Kostenverläufen die Gesamtkosten (K_{ges}) in ihrem Verlauf ab:

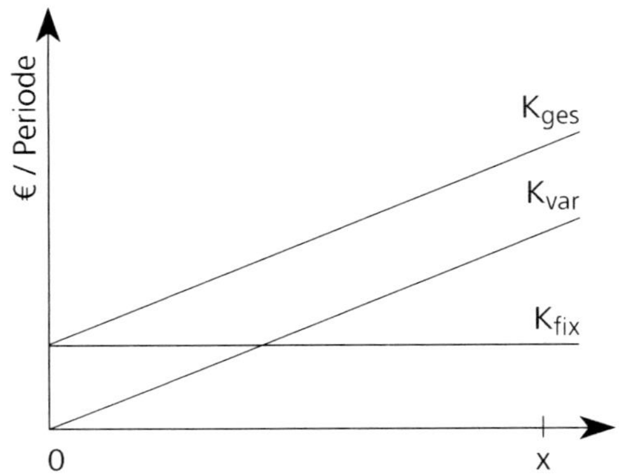

Herstellkosten

Herstellkosten Herstellkosten sind die durch die Herstellung (Produktion) entstandenen Kosten.

Selbstkosten

Selbstkosten Selbstkosten bilden die Summe aller durch den betrieblichen Leistungsprozess entstandenen Kosten ab (Produktion, Verwaltung, Vertrieb). Die Frage in diesem Zusammenhang lautet: Was kostet es mich selbst, eine Leistung bzw. ein Produkt zu produzieren und für den Verkauf »marktreif« zu machen? Die Selbstkosten sind eine zentrale Komponente in der Kalkulation. Sie sind der Ausgangspunkt für die Preisbildung.

Vollkostenrechnung

Vollkostenrechnung Die Vollkostenrechnung hat zum Ziel, sämtliche im Unternehmen anfallenden Kosten (Einzelkosten und Gemeinkosten) auf die Produkte (Kostenträger) zu verteilen. Sie dient insbesondere

- der Preiskalkulation,
- der Preisbeurteilung und
- der Festlegung des Produktions- und Absatzprogramms.

Beispiele für Kalkulationsverfahren der Vollkostenrechnung sind:

- Divisionskalkulation
- Äquivalenzziffernkalkulation
- Zuschlagskalkulation

Mit der Zuschlagskalkulation beschäftigen wir uns später noch im Detail.

Teilkostenrechnung

Teilkostenrechnung

Die Teilkostenrechnung ist dadurch gekennzeichnet, dass nur ein Teil der Kosten (die variablen Kosten) auf die Kostenträger verrechnet wird. Durch den Verzicht der Aufteilung der fixen Kosten lässt sich die Teilkostenrechnung besser zur Fundierung und Kontrolle von Entscheidungen heranziehen als die Vollkostenrechnung. Ein Beispiel für ein Kalkulationsverfahren der Teilkostenrechnung ist die Deckungsbeitragsrechnung (DBR).

DBR als prominentester Vertreter

Die Deckungsbeitragsrechnung (DBR) ist von zentraler Bedeutung für die Betriebswirtschaftslehre. Eine ausführliche Darstellung der DBR finden Sie in einem späteren Abschnitt.

Ausgabe

Ausgabe

Ausgaben sind u. a. alle baren oder unbaren (Scheckzahlung, Banküberweisung) Zahlungsausgänge.

Beispiel:

Beispiel

Die Rohstoffe für einen Produktionsbetrieb werden auf dem Betriebshof abgeladen. Dem Fahrer wird die Lieferung bar (bzw. unbar durch Scheck) nach der erfolgten Abladung bezahlt. Damit liegt eine Ausgabe vor.

Aufwand

Aufwand

Aufwendungen sind Ausgaben eines Unternehmens innerhalb eines Geschäftsjahres (periodisierte Ausgaben). Sie haben im Laufe des

Jahres zu einem Verzehr an Gütern, Leistungen oder Werten geführt. Daher vermindern Aufwendungen den Gewinn. Sie machen das Unternehmen somit »ärmer«.

Beispiel:

Beispiel

Für einen auszuführenden Auftrag verbraucht (verbaut) ein Maurerbetrieb Steine im Wert von 500 € (Verzehr an Gütern). Damit entstand ein Aufwand in Höhe von 500 €.

Aufwendungen werden vom externen Rechnungswesen (Buchführung, GuV-Rechnung) berücksichtigt.

Kosten

Kosten

Auf den Kostenbegriff sind wir bereits in der Abgrenzungsrechnung eingegangen (Vergleichen Sie hierzu den Abschnitt 1.3). Zusammenhänge zwischen den Aufwendungen aus der Buchführung und den Kosten der KLR wurden hergestellt. Verschiedene Kostenbegriffe (Grundkosten etc.) sind Ihnen bereits bekannt. Unabhängig davon können Kosten inhaltlich definiert werden.

> Kosten stellen den Verzehr an Gütern und Dienstleistungen in einer Abrechnungsperiode dar, der mit der Erstellung *sachzielbezogener* Leistungen verbunden ist.

Mengen- und Wertkomponente

Kosten setzen sich aus einer Mengen- und einer Wertkomponente zusammen. Die Mengenkomponente entspricht der Zahl der verzehrten Mengeneinheiten je Gut und Dienstleistung. Die Bewertung einer Mengeneinheit zu seinem Beschaffungspreis entspricht der Wertkomponente. Als Beschaffungspreis können u. a. der Anschaffungspreis, der Tagespreis, Wiederbeschaffungspreise oder zu bestimmende Verrechnungspreise verwendet werden.

Der Kostenbegriff bezieht sich ausschließlich auf die KLR.

Ist-, Plan- und Normalkosten

Kosten können in den Zeitdimensionen

- Istkosten
- Plankosten und
- Normalkosten

in die KLR Eingang finden.

Die Ist- und Plankosten erklären sich aus sich selbst heraus. Somit sind Istkosten alle während einer bestimmten Abrechnungsperiode tatsächlich angefallenen Kosten. Plankosten sind die für eine bestimmte Bezugsgröße aufgrund der gegebenen und geplanten Kostenbestimmungsfaktoren ermittelten Kosten. Normalkosten haben weniger mit »normal« denn mit »Norm« zu tun. Sie betrachten eine bestimmte Kostenart über eine bestimmte Zeitfolge.

Beispiel

Beispiel:
Kostenart x betrug in 2002 50 €, in 2003 55 € und in 2005 70 €. Die Summe der Kosten dividiert man durch die Anzahl der betrachteten Jahre. Man kommt zu dem Ergebnis 58,33 €.

$$\begin{array}{rr} & 50\ € \\ + & 55\ € \\ + & 70\ € \\ \hline = & 175\ € \end{array}$$

$$\frac{175\ €}{3\ \text{Jahre}} = 58{,}33\ €$$

Dieser Betrag entspricht den Normalkosten. Normalkosten werden häufig als Ausgangspunkt für Planungen verwendet. Damit soll vermieden werden, dass »Ausreißer«, in unserem Beispiel die 70 €, als Planungsgrundlage herangezogen werden und somit zu einem fehlerhaften überhöhten Kostenplanansatz führen.

Einnahme

Einnahme

Einnahmen sind zumeist alle baren oder unbaren (Zahlungseingang auf dem Bankkonto) Zahlungseingänge.

Beispiel

Beispiel:

Zahlt der Kunde seine Sonntagszeitung in bar, handelt es sich für den Kioskbesitzer um eine Einnahme.

Ertrag

Ertrag

Erträge sind Einnahmen eines Unternehmens innerhalb eines Geschäftsjahres (periodisierte Einnahmen). Sie haben im Laufe des Jahres zu einem Wertezuwachs geführt. Daher vergrößern Erträge den Gewinn. Sie machen das Unternehmen somit »reicher«.

Erträge werden im externen Rechnungswesen über die Ertragskonten in die GuV-Rechnung eingestellt. Der Ertragsbegriff berücksichtigt mehrere Ertragsarten (So wird z. B. in der GuV-Rechnung zwischen dem Ertrag des Ergebnisses der gewöhnlichen Geschäftstätigkeit und dem außerordentlichen Ertrag differenziert).

Erträge im Sinne der Buchführung sind:

- betriebliche Erträge und
- neutrale Erträge.

Neutrale Erträge sind z. B. Zinserträge auf Kapitalvermögen oder Steuererstattungen.

Beispiel

Beispiel:

Eine Tischlerei verkauft einen Tisch an einen Kunden. Der Preis beläuft sich auf 120 €. Die Zahlung ist für die Tischlerei ein Ertrag.

Leistung

Leistung

Leistungen stellen den sachzielbezogenen Wertezugang in einer Abrechnungsperiode dar. Sie sind das Ergebnis der betrieblichen

Tätigkeit in Form von Produkten und Dienstleistungen. Der Leistungsbegriff bezieht sich auf die KLR.

Nur die betrieblichen Erträge bilden die Leistungen ab.

Zu den Leistungen zählen u. a.

- Leistungen für den Absatzmarkt
- innerbetriebliche Leistungen

Innerbetriebliche Leistungsverrechnung

innerbetriebliche Leistungsverrechnung

Zum Verständnis: Innerbetriebliche Leistungen erbringt eine Betriebsabteilung für eine andere Betriebsabteilung (z. B. eigene Energieversorgung, Forschungs- und Entwicklungsabteilung). Die Verrechnung erfolgt im so genannten Betriebsabrechnungsbogen (BAB). Natürlich können hier keine Marktpreise angesetzt werden. Tatsächlich behilft man sich mit angenommenen Verrechnungspreisen.

Zusammenfassung:
Die KLR verfügt über viele Fachtermini. Wir haben Ihnen eine Auswahl der Begriffe vorgestellt, die für das weitere Verständnis wichtig sind. Das Spektrum ist allerdings erheblich größer.

3. Die Rechnungsebenen der KLR

Lassen Sie uns nach dem Fachchinesisch wieder »Klartext« reden. Kommen wir nun zu der angekündigten differenzierten Beschreibung der drei Rechnungsebenen der KLR:

- Kostenartenrechnung
- Kostenstellenrechnung
- Kostenträgerrechnung

3.1 Kostenartenrechnung

Kostenarten stehen im Blickpunkt

Die Kostenartenrechnung stellt die Kostenarten, die in einer bestimmten Zeitperiode in dem Betrieb angefallen sind, in das Zentrum ihrer Betrachtung (»Welche Kosten sind angefallen?«).

Der Fundus für die KLR und damit auch für die Kostenartenrechnung ist, wie Sie wissen, die Buchführung. Die Buchführung liefert über ihr Kontensystem Informationen zu Höhe und Art der in dem Betrieb angefallenen Aufwendungen und damit auch einen entsprechenden Teil der Kosten für die KLR (Abgrenzungsrechnung beachten!).

Die Systematik der jeweiligen betrieblichen Kontensysteme wird dabei, in Abhängigkeit zu der individuellen betrieblichen Spezialisierung (Industriebetrieb, Einzelhandel etc.), von entsprechenden Kontenrahmen unterstützt. Vor diesem Hintergrund tragen die Kontenrahmen dazu bei, dass »keine als Aufwand verbuchten Kosten« verloren gehen.

Der wohl bekannteste in der Praxis verwendete Kontenrahmen ist der Industriekontenrahmen (IKR), der 1971 vom Bundesverband der deutschen Industrie (BDI) herausgegeben wurde. Natürlich gibt es noch weitere Kontenrahmen, die jeweils nach dem Geschäftszweck betriebsindividuell genutzt werden können (z. B. Einzelhandels-, Großhandels-, Handwerks-Kontenrahmen oder Gemeinschafts-Kontenrahmen industrieller Verbände (GKR)).

Kontenrahmen

Nach der beschriebenen Erfassung der Kostenarten werden sie zur Vorbereitung ihrer weiteren Verteilung sinnvollerweise nach verschiedenen Kriterien strukturiert. Nach welchen Kriterien können Kostenarten strukturiert werden? Die nachfolgende Tabelle gibt Ihnen einen Überblick.

Strukturierung der Kostenarten

Strukturierungsmöglichkeiten der Kostenarten	
nach Art der verbrauchten Produktionsfaktoren	z. B. Personalkosten, Materialkosten, Dienstleistungskosten
nach betrieblichen Funktionen	z. B. Beschaffungskosten, Fertigungskosten, Verwaltungskosten, Vertriebskosten
nach Art der Verrechnung	Einzelkosten, Gemeinkosten
nach Art der Kostenerfassung	Grundkosten, Zusatzkosten
nach Art der Abhängigkeit von der Beschäftigung	fixe Kosten, variable Kosten

Aufgaben der Kostenartenrechnung

Aufgaben der Kostenartenrechnung

Die Aufgaben der Kostenartenrechnung können insgesamt wie folgt beschrieben werden:

- Systematische Erfassung aller, bei der Erstellung und Verwertung betrieblicher Leistungen innerhalb einer Zeitperiode anfallenden Kosten
- Informationsbereitstellung für die Kostenstellen- und Kostenträgerrechnung
- Durchführung summarischer Kostenplanungen und Kostenkontrollen für das Kostenmanagement

Die Kostenartenrechnung ist gewissermaßen der Ausgangspunkt der KLR. Damit ist sie von zentraler Bedeutung für das gesamte Rechenwerk.

Werden auf dieser Ebene Kostenarten vergessen, kann die Kalkulation, also die Ermittlung der Selbstkosten, nicht mehr aufgehen, da die Kosten zu gering angesetzt wurden. Der Betrieb zahlt dann unter Umständen drauf.

Beispiel:

Beispiel

Unsere bereits angeführte Tischlerei will alle relevanten Kosten für das Produkt (oder die Leistung) »Tisch« erfassen.

Dabei wird vergessen, die Kosten für die Lackierung und die anteiligen Personalkosten für den Gesellen zu berechnen (Anteilige Personalkosten deshalb, weil der Geselle natürlich auch noch andere Aufgaben in der Tischlerei zu erfüllen hat).

Diese Vergesslichkeit kann die Tischlerei teuer zu stehen kommen, da die Kostenartenrechnung die Grundlage für die ausstehende Kalkulation ist. Vergessene Kosten führen immer zu einem zu geringen Selbstkostenansatz. Wurde der Preis aufgrund der falschen Kosteninformationen zu niedrig angesetzt, deckt er im Extremfall nicht einmal die Selbstkosten des Tisches.

3.2 Kostenstellenrechnung

Kostenstellen stehen im Blickpunkt

In der Kostenartenrechnung wurden die Gesamtkosten eines Zeitraums vollständig erfasst und nach verschiedenen Kriterien (Kostenarten) strukturiert. Nun wird in der Kostenstellenrechnung untersucht, wo (in welchen »Stellen«) die Kosten entstanden sind. Damit können die Kosten den Kostenstellen und Kostenträgern zugerechnet werden, die sie zu verantworten haben. Einzel- und Gemeinkosten werden dabei getrennt verarbeitet.

Funktionen der Kostenstellenrechnung

Die Kostenstellenrechnung erfüllt zwei Funktionen,
- die Kosten**vermittlungs**funktion und
- die Kosten**kontroll**funktion.

Kostenvermittlungsfunktion

Die Kostenvermittlungsfunktion der Kostenstellenrechnung ermöglicht eine differenzierte Zurechnung der Gemeinkosten zu den Kostenträgern. In diesem Sinne vermittelt die Kostenstellenrechnung zwischen der Kostenarten- und der Kostenträgerrechnung. Sie kann somit als Bindeglied zwischen den beiden Rechnungsebenen verstanden werden.

Kostenkontrollfunktion

Die Zuordnung der Gemeinkosten (= indirekte Kosten) zu den Kostenstellen entspricht gleichzeitig einer summarischen Erfassung dieser Kosten in den jeweiligen Kostenstellen. Somit ermöglicht die Kostenstellenrechnung eine Kontrolle über die entstanden Gemeinkosten. Das ist die Kostenkontrollfunktion.

3.3 Der Betriebsabrechnungsbogen (BAB) als zentrales Instrument der Kostenstellenrechnung

Nach dem Sie die Kostenstellenrechnung allgemein betrachtet haben, wenden Sie sich jetzt ihrem »Herzstück« zu, dem BAB.

Betriebsabrechnungsbogen (BAB)

Sie wissen bereits, dass in dem BAB Gemeinkosten auf Kostenstellen (siehe Abschnitt »Fachchinesisch«, Stichwort »Gemeinkosten«) umgelegt werden. Der BAB ist das zentrale Instrument der Kostenstellenrechnung.

Aufbau des BABs

Optisch entspricht der BAB einer Tabelle. Er enthält Spalten und Zeilen. In den Zeilen werden die Gemeinkosten der Kostenarten abgebildet. In den Spalten stehen die Kostenstellen.

(1)	(2)	(3)	(4)	(5)	(6)	(7)
Gemein-kostenarten	Alle Kosten (in €)	Verteilungs-schlüssel	Kostenstellen			
			Material	Fertigung	Verwaltung	Vertrieb
Gehälter	10.000	Gehaltsliste	3.000	2.000	2.500	2.500
Marketing	5.000	Rechnungen	0	2.000	0	3.000
Kalkulatorische Zinsen	4.000	Anlagevermögen	1.000	1.000	1.000	1.000
Summe der Gemeinkosten	**19.000**		**4.000**	**5.000**	**3.500**	**6.500**

Prinzipielles Vorgehen

einstufiger und mehrstufiger BAB

Im Folgenden erläutern wir das prinzipielle Vorgehen anhand eines einstufigen BABs (vier Hauptkostenstellen, ohne Hilfskostenstellen).

innerbetriebliche Leistungsverrechnung

Im zweiten Teil stellen wir Ihnen einen mehrstufigen BAB vor, in dem die so genannte innerbetriebliche Leistungsverrechnung als weitere Umlage integriert ist. In diesem Zusammenhang werden dann auch die Hilfskostenstellen zum Einsatz kommen.

Einstufiger BAB

Im einstufigen BAB werden in der 1. Spalte die relevanten Gemeinkostenarten eingestellt (Gehälter, Marketing, kalkulatorische Zinsen). Die Spalten 2 und 3 bilden die Gemeinkostensummen bzw. die anzuwendenden Verteilungsschlüssel für die entsprechende Gemeinkostenart ab. Gemäß dieser Verschlüsselung werden die Gemeinkosten nach dem so genannten Verursachungsprinzip auf die (Haupt-)Kostenstellen (Material, Fertigung, Verwaltung, Vertrieb) umgelegt.

einstufiger BAB

Verursachungsprinzip

Beispiel: Umlage »Gehälter«

Die ausgewiesenen 10.000 € werden über den Verteilungsschlüssel »*Gehaltsliste*« wie folgt auf die Hauptkostenstellen verteilt:

Beispiel

Kostenstelle Material:	3.000 €
Kostenstelle Fertigung:	2.000 €
Kostenstelle Verwaltung:	2.500 €
Kostenstelle Vertrieb:	2.500 €
Summe:	10.000 €

Die Umlage der Gemeinkostenarten »Marketing« und »kalkulatorische Zinsen« funktioniert analog.

Die Anordnung der Kostenstellen im BAB ist betriebsindividuell. Generell orientiert man sich hier an der betrieblichen Ablaufstruktur: In unserem industriellen Betrieb wird Material in der Fertigung verarbeitet, während die Verwaltung alles organisiert. Abschließend werden die Produkte durch den Vertrieb verkauft (Spalten 4 bis 7).

betriebsindividuelle Anordnung

Die »Summe der Gemeinkosten« bildet jeweils die Gemeinkostensumme der Kostenstellen ab.

Summe der Gemeinkosten in der Kostenstelle

Eine weitere Aufgabe des BAB ist, die Kostenträgerrechnung »technisch« zu unterstützen (zur Kostenträgerrechnung später mehr).

Gemeinkostenzuschlagssätze

In diesem Zusammenhang können so genannte Gemeinkostenzuschlagssätze aus dem BAB abgeleitet werden.

Kalkulation

Die Gemeinkostenzuschlagssätze sind für die Kalkulation von besonderer Bedeutung. Im Rahmen der Zuschlagskalkulation werden wir sie gesondert aufgreifen.

Die Gemeinkostenzuschläge errechnen sich jeweils als Prozentwert aus einem gegebenen BAB-Wert und einer zugeordneten Bezugsgröße. Das bedeutet konkret: Der Zähler weist den entsprechenden BAB-Wert (z. B. Materialgemeinkosten), der Nenner die dazugehörige Bezugsgröße (z. B. Fertigungsmaterial) aus.

Für die Berechnung der Zuschlagssätze werden Vergangenheitswerte genutzt. Daher sind sie Erfahrungswerte. Es gibt üblicherweise vier Zuschlagssätze.

Zuschlagssätze des BAB

- Materialgemeinkosten-Zuschlagssatz
- Fertigungsgemeinkosten-Zuschlagssatz
- Verwaltungsgemeinkosten-Zuschlagssatz
- Vertriebsgemeinkosten-Zuschlagssatz

MGK-Zuschlagssatz

1. Materialgemeinkosten-Zuschlagssatz (MGK-Zuschlagssatz)

$$\text{MGK-Zuschlag} = \frac{\text{Materialgemeinkosten}}{\text{Fertigungsmaterial}} * 100$$

FGK-Zuschlagssatz

2. Fertigungsgemeinkosten-Zuschlagssatz (FGK-Zuschlagssatz)

$$\text{FGK-Zuschlag} = \frac{\text{Fertigungsgemeinkosten}}{\text{Fertigungslöhne}} * 100$$

3. Verwaltungsgemeinkosten-Zuschlagssatz (VwGK-Zuschlagssatz)

VwGK-Zuschlagssatz

$$\text{VwGK-Zuschlag} = \frac{\text{Verwaltungsgemeinkosten}}{\text{Herstellkosten}} * 100$$

4. Vertriebsgemeinkosten-Zuschlagssatz (VtGK-Zuschlagssatz)

VtGK-Zuschlagssatz

$$\text{VtGK-Zuschlag} = \frac{\text{Vertriebsgemeinkosten}}{\text{Herstellkosten}} * 100$$

Nach der Theorie jetzt die Praxis. Kommen wir auf unseren eingangs skizzierten BAB zurück und entwicklen für die Berechnung der Zuschlagssätze ein Beispiel.

Beispiel

Als Zuschlagsgrundlagen (Bezugsgrößen) haben wir für das Fertigungsmaterial und die Fertigungslöhne fiktive Werte angenommen. In der Zeile »Zuschlagsgrundlage« sind diese Werte abgebildet. Die Herstellkosten ergeben sich aus einer eigenständigen Rechnung, die in den unten stehenden Berechnungen unter Schritt C abgebildet ist.

Gemeinkostenarten	Alle Kosten (in €)	Verteilungsschlüssel	Kostenstellen			
			Material	Fertigung	Verwaltung	Vertrieb
Gehälter	10.000	Gehaltsliste	3.000	2.000	2.500	2.500
Marketing	5.000	Rechnungen	0	2.000	0	3.000
Kalkulatorische Zinsen	4.000	Anlagevermögen	1.000	1.000	1.000	1.000
Summe der Gemeinkosten	**19.000**		**4.000 MGK**	**5.000 FGK**	**3.500 VwGK**	**6.500 VtGK**
Zuschlagsgrundlage			20.000 Fertigungsmaterial **FM**	10.000 Fertigungslöhne **FL**	39.000 Herstellkosten **HK**	39.000 Herstellkosten **HK**
Zuschlagssätze			20 %	50 %	9 %	16,7 %

Mit den gegebenen Informationen können jetzt die Berechnungen vorgenommen werden. Die Berechnungen der gesuchten %-Werte folgen dem Ablauf der vorgestellten Zuschlagssätze Schritt für Schritt. Die Lösungen stehen im BAB in der Zeile »Zuschlagssätze«.

Schritt A

$$\text{MGK-Zuschlag} = \frac{\text{Materialgemeinkosten}}{\text{Fertigungsmaterial}} * 100$$

$$\text{MGK-Zuschlagssatz} = \frac{4.000\ €}{20.000\ €} * 100 = 20\ \%$$

Schritt B

$$\text{FGK-Zuschlag} = \frac{\text{Fertigungsgemeinkosten}}{\text{Fertigungslöhne}} * 100$$

$$\text{FGK-Zuschlagssatz} = \frac{5.000\ €}{10.000\ €} * 100 = 50\ \%$$

Schritt C

Berechnung der Herstellkosten

	Fertigungsmaterial	20.000 €	
+	Materialgemeinkosten	4.000 €	(20 % von 20.000 €)
=	Materialkosten		24.000 €
	Fertigungslöhne		10.000 €
+	Fertigungsgemeinkosten	5.000 €	(50 % von 10.000 €)
=	Fertigungskosten		15.000 €

	Materialkosten	24.000 €
+	Fertigungskosten	15.000 €
=	**Herstellkosten**	**39.000 €**

Schritt D

$$\text{VwGK-Zuschlag} = \frac{\text{Verwaltungsgemeinkosten}}{\text{Herstellkosten}} * 100$$

$$\text{VwGK-Zuschlagssatz} = \frac{3.500\ €}{39.000\ €} * 100 = 9\ \%$$

Schritt E

$$\text{VtGK-Zuschlag} = \frac{\text{Vertriebsgemeinkosten}}{\text{Herstellkosten}} * 100$$

$$\text{VtGK-Zuschlagssatz} = \frac{6.500\ €}{39.000\ €} * 100 = 16{,}7\ \%$$

Mehrstufiger BAB

mehrstufiger BAB

Der mehrstufige BAB orientiert sich an dem bereits bekannten Grundschema. Im Vergleich zum einstufigen BAB ist er allerdings »komplexer«. Er enthält zusätzlich die bereits erwähnten Hilfskostenstellen (allgemeine Hilfskostenstellen und Fertigungshilfskostenstellen).

			Hilfskostensteller	
Kostenstellen			Allgemeine Hilfskostenstellen	
Gemeinkostenarten	Alle Kosten (in €)	Verteilungsschlüssel	Grundstücke und Gebäude	Kraftanlage
Betriebsstoffe	2500	Entnahmescheine	50	80
Energie	500	Verbrauch in KWh	30	60
Hilfslöhne	5000	Lohnliste	100	150
Gehälter	3000	Gehaltsliste	60	70
Kalkulatorische Abschreibungen	1200	Anlagevermögen	30	40
Sonstige	2000	Rechnungen	60	45
Summe Gemeinkosten vor Umlagen	14200		330	445
Umlage Grundstücke und Gebäude				
Umlage Kraftanlage				
Summe Gemeinkosten nach Umlage allg. Hilfskostenstellen				
Umlage Reparaturen				
Umlage Arbeitsvorbereitung				
Summe Gemeinkosten nach Umlage Fertigungshilfsstellen				
Einzelkosten Fertigungslöhne (Zuschlagsgrundlage für Fertigungshauptstellen)				
Einzelkosten Material (Zuschlagsgrundlage für Materialstelle)				
Herstellkosten (Zuschlagsgrundlage für Verwaltung und Vertrieb)				
Zuschlagssätze				

		Hauptkostenstellen				
Fertigungskostenstellen						
Fertigungs-hilfskostenstellen		Fertigungs-hauptkostenstellen				
Reparaturen	Arbeitsvorbereitung	Fertigung 1	Fertigung 2	Material	Verwaltung	Vertrieb
300	320	510	630	150	240	220
50	40	60	80	80	50	50
550	600	900	1700	300	300	400
200	280	650	710	170	400	460
140	160	280	290	80	90	90
200	160	390	285	115	300	445
1440	1560	2790	3695	895	1380	1665
66	66	33	33	33	66	33
0	0	89	89	89	89	89
1506	1626	2912	3817	1017	1535	1787
		502	1004			
		813	813			
		4227	5634	1017	1535	1787
		2000	4000			
				10000		
					26878	26878
		211,35%	**140,85%**	**10,17%**	**5,71%**	**6,65%**

Hilfskostenstellen

Hilfskostenstellen sind allgemein dadurch charakterisiert, dass sie ihre Kosten an andere Kostenstellen abgeben. Man unterscheidet grundsätzlich allgemeine Hilfskostenstellen (in unserem Beispiel sind dies »Grundstücke und Gebäude« und »Kraftanlage«) und funktionsbereichsbezogene Hilfskostenstellen (hier sind dies die Fertigungshilfskostenstellen »Reparatur« und »Arbeitsvorbereitung«). In den *allgemeinen Hilfskostenstellen* werden Leistungen für den gesamten Betrieb erbracht. *Funktionsbereichsbezogene Hilfskostenstellen* arbeiten hingegen als spezielle Hilfskostenstellen exklusiv für bestimmte Unternehmensbereiche (in unserem Fall ist dies die Fertigungshauptkostenstelle, die von den Hilfskostenstellen »Reparatur« und »Arbeitsvorbereitung« tatkräftig unterstützt werden).

allgemeine und funktionsbereichsbezogene Hilfskostenstellen

Hauptkostenstellen

Hauptkostenstellen sind in unserem Beispiel die betrieblichen Funktionsbereiche »Material«, »Fertigung«, »Verwaltung« und »Vertrieb«. Sie bilden organisatorisch das eigentliche Leistungsprogramm des Betriebs ab und erbringen – im Gegensatz zu den Hilfskostenstellen – ihre Leistungen nicht für andere Kostenstellen, sondern für die Kostenträger (Produkte).

Der erste Bereich des mehrstufigen BABs (bis zur *»Summe der Gemeinkosten vor Umlagen«)* entspricht dem Ihnen bereits bekannten Vorgehen beim einstufigen BAB.

Jetzt »zündet« gewissermaßen die zweite Stufe: In einem weiteren Schritt werden die Kosten der Hilfskostenstellen auf die Hauptkostenstellen umgelegt. Dieses Vorgehen wird auch als *innerbetriebliche Leistungsverrechnung* bezeichnet. Diesen Begriff kennen Sie bereits. Jetzt wollen wir den Begriff mit Inhalten füllen.

Stufe 2 = innerbetriebliche Leistungsverrechnung

Definition

> Innerbetriebliche Leistungen sind interne Leistungen eines Betriebs, die nicht für den Verkauf bestimmt sind, aber dennoch zur Erreichung des Betriebszwecks notwendig sind (z. B. Gebäude, Grundstücke, Energiegewinnung, Betriebsfeuerwehr, Kantine).

Zweck der innerbetrieblichen Leistungsverrechnung

Der Zweck der innerbetrieblichen Leistungsverrechnung ist, dass die in den Hilfskostenstellen entstandenen Gemeinkosten auf die Kostenstellen des Betriebs umgelegt werden, die entsprechende Leistungen erhalten haben.

Kostenstellen			Hilfskostensteller	
			Allgemeine Hilfskostenstellen	
Gemeinkostenarten	Alle Kosten (in €)	Verteilungs-schlüssel	Grundstücke und Gebäude	Kraftanlage
Betriebsstoffe	2500	Entnahmescheine	50	80
Energie	500	Verbrauch in KWh	30	60
Hilfslöhne	5000	Lohnliste	100	150
Gehälter	3000	Gehaltsliste	60	70
Kalkulatorische Abschreibungen	1200	Anlagevermögen	30	40
Sonstige	2000	Rechnungen	60	45
Summe Gemeinkosten vor Umlagen	14200		330	445
Umlage Grundstücke und Gebäude				
Umlage Kraftanlage				
Summe Gemeinkosten nach Umlage allg. Hilfskostenstellen				
Umlage Reparaturen				
Umlage Arbeitsvorbereitung				
Summe Gemeinkosten nach Umlage Fertigungshilfsstellen				
Einzelkosten Fertigungslöhne (Zuschlagsgrundlage für Fertigungshauptstellen)				
Einzelkosten Material (Zuschlagsgrundlage für Materialstelle)				
Herstellkosten (Zuschlagsgrundlage für Verwaltung und Vertrieb)				
Zuschlagssätze				

			Hauptkostenstellen				
	Fertigungskostenstellen						
	Fertigungs-hilfskostenstellen		Fertigungs-hauptkostenstellen				
	Reparaturen	Arbeitsvor-bereitung	Fertigung 1	Fertigung 2	Material	Verwaltung	Vertrieb
	300	320	510	630	150	240	220
	50	40	60	80	80	50	50
	550	600	900	1700	300	300	400
	200	280	650	710	170	400	460
	140	160	280	290	80	90	90
	200	160	390	285	115	300	445
	1440	1560	2790	3695	895	1380	1665
······►	66	66	33	33	33	66	33
······►	0	0	89	89	89	89	89
	1506	1626	2912	3817	1017	1535	1787
			► 502	1004			
			► 813	813			
			4227	5634	1017	1535	1787
			2000	4000			
					10000		
						26878	26878
			211,35%	**140,85%**	**10,17%**	**5,71%**	**6,65%**

Visualisierung durch Pfeile

Die innerbetriebliche Leistungsverrechnung (graues Feld) haben wir Ihnen in Form von Pfeilen visualisiert. Wie Sie sehen, gibt beispielsweise die allgemeine Hilfskostenstelle »Grundstücke und Gebäude« ihre Kosten an die nachfolgenden Fertigungshilfs- und sämtliche Hauptkostenstellen wie folgt weiter:

Beispiel

Fertigungshilfskostenstelle »Reparaturen«	66 €
Fertigungshilfskostenstelle »Arbeitsvorbereitung«	66 €
Hauptkostenstelle »Fertigung 1«	33 €
Hauptkostenstelle »Fertigung 2«	33 €
Hauptkostenstelle »Material«	33 €
Hauptkostenstelle »Verwaltung«	66 €
Hauptkostenstelle »Vertrieb«	33 €
Summe	330 €

Entsprechend verhält es sich bei den anderen Hilfskostenstellen.

EXKURS: Verfahren der innerbetrieblichen Leistungsverrechnung
Für die Umlage der Kosten kennt die Theorie verschiedene Ansätze. Wir stellen Ihnen zwei einfache Methoden vor:

- das Anbauverfahren und
- das Stufenleiterverfahren.

Anbauverfahren

Beim *Anbauverfahren* werden die Kosten der Hilfskostenstellen unmittelbar (direkt) auf die Hauptkostenstellen umgelegt. Eine Berücksichtigung innerbetrieblicher Leistungsbeziehungen zwischen den einzelnen Hilfskostenstellen erfolgt nicht. Die Berechnung erfolgt also lediglich auf Basis der Leistungen, die die Hauptkostenstellen erhalten.

Stufenleiterverfahren

Beim *Stufenleiterverfahren* hingegen erfolgt eine Verrechnung unter den Hilfskostenstellen. Die innerbetriebliche Leistungsverrechnung der Hilfskostenstellen läuft dabei allerdings nur in eine Richtung (von links nach rechts). Es gibt somit keine Rückrechnung.

Die Anordnung der Hilfskostenstellen muss daher entsprechend den Leistungsbeziehungen der Hilfskostenstellen untereinander vorgenommen werden, d. h., die Hilfskostenstellen müssen so angeordnet werden, dass die »Reihe« der Kostenstellen mit den Stellen beginnt, die überwiegend oder ausschließlich innerbetriebliche Leistungen abgeben und nur in geringem oder keinem Maße Leistungen empfangen.

In unserem Beispiel-BAB wurde zur Umlage der allgemeinen Hilfskostenstellen das Stufenleiter- und zur Umlage der Fertigungshilfskostenstellen das Anbauverfahren angewandt.
EXKURS Ende

Berechnung der Zuschlagssätze

Die Berechnung der einzelnen Zuschlagssätze erfolgt in der Ihnen bekannten Art und Weise. Die erforderlichen Zuschlagsgrundlagen (»Einzelkosten Fertigungslöhne«, »Einzelkosten Material« und »Herstellkosten«) finden Sie im unteren Bereich unseres mehrstufigen BABs.

Kostenkontrolle

Abweichungsanalyse

Der BAB kann zur Kostenkontrolle der einzelnen Kostenstellen herangezogen werden. Abweichungsanalysen mit BABs aus früheren Perioden informieren über mögliche Kostenabweichungen. Gegenmaßnahmen im Sinne einer effektiveren Kostensteuerung können dann unter Umständen durch das Kostenmanagement eingeleitet werden.

Ein Trost: Der BAB ist ein Hilfsmittel zur manuellen Durchführung der Betriebsabrechnung. Da die Betriebsabrechnung heute i. d. R. EDV-gestützt erfolgt, ist der BAB in dieser Form nicht mehr gebräuchlich.

Zusammenfassung:
Die Kostenartenrechnung stellt die Kostenarten, die in einer bestimmten Zeitperiode angefallen sind, in das Zentrum ihrer Betrachtung. Die Kostenstellenrechnung leitet Kosten in die Kostenträgerrechnung über. Das zentrale Instrument der Kostenstellenrechnung ist der BAB. Die Kosten der Hauptkostenstellen können als Grundlage für die Bildung von Zuschlagssätzen herangezogen werden.

Für das Kostenmanagement ist die Kostenstellenrechnung von großer Bedeutung. In Erweiterung zur Kostenartenrechnung können hier diverse Informationen gewonnen werden, die Aussagen und Interpretationen zu kostenstellenbezogenen Kostenentwicklungen erlauben.

3.4 Kostenträgerrechnung

Grundsätzliches

Kostenträger stehen im Blickpunkt

Nach der Durchführung der Kostenarten- und Kostenstellenrechnung stellt die Kostenträgerrechnung fest, welche Kostenträger (Produkte und Dienstleistungen) die angefallen Kosten »tragen«.

Varianten der Kostenträgerrechnung

Die Kostenträgerrechnung kann als
- Kostenträgerzeitrechnung oder als
- Kostenträgerstückrechnung

durchgeführt werden.

Kostenträgerzeitrechnung

Kostenträgerzeit-rechnung = Ermittlung Betriebsergebnis

Die Kostenträgerzeitrechnung erfasst die Kosten und Leistungen eines Zeitabschnitts. Diese Rechnung stellt die gesamten Kosten einer Periode den Leistungen gegenüber und ermittelt das Betriebsergebnis für diesen Zeitraum.

Damit wird die Kostenrechnung zur Erfolgsrechnung. Da der Erfolg in der Regel kurzfristig ermittelt wird, spricht man in diesem Zusammenhang auch von der kurzfristigen Erfolgsrechnung.

Beispiel

Beispiel:
Ein Unternehmen verkauft in einem Monat Waren für 1.000.000 € (= Leistungen). In demselben Zeitraum fielen Kosten in Höhe von 500.000 € an. Das Betriebsergebnis beträgt somit 500.000 €.

Kostenträgerstückrechnung

Kostenträger-stückrechnung = Ermittlung Stückkosten

Die Kostenträgerstückrechnung dient der Ermittlung der Stückkosten der einzelnen Kostenträger. Diese Stückkosten entsprechen den Selbstkosten pro Leistungseinheit. Die Selbstkosten sind ein zentraler Bestandteil der Kalkulation. Die Kostenträgerstückrechnung verfügt über verschiedene Kalkulationsarten.

Kalkulationsarten

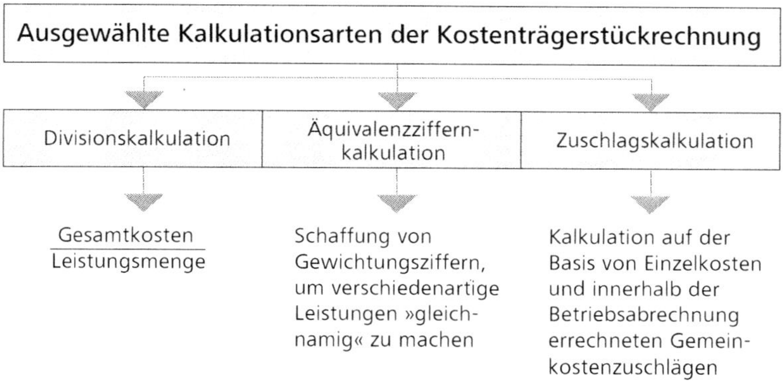

Kalkulationsrechnungen sind teilweise recht komplizierte Rechnungen. Daher beschränken wir uns auf die Darstellung der Divisions- und Zuschlagskalkulation.

Die Divisionskalkulation

Divisionskalkulation

Die Divisionskalkulation ist die einfachste der angeführten Kalkulationsarten.

Beispiel:

Beispiel

Eine Werbeagentur produziert für die Sparkasse 1.000 Werbekugelschreiber. Diese sollen auf einem dörflichen Sportfest verteilt werden. Die Herstellkosten für alle Werbekugelschreiber, die in unserem Fall den Selbstkosten (= Addition aller Kosten) entsprechen, belaufen sich für die Produktion auf 400 €.

Die Selbstkosten für jeden Kostenträger (= Werbekugelschreiber) bzw. die Stückkosten betragen damit

$$= \frac{400\text{ € (Gesamtkosten)}}{1000\text{ (Werbekugelschreiber)}}$$

$$= 0{,}40\text{ € pro Werbekugelschreiber}$$

Preisbildung

Anhand des errechneten Ergebnisses kann die Werbeagentur einen Preis festlegen. Der Preis ergibt sich als Summe aus den Stückkosten zuzüglich eines definierten Gewinns.

Beispiel

Beispiel:

	Stückkosten	0,40 €
+	Gewinn	0,15 €
=	(Verkaufs-)Preis	0,55 €

Der (Verkaufs-)Preis für einen Werbekugelschreiber beläuft sich auf 0,55 €.

Die Zuschlagskalkulation

Zuschlagskalkulation

Die Zuschlagskalkulation stellt den Bezug zu den im Abschnitt BAB aufgeführten Zuschlagssätzen her und verdeutlicht damit ergänzend die Thematik. Wie bei der Divisionskalkulation werden bei der Zuschlagskalkulation die Selbstkosten des Kostenträgers ermittelt. Die Selbstkosten sind auch hier die Grundlage für die Preisberechnung.

getrennte Verarbeitung von Einzel- und Gemeinkosten

Die Zuschlagskalkulation verarbeitet die Einzel- und Gemeinkosten getrennt. Dabei wird unterstellt, dass die Einzel- und Gemeinkosten einer Leistung in einem bestimmten Verhältnis zueinander stehen.

Der rechnerische Ablauf der Zuschlagskalkulation vollzieht sich wie folgt. Die Einzelkosten (z. B. Materialeinzelkosten) werden dem Kostenträger direkt zugeordnet. Die den jeweiligen Einzelkosten zuzurechnenden Gemeinkosten (z. B. die Materialgemeinkosten werden den Materialkosten zugeordnet), werden dem Kostenträger über die im BAB ermittelten Zuschläge (z. B. Materialgemeinkostenzuschlag) zugewiesen.

Zuschlagskalkulation erfordert Kostenstellenrechnung

An dieser Stelle wird deutlich, dass die Zuschlagskalkulation ohne Kostenstellenrechnung (d.h. ohne BAB) nicht durchführbar ist.

Schauen Sie sich jetzt die theoretische Gesamtabfolge der Zuschlags-kalkulation an.

Kalkulationsschema Zuschlagskalkulation

	Materialeinzelkosten
+	Materialgemeinkostenzuschlag
=	**Materialkosten**

	Fertigungslöhne
+	Fertigungsgemeinkostenzuschlag
=	**Fertigungskosten**

	Materialkosten
+	Fertigungskosten
=	**Herstellkosten**

	Herstellkosten
+	Verwaltungsgemeinkostenzuschlag
+	Vertriebsgemeinkostenzuschlag
=	**Selbstkosten**

	Selbstkosten
+	Gewinn
=	**Preis**

Beispiel zur Zuschlagskalkulation

Füllen wir jetzt das Kalkulationsschema mit Leben. Bei einem Fahrradhersteller fallen für die Produktion eines bestimmten Fahrrades die nachstehenden Kosten (pro Fahrrad) an:

Materialeinzelkosten	150 €
Fertigungslöhne	200 €

Die Zuschlagssätze wurden unserem Beispiel-BAB entnommen (vgl. Seite 179).

	Materialeinzelkosten	150,00 €	
+	Materialgemeinkostenzuschlag	30,00 €	(= 20 % von 150,00 €)
=	**Materialkosten**	**180,00 €**	
	Fertigungslöhne	200,00 €	
+	Fertigungsgemeinkostenzuschlag	100,00 €	(= 50 % von 200,00 €)
=	**Fertigungskosten**	**300,00 €**	
	Materialkosten	180,00 €	
+	Fertigungskosten	300,00 €	
=	**Herstellkosten**	**480,00 €**	
	Herstellkosten	480,00 €	
+	Verwaltungsgemeinkostenzuschlag	43,20 €	(= 9 % von 480,00 €)
+	Vertriebsgemeinkostenzuschlag	80,16 €	(= 16,7 % von 480,00€)
=	**Selbstkosten**	**603,36 €**	
	Selbstkosten	603,36 €	
+	Gewinn	195,64 €	
=	**Preis**	**799,00 €**	

Nach erfolgter Zuschlagskalkulation ergibt sich zuzüglich des Gewinns ein (Verkaufs-)Preis von 799 €.

KLR als Instrument zur Preisfindung

Sie konnten erkennen, dass die KLR ein unverzichtbares Instrument der Preisfindung und darüber hinaus der Kostensteuerung ist. Die Zuschlagskalkulation ermöglicht es insbesondere, mit dem »spitzen Bleistift« zu kalkulieren. Das ist eindeutig von Vorteil.

Zusammenfassung:
Die Kostenträgerrechnung verfügt über die Kostenträgerzeitrechnung (Betriebsergebnis) und die Kostenträgerstückrechnung (Kalkulation). Wesentliche Formen der Kostenträgerstückrechnung sind die Divisions-, die Äquivalenzziffern- und die Zuschlagskalkulation.

4. Die Deckungsbeitragsrechnung (DBR)

DBR ist eine Teilkostenrechnung

Die DBR ist eine Teilkostenrechnung. Sie wird in Unternehmen u. a. für die Bereiche Planung, Entscheidung und Kontrolle als unterstützendes Instrument herangezogen.

Kalkulation

Ein häufiger Aufgabenbereich der DBR ist die Preiskalkulation. Dabei interessiert insbesondere, ob es rentabel ist, einen zusätzlichen Auftrag anzunehmen oder nicht.

Fixkosten bleiben unberücksichtigt

Als Teilkostenrechnung berücksichtigt die DBR nicht die Fixkosten. Neben den variablen Kosten bezieht die DBR die Erlöse ein.

Die Grundformel der DBR lautet:

Grundformel

$$\text{Deckungsbeitrag} = \text{Erlöse} - \text{variable Kosten}$$

oder

$$DB = (p * x) - K_V$$

Beim Deckungsbeitrag handelt es sich folglich um die Differenz zwischen den Erlösen und den variablen Kosten. Ein positiver Deckungsbeitrag eines Produktes oder einer Dienstleistung stellt somit einen Überschuss des erzielten Verkaufserlöses über die variablen Kosten dar. Damit kann dann ein Teil der anfallenden fixen Kosten »gedeckt« werden. Deckungsbeiträge subventionieren also fixe Kosten.

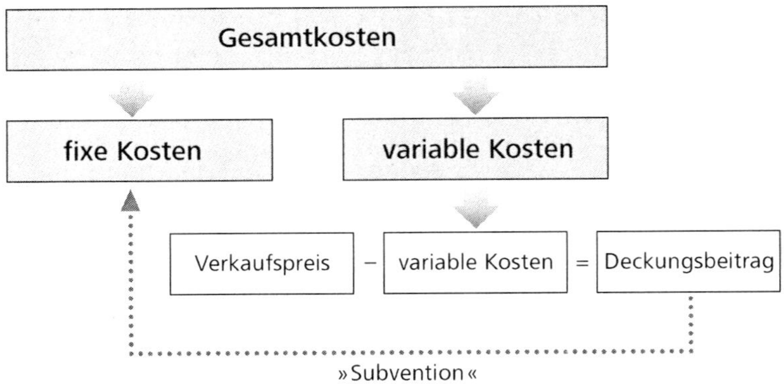

Beispiel:

Beispiel

Stellen Sie sich einen klassischen Imbissbetrieb vor. Der Betrieb »Wurst-Barone« verkauft Bratwürste für 1,80 € das Stück. Die anteiligen variablen Kosten (Wurst, Senf etc.) betragen pro Stück 0,90 €. Daraus ergibt sich die nachstehende Rechnung:

$$DB = (p * x) - K_V$$

$$DB = (1{,}80\ € * 1) - 0{,}90\ €$$

Der Deckungsbeitrag für die verkaufte Bratwurst beträgt damit 0,90 €.

Unterschiede zur Vollkostenrechnung

In der Vollkostenrechnung sind die Kosten die Grundlage der Kalkulation (Selbstkosten + Gewinn = Preis) und bestimmen den Preis der Leistung. Die Divisions- und die Zuschlagskalkulation zählen zur Vollkostenrechnung.

In der Deckungsbeitragsrechnung als Teilkostenrechnung hingegen ist der Marktpreis der Leistung die Grundlage der Kalkulation. Nach Abzug der variablen Kosten vom Preis ergibt sich der Deckungsbeitrag (siehe auch oben) als Gewinnbestandteil ohne Berücksichtigung der Fixkosten. Beziehen wir die Fixkosten ein, und brechen wir den Deckungsbeitrag auf die kleinste Leistungsebene, d.h. das Stück, herunter, ergibt sich folgende Formel:

Betriebsergebnis = Stückdeckungsbeitrag * Menge – fixe Kosten

oder

$$BE = db * x - K_{fix}$$

wobei db (Stückdeckungsbeitrag) $= p - k_V$

Einfluss DB auf Betriebsergebnis

Die Formel verdeutlicht den unmittelbaren Einfluss des Deckungsbeitrags auf das Betriebsergebnis. Es ist erkennbar, das ein rückläufiger Absatz (x) zu sinkenden Deckungsbeiträgen (db * x), und damit bei konstanten Fixkosten zu einem kleineren oder negativen Betriebsergebnis führt.

Beispiel:

Beispiel

Bleiben wir bei den »Wurst-Baronen«. Wir unterstellen zwei verschiedene Absatzmengen (Absatzmenge 1 = 15.000 Stück; Absatzmenge 2 = 10.000 Stück). Die fixen Kosten betragen 10.000 €.

	Betriebsergebnis bei Absatzmenge 1				
=	db Bratwurst	*	Absatzmenge 1	–	fixe Kosten
=	0,90 €	*	15.000 Stück	–	10.000 €
=	13.500 €	–	10.000 €		
=	+ 3.500 €				

	Betriebsergebnis bei Absatzmenge 2				
=	db Bratwurst	*	Absatzmenge 2	–	fixe Kosten
=	0,90 €	*	10.000 Stück	–	10.000 €
=	9.000 €	–	10.000 €		
=	– 1.000 €				

Bei gleichen Preisen und fixen Kosten führt der Rückgang der Absatzmenge von 15.000 Stück auf 10.000 Stück zu einem negativen Betriebsergebnis.

Maßnahmen zur Verbesserung des Betriebsergebnisses

Maßnahmen

Was können Unternehmen tun, um ein negatives Betriebsergebnis wieder in Schwung zu bringen?

- Eine Möglichkeit ist, die variablen Kosten zu senken. So könnten die »Wurst-Barone« beispielsweise versuchen, einen günstigeren Lieferanten zu finden, um so den Stückdeckungsbeitrag einer Bratwurst zu erhöhen.
- Man kann die fixen Kosten verringern (z. B. durch geringere Standplatzgebühr).
- Eine dritte Möglichkeit bezieht sich auf den Zusammenhang zwischen Preis und abgesetzter Menge (Stichwort Preis-Absatz-Funktion; dazu später mehr). So ist es denkbar, dass durch die Verringerung des Verkaufpreises der Absatz an Bratwürsten steigt.

Wie wirkt sich die Auslastung in der Kalkulation aus?

Soll ein zusätzlicher Auftrag angenommen werden?

Der Deckungsbeitrag dient als Basis für viele betriebswirtschaftliche Entscheidungen. Eine weitere wichtige Frage für den Unternehmer ist: Soll ein zusätzlicher Auftrag angenommen werden oder nicht?

Zusatzauftrag nur bei positivem Deckungsbeitrag

Wenn die Deckungsbeitragsrechnung zur Berechnung eines Zusatzauftrags zum Einsatz kommt, muss der Unternehmer vorab die Kapazitätssituation (ob er bereits voll ausgelastet ist) prüfen. Hat er noch freie Kapazitäten, sollte der Unternehmer den Zusatzauftrag nur annehmen, wenn damit ein positiver Deckungsbeitrag erzielt werden kann.

Beispiel:

Beispiel

Unser Imbiss »Wurst-Barone« hat bei einer Absatzmenge von 10.000 Stück (»Absatzmenge 2«) ein negatives Betriebsergebnis von

– 1.000 € erwirtschaftet. Nehmen Sie an, dass der Betrieb erst bei 15.000 Bratwürsten voll ausgelastet ist. Ein in der Nähe angesiedeltes Großunternehmen macht den »Wurst-Baronen« ein Angebot. Sie kaufen für eine Hauptversammlung der Aktionäre 5.000 Bratwürste zu einem Stückpreis von 1,20 €. Der Deckungsbeitrag »Zusatzauftrag« pro Bratwurst errechnet sich folgendermaßen:

$$db = p - k_{var}$$

$$db = 1{,}20\ € - 0{,}90\ €$$

$$db = 0{,}30\ €$$

Durch den Zusatzauftrag werden somit zusätzliche Einnahmen in Höhe von 0,30 € * 5.000 Stück = 1.500 € erzielt. Somit sieht das Betriebsergebnis wie folgt aus:

Betriebsergebnis bei Absatzmenge 2

=	db Bratwurst	*	Absatzmenge 2	–	fixe Kosten
=	0,90 €	*	10.000 Stück	–	10.000€
=	9.000 €	–	10.000 €		
=	– 1.000 €				

Zusatzauftrag

=	db Bratwurst	*	Menge »Zusatzauftrag«
=	0,30 €	*	5.000 Stück
=	1.500 €		

Betriebsergebnis mit Zusatzauftrag

=	– 1.000 €	+	1.500 €
=	+ 500 €		

Durch den Zusatzauftrag konnten sich die »Wurst-Barone« aus den roten Zahlen retten. Das Betriebsergebnis beträgt nun + 500 €.

Zur Not könnten die »Wurst-Barone« bei freien Kapazitäten ihre Würstchen für 0,91 € pro Stück verkaufen, denn bei diesem Preis erzielen sie noch einen Stückdeckungsbeitrag von 1 Cent. Dieser 1 Cent kann dann die Fixkosten decken. Man sagt doch nicht umsonst: »Kleinvieh macht auch Mist« oder »steter Tropfen höhlt den Stein«.

Ausweitung der Kapazität = Erhöhung der fixen Kosten

Anders sieht die Angelegenheit aus, wenn die »Wurst-Barone« bereits an ihrer Kapazitätsgrenze sind.

Dann müssten sie zusätzliche Kapazität schaffen, z. B. einen weiteren Grill anschaffen, um den Zusatzauftrag anzunehmen. Dadurch würden automatisch auch die Fixkosten steigen.

Preisuntergrenzen

Für ein Unternehmen ist es nicht nur wichtig, den kalkulierten Verkaufspreis eines Produkts oder einer Dienstleistung festzulegen, sondern das Management muss auch die Preisuntergrenze der Leistung kennen, um auf Marktveränderungen (z. B. Konkurrenz- bzw. Dumpingpreise) reagieren zu können.

Unter Hinzuziehung der fixen Kosten lassen sich aus der DBR die langfristige und kurzfristige Preisuntergrenze einer Leistung bestimmen.

langfristige Preisuntergrenze

Kommen wir zuerst zur langfristigen Preisuntergrenze. Sie legt den Preis fest, der zu kostendeckenden Erlösen führt. Konkret bedeutet dies, dass der Stückpreis der Leistung den fixen und variablen Kosten pro Stück entspricht.

Langfristige Preisuntergrenze:

$$\text{Preis (p)} = k_{var} + k_{fix}$$

Beispiel:

Beispiel

Der Friseur »Meister Fritsche« kalkuliert für einen Haarschnitt die langfristige Preisuntergrenze. Die internen Kosten für einen Haarschnitt betragen 10 €. Sie setzen sich aus 6 € variablen Kosten und 4 € Fixkosten zusammen.

Es kann folgende Rechnung aufgestellt werden.

$$\text{Preis (p)} = k_{var} + k_{fix}$$

$$\text{Preis (p)} = 6\text{ €} + 4\text{ €}$$
$$\text{Preis (p)} = 10\text{ €}$$

Der Haarschnitt muss langfristig für mindestens 10 € angeboten werden. Zu diesem Preis sind zwar die Fixkosten und variablen Kosten gedeckt, allerdings erzielt Meister Fritsche keinen Gewinn (Der Deckungsbeitrag ist gleich Null). Dafür kann der Friseur seinen Betrieb aufrechterhalten und auf bessere Zeiten hoffen.

kurzfristige Preisuntergrenze

Die kurzfristige Preisuntergrenze geht einen Schritt weiter als die langfristige Preisbetrachtung. Neben der auch hier fehlenden Gewinnmarge lässt sie die fixen Kosten außen vor. Im Klartext heißt das: Die kurzfristige Preisuntergrenze entspricht dem Preis, der die variablen Kosten der Leistung deckt.

Kurzfristige Preisuntergrenze:

$$\text{Preis (p)} = k_{var}$$

Beispiel

Auf das oben stehenden Beispiel bezogen ergibt sich jetzt folgendes:

$$\text{Preis (p)} = k_{var}$$
$$\text{Preis (p)} = 6\text{ €}$$

Die kurzfristige Preisuntergrenze entspricht dem Preis, der die variablen Kosten der Leistung »Haarschnitt« deckt. Kurzfristig kann also für 6 € angeboten werden. Auch hier kann Meister Fritsche auf bessere Zeiten hoffen. Allerdings müssen sie rasch kommen, da die anfallenden fixen Kosten zu Lasten der bestehenden Liquidität bzw. der Deckungsbeiträge anderer Leistungen (z. B. Haare färben) gehen.

Gewinn ist überlebenswichtig

Egal wie sich ein Unternehmen entscheidet, auf lange Sicht muss ein Preis erzielt werden, der sämtliche Kosten des Unternehmens – das heißt alle variablen und alle fixen Kosten – und einen gewünschten Mindestgewinn abdeckt.

Es gibt jedoch Fälle (z. B. Auslastung freier Kapazitäten, s. o.), wo es sich lohnt, ausschließlich die variablen Kosten bei der Preiskalkulation zu berücksichtigen (die variablen Kosten bilden dann zugleich die kurzfristige Preisuntergrenze). Jeder Preis, der dann über den zusätzlich anfallenden variablen Kosten liegt, verbessert das Betriebsergebnis.

Auf kurze Sicht kann somit ein Preis gewinnbringend sein, der auf lange Sicht das Unternehmen ruinieren würde – dies allerdings nur dann, wenn unerwünschte Nebenwirkungen den positiven Effekt nicht zunichte machen.

unerwünschte Nebenwirkungen

Beispiele für unerwünschte Nebenwirkungen:

- Kunden gewöhnen sich sehr schnell an einen niedrigen Preis und sind oft nicht mehr bereit, eine Erhöhung des Preises auf das Normalniveau zu akzeptieren.
- Regulär bezahlende Kunden fühlen sich hintergangen, wenn sie erfahren, dass andere für die gleiche Leistung viel weniger bezahlt haben.
- Die Glaubwürdigkeit und der Ruf des Unternehmens bzw. seines Angebots werden ggf. geschädigt: Etwas, was so billig ist, kann doch nichts wert sein!

- Das Personal ist aufgrund eines möglichen »Massenansturms« zumeist überlastet und unzufrieden.

Da der Preis zu den sensibelsten Entscheidungen gehört, die ein Unternehmen zu treffen hat, ist eine genaue Abwägung aller Chancen und Risiken unbedingt notwendig.

Zusammenfassung:
Die DBR ist eine Teilkostenrechnung. Die Deckungsbeitragsrechnung dient auch der Kalkulation.

Kurzfristig ist die deckungsbeitragsorientierte Kalkulation von existenzieller Bedeutung. Das Unternehmen muss den Mindestpreis (Preisuntergrenze) seiner Produkte kennen, bei dem ein Deckungsbeitrag größer bzw. gleich Null erzielt wird. Nur so können zusätzliche Aufträge zur Kapazitätsauslastung generiert oder Preissenkungen bei Absatzschwierigkeiten vorgenommen werden.

Langfristig muss ein Unternehmen in der Lage sein, sämtliche Kosten zu decken und Gewinn zu erzielen.

5. Märkte und Preise

5.1 Der Markt

der Markt

Jeder Ort, an dem Güter und Dienstleistungen angeboten und nachgefragt werden, bezeichnet man als Markt. Ein Markt setzt generell das Zusammentreffen von kaufkräftiger Nachfrage und lieferfähigem Angebot voraus.

Es lässt sich folgende Formel aufstellen:

Grundformel

Markt = Angebot + Nachfrage

Am Markt findet der Ausgleich zwischen Angebot und Nachfrage statt. Der Markt ist ein Ort, wo sich als Ergebnis des Marktgeschehens ein Preis bildet.

Preis

Wertmaßstab

Knappheitsindikator

Der Preis eines Gutes (z. B. Produkt oder Dienstleistung) ist die Zahl der Geldeinheiten (z. B. Euro oder Dollar), die ein Käufer für eine Mengeneinheit entrichten muss. Somit fungieren Preise einerseits als *Wertmaßstab* für Güter, andererseits sind Preise *Indikatoren* für die *Knappheit* von Gütern – gemessen an den verfügbaren Mengen (Angebot) und am Bedarf (Nachfrage).

Beispiel:

Beispiel

Steigt die Nachfrage nach bestimmten Rohstoffen (z. B. Öl) und kann das Angebot nicht entsprechend des Bedarfs »mitziehen«, dann wird diese Knappheitssituation über höhere Preise ausgeglichen.

Märkte können sehr verschieden sein. Allgemein unterscheiden sich Märkte nach

verschiedene Märkte

- der Art der Güter (z. B. Warenmärkte, Arbeitsmärkte, Kapitalmärkte),
- räumlich-zeitlichen Gesichtspunkten (z. B. regionaler Markt, internationaler Markt, Wochenmarkt, Jahrmarkt),
- den Marktzutrittsmöglichkeiten (z. B. offene, beschränkte und geschlossene Märkte) und
- dem Ausmaß staatlicher Marktbeeinflussung (z. B. staatliche Konzessionen).

Die Volkswirtschaftslehre erklärt häufig gesamtwirtschaftliche Sachzusammenhänge durch so genannte Marktmodelle. Eben ein solches Modell beschreibt den vollkommenen Markt.

vollkommener Markt = vollkommene Konkurrenz

Ein Markt wird als vollkommen bezeichnet, wenn die nachstehenden Merkmale zutreffen:

- Gleichartigkeit der Güter
- Zahl der Betriebe und Nachfrager sehr groß
- Alle Beteiligten verhalten sich rational
- Keine räumlichen oder persönlichen Vorzüge (homogene Güter)
- Unendliche Reaktionsgeschwindigkeit
- Vollständige Marktübersicht
- Zeitliche Übereinstimmung von Angebot und Nachfrage
- Keine rechtlichen oder tatsächlichen Marktzutrittsbeschränkungen
- Keine Kartellverbote

Der vollkommene Markt ist mit der vollkommenen Konkurrenz gleichzusetzen.

5.2 Marktformen

Wesentliche Marktformen

Marktformen

Grundsätzlich gibt es eine Vielzahl denkbarer Marktformen, die für die Preisbildung von Bedeutung sind. Die jeweilige Marktform gibt Auskunft über die Angebots- und Nachfragestruktur eines Marktes.

Marktformen werden grob in die Bereiche Monopol, Oligopol und Polypol unterteilt.

Die genannten Marktformen können entweder aus der Angebotsseite oder aus der Nachfrageseite reflektiert werden.

Die Angebotsseite des Marktes

Monopol

Konzentrieren wir uns zunächst auf die Angebotsseite und dort zuerst auf die bekannteste Marktform, das Monopol. Den Begriff haben Sie sicherlich schon des Öfteren (und vermutlich im negativen Sinne) in den Medien gehört, gesehen oder gelesen. Oder Sie haben schon einmal Monopoly gespielt? Trifft das eine oder das andere zu, ist Ihnen bewusst, dass Monopolisten immer nur das eine wollen: Sie möchten den Markt beherrschen.

Im Idealfall wollen sie ein so genanntes Angebotsmonopol. Ein Angebotsmonopol ist ein Monopol, bei dem es nur einen Anbieter gibt, aber viele Nachfrager am Markt auftreten. Wir können uns vorstellen, dass die Wahrscheinlichkeit, ein solches Monopol unter marktwirtschaftlichen Bedingungen zu realisieren gegen Null tendiert.

Beispiel:

Beispiel

Erinnern Sie sich noch an das Deutsche Zündholzmonopol? Das Zündwarenmonopol wurde erst zum 15. Januar 1983 nach 53 Jahren aufgehoben. Bis dahin konnte man in Deutschland nur die Streichhölzer der staatlichen Monopolgesellschaft, die so genannten »Welthölzer« kaufen. Das war ein klassisches Angebotsmonopol.

Monopolistische Strukturen gibt es allerdings noch im Ansatz in den sich auflösenden bzw. den aufgelösten deutschen Staatsunternehmen. Ein Beispiel in diesem Zusammenhang ist die Deutsche Post (Briefmarken).

Preisspielraum eines Monopolisten

Der Preisspielraum ist hier für den Anbieter (Monopolisten) aufgrund des fehlenden Wettbewerbs besonders hoch. Ein klassischer Angebotsmonopolist kann theoretisch den Preis diktieren. Seine Kalkulation verliert somit an Bedeutung.

Polypol
Oligopol

Polypole und Oligopole unterscheiden sich vom Angebotsmonopol insbesondere dadurch, dass mehr als ein Anbieter auftritt. Beim Oligopol sind es *wenige* Anbieter (z. B. Energieversorger), beim Polypol sind es *viele* Anbieter (z. B. Schreinereien, Metzgereien, Autohändler).

Preisspielraum eines Polypolisten bzw. Oligopolisten

Aufgrund der Marktsituation beim Polypol ist der Preisspielraum für das anbietende Unternehmen nicht groß. Anbieter und Nachfrager passen sich einem so genannten Gleichgewichtspreis an. Da es beim Oligopol nur wenige Anbieter gibt, ist der Preisspielraum größer als beim Polypol.

Die Nachfrageseite des Marktes

Für unsere Betrachtung bleibt noch die Nachfrageseite von Relevanz. Denn erinnern Sie sich, ein Markt definiert sich aus dem Vorhandensein der Komponenten Angebot und Nachfrage.

Im Prinzip können Sie die Nachfrageseite aus dem gleichen Blickwinkel betrachten wie die Angebotsseite. Allerdings hat sich bei dieser Betrachtung, wenn Sie so wollen, das Vorzeichen geändert.

Monopson

Fragt nur *ein* Marktteilnehmer eine Leistung am Markt nach (bei vielen Anbietern), liegt ein so genanntes Nachfragemonopol (Monopson) vor. Treten wenige Nachfrager einer Leistung in den Markt ein

Oligopson (bei vielen Anbietern), sprechen wir von einem Nachfrageoligopol (Oligopson). Viele Nachfrager und viele Anbieter sind, wie aus der Anbietersicht, wieder ein Polypol.

Beispiel

Beispiel:
Monopson:
Staatliche Institutionen vergeben Aufträge an die Privatwirtschaft.
Oligopson:
Energieversorger vergeben Aufträge an die Privatwirtschaft.

Preisspielräume

Und wie ist es hier mit der Preisbildung? Die Preisbildung verhält sich wie die oben beschriebene Angebotsseite – natürlich unter geändertem Vorzeichen. Das bedeutet zum Beispiel, dass ein Nachfragemonopolist genauso den Preis bestimmen kann wie ein Angebotsmonopolist.

Grundsätzlich können noch weitere Anbieter / Nachfrager bzw. Nachfrager / Anbieter-Konstruktionen geschaffen werden. Wir wollen den theoretischen Faden aber nicht zu weit spannen.

preisbeeinflussende Faktoren

Entscheidend für uns ist, dass Preise über kalkulatorische Ansprüche hinweg auch und insbesondere durch den Markt beeinflusst werden.

zusammenfassende Übersicht

Nachfrager / Anbieter	einer	wenige	viele
einer	bilaterales Monopol	beschränktes Monopol	Monopol
wenige	beschränktes Monopson	bilaterales Oligopol	Oligopol
viele	Monopson	Oligopson	(bilaterales) Polypol

5.3 Die Preis-Absatz-Funktion

Preis-Absatz-Funktion

Die Verbindung zwischen Preisen und Nachfrage greift die Preis-Absatz-Funktion auf. Danach sinkt (steigt) normalerweise die Nachfrage nach einem Gut bei steigendem (sinkendem) Preis. Daher gilt: Je höher der Preis, desto geringer der Absatz; je niedriger der Preis, desto höher der Absatz.

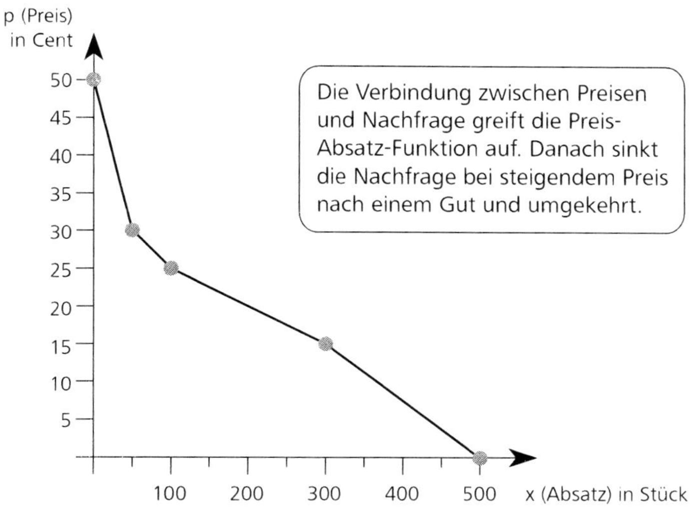

Ausnahmen

Aber natürlich gibt es Ausnahmen. Es ist vorstellbar, dass die Art der Güter die Preis-Absatz-Funktion beeinflusst. Denken wir dabei an ein Luxusprodukt wie einen Rolls-Royce. Könnten Sie sich vorstellen, dass hohe oder steigende Preise einen eingefleischten Rolls-Royce-Fahrer von dem Kauf eines neuen Wagens abschreckt? Wohl kaum.

5.4 Wesentliche Einflussfaktoren auf den Preis eines Produktes

Angebot und Nachfrage

Wie Sie bereits wissen, bildet sich der Preis eines Produktes oder einer Dienstleistung am Markt. Da der Markt aus Angebot und Nachfrage besteht, haben grundsätzlich auch beide Seiten Einflussmöglichkeiten auf die Preisgestaltung.

Faktor »Marktform«

Faktor »Marktform«:
Je nach Marktform, wie z. B. Monopol oder Polypol, ergeben sich unterschiedliche Preisspielräume (vgl. Abschnitt »Marktformen«).

Faktor »Kaufkraft«

verfügbares Einkommen

Faktor »Kaufkraft«:
Die Kaufkraft ist die Geldsumme, die Ihnen real zur Verfügung steht, um überhaupt als Nachfrager am Markt aufzutreten. Sie entspricht weitestgehend dem so genannten verfügbaren Einkommen. Dies ist der Einkommensbetrag, der Ihnen netto – also nach Abzug von Steuern und Versicherungsbeiträgen – übrig bleibt. Wenn die Kaufkraft steigt (bzw. sinkt), kann – bei konstanten Preisen – mehr (bzw. weniger) konsumiert werden. Zumeist reagieren Unternehmen bei einer Erhöhung der Kaufkraft mit Preissteigerungen. Sinkt die Kaufkraft, sollten Unternehmen allerdings über Preissenkungen nachdenken.

Preiselastizität der Nachfrage

Faktor »Preiselastizität der Nachfrage«:
Die Gesetzmäßigkeit »Je weniger (bzw. mehr) etwas kostet, umso mehr (bzw. weniger) kauft man davon« haben Sie bereits kennen gelernt (vgl. Abschnitt »Preis-Absatz-Funktion«). Wenn Unternehmen die Preise für bestimmte Produkte erhöhen, ist damit zu rechnen, dass der Kunde darauf in entsprechender Art und Weise reagiert. Wie stark diese Reaktion ausfällt, hängt von der so genannten Preiselastizität der Nachfrage ab.

> Unter der Preiselastizität der Nachfrage versteht man das Verhältnis einer prozentualen Mengenänderung zu einer einprozentigen Preisänderung.

Definition

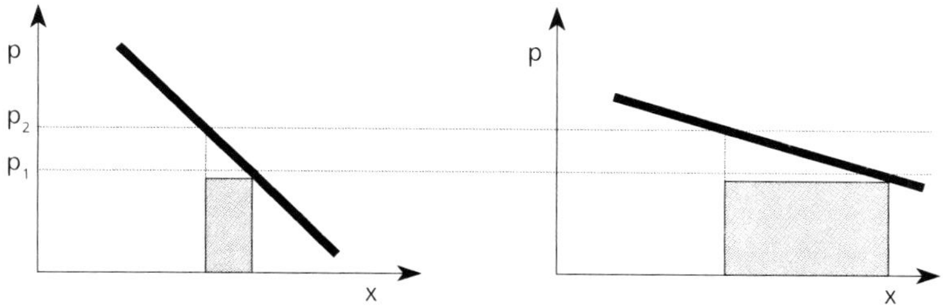

unelastische Nachfrage **elastische Nachfrage**

unelastische und elastische Nachfrage

In der linken Abbildung handelt es sich um eine *unelastische Nachfrage.* Die Erhöhung des Preises von p_1 auf p_2 hat nur einen relativ geringen Einfluss auf die Absatzmenge. Die gleiche Preiserhöhung bewirkt in der rechten Abbildung, dass sich die Absatzmenge stärker verändert. In diesem Falle spricht man von einer *elastischen Nachfrage.*

Beispiele:

Beispiele

Unelastische Nachfrage: Erhöhen Bäckereien den Preis für Brötchen um 2 Cent pro Stück, hat dies in der Regel eine geringe Auswirkung auf die Nachfrage nach Brötchen.

Elastische Nachfrage: Als bei Einführung des Euro die Preise in der Gastronomie verhältnismäßig stark anstiegen, konnte man einen deutlichen Rückgang der Umsätze beobachten.

Faktor »Preis-Qualitäts-Wahrnehmung«:

Faktor „Preis-Qualitäts-Wahrnehmung"

Der Preis informiert den Konsumenten einerseits über die *Qualität* eines Produktes (positiver Nutzen). Andererseits symbolisiert der Preis für ihn auch die *Kosten* eines Produktes (negativer Nutzen).

Unter bestimmten Bedingungen schließt ein Konsument von wahrgenommenem Preis auf die Produktqualität. Welche sind diese?

Bedingungen

- Fehlen anderer Qualitätsindikatoren TÜV-Prüfzeichen
- fehlende Produkterfahrung des Konsumenten
- Vermutung größerer Qualitätsunterschiede zwischen einzelnen Produkten
- Zeitdruck und Komplexität der Einkaufsaufgabe etc.

Exklusiv- oder Premiummarken

Produkte können erst durch den Preis zu *Exklusiv- oder Premiumprodukten* werden. Hier wird der Preis zu einem wichtigen Produktattribut bzw. Qualitätsmerkmal.

Veblen-Effekt

z.B. Modeschmuck je höher der Preis, desto mehr verkauft

emotionaler Zusatznutzen

In diesem Zusammenhang möchten wir Ihnen den so genannten *Veblen-Effekt* nicht vorenthalten: Der nach dem gleichnamigen amerikanischen Sozialwissenschaftler Veblen (1857–1929) benannte Effekt besagt, dass bei Preiserhöhungen für bestimmte Produkte die nachgefragte Menge sogar steigt. Diese Reaktion machen sich u. a. Anbieter von Premiummarken zunutze. Bei einem exklusiven Produkt, wie z. B. einer Tasche von Prada oder einem Porsche, sind gewisse Käuferschichten bereit, mehr Geld für das entsprechende Produkt zu bezahlen, weil diese Produkte ihnen einen emotionalen Zusatznutzen (z. B. Prestige) versprechen. Auch die bekannte Redewendung »*Was nichts kostet, ist auch nichts*« zeigt im Grunde das Vorhandensein dieses Effektes, obwohl unabhängige Testinstitute, wie z. B. Stiftung Warentest, oftmals bestätigen, dass preiswerte Produkte durchaus besser sein können.

Faktor »Kostensituation des Anbieters«:

Faktor »Kostensituation«

Aus Anbietersicht ist ein wesentlicher Einflussfaktor auf den Preis eines Produktes seine betriebliche Kostensituation. Auf Dauer sollte deshalb der Preis für ein Produkt sämtliche Kosten (variable und fixe Kosten bzw. Einzel- und Gemeinkosten) abdecken und darüber hinaus noch einen angemessenen Gewinn abwerfen.

Faktor »Kapazitätsauslastungsgrad« (synonym: »Beschäftigungsgrad«):

Der Kapazitätsauslastungsgrad beschreibt, in wieweit die Kapazitäten von Produktionsfaktoren (z. B. Maschinen) ausgelastet sind. Als Formel ausgedrückt, stellt er das Verhältnis von effektiver Auslastung (Ist-Produktion) und technischer Maximalkapazität (Kann-Produktion) dar.

Faktor »Kapazitätsauslastungsgrad«

Kapazitätsauslastungsgrad = (Ist-Produktion / Kann-Produktion) * 100

Formel

Beispiel:

Eine Druckmaschine druckt pro Stunde 8.000 Bogen Papier (= Ist-Produktion). Die technische Maximalkapazität der Maschine beträgt 12.000 Bogen (= Kann-Produktion). Die Kapazität der Maschine ist also zu 66,67 % [= (8.000 Bogen / 12.000 Bogen) * 100] ausgelastet.

Beispiel

Für die Preiskalkulation kommt dem Beschäftigungsgrad eine besondere Bedeutung zu. Die Fixkosten sind von der Beschäftigung unabhängig und somit bis zur Kapazitätsgrenze (Kann-Produktion) konstant. Sofern ein Unternehmen also noch über freie Kapazitäten verfügt, wird es bestrebt sein, diese auch voll auszunutzen.

Bedeutung für die Preiskalkulation

Kapazitätsgrenze

Beispiel:

Die Fixkosten der Druckmaschine belaufen sich auf 120 € pro Stunde. Bei einer Ist-Produktion von 8.000 Bogen pro Stunde entstehen also Fixkosten in Höhe von 15 € pro 1.000 Bogen. Steigert das Unternehmen die Leistung pro Stunde auf das Maximum (Kann-Produktion), verteilen sich die Fixkosten von 120 € pro Stunde auf nunmehr 12.000 Bogen. Pro 1.000 Bogen fallen bei Maximalkapazität also nur noch Fixkosten in Höhe von 10 € an. Die fixen Stückkosten sinken demnach mit steigender Auslastung. Diesen Effekt nennt man *Fixkostendegression.*

Beispiel

Fixkostendegression

Definition

Unter Fixkostendegression versteht man die Abnahme der fixen Stückkosten (k_{fix}) bei steigender Beschäftigung/Auslastung

Zusammenhang gesamte fixe Kosten – fixe Kosten pro Stück

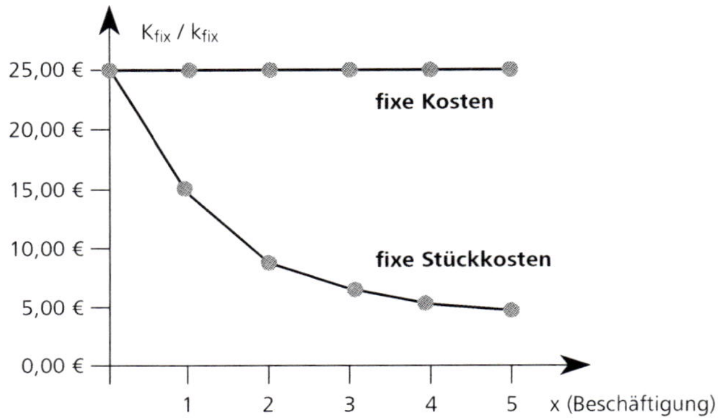

Konsequenzen

Welches sind die Konsequenzen dieses Effektes? Die gesamten Stückkosten (k_{ges}) nehmen aufgrund der Fixkostendegression mit jeder zusätzlich produzierten Einheit ab und nähern sich somit immer mehr den variablen Stückkosten (k_{var}) an.

Formel

$$k_{ges} = k_{var} + k_{fix}$$

Implikationen für die Preisgestaltung

Bei gleich bleibenden Verkaufspreisen kann der Unternehmer durch den entstandenen Kostenvorteil zusätzliche Gewinne erzielen. Oder er kann ggf. seinen Verkaufspreis bis zum entstandenen Kostenvorteil senken – ohne seine Ergebnissituation zu verschlechtern, da die ursprüngliche Gewinnmarge erhalten bleibt.

Kritik an der Fixkostendegression

sunk costs

In der betriebswirtschaftlichen Literatur wird allerdings kritisch angemerkt, dass es sich bei dem Effekt der Fixkostendegression nur um eine rein »herbeigerechnete« bzw. »künstliche« Einsparung handelt. Denn die (gesamten) Fixkosten (z. B. Miete, Leasinggebühren, Abschreibungen) sind ja bereits ausgegeben (man spricht in diesem Zusammenhang von so genannten sunk costs – versunkende Kosten). Somit entstehen die fixen Stückkosten bei der Produktion einer weiteren

Mengeneinheit nicht wirklich zusätzlich, sondern die gesamten Fixkosten verteilen sich nur rechnerisch mit einem geringeren Anteil auf eine Mengeneinheit. Des Weiteren hat eine Auslastung bis zur Kapazitätsgrenze eine weitere »bittere« Nebenwirkung: Der Verschleiß der Betriebsmittel nimmt in der Regel bei Volllast überproportional zu, was ggf. die angenommene Kostenersparnis wieder kompensieren kann.

Faktor »Skalen- oder Größenvorteile«:

Faktor »Skalen- oder Größenvorteile«

Die Kostensituation eines Anbieters kann weiterhin durch Skalen- oder Größenvorteile verbessert werden. Diesen Effekt nennt man in der Betriebswirtschaftslehre *»Economies of Scale«*.

Economies of Scale

Eine Ursache ist die zuvor besprochene Fixkostendegression: Bei höherer Kapazitätsauslastung verteilen sich die Fixkosten auf eine größere Produktionsmenge. Aber auch die *variablen* Stückkosten (z. B. Materialkosten) fallen aufgrund besserer Konditionen beim Einkauf, die mit einer großen Ausbringungsmenge zwangsläufig verbunden sind. Durch eine Ausweitung der Produktionsmenge kann ein Unternehmen die *Kostenführerschaft* erlangen und sich dadurch hohe Marktanteile sichern. Für Konkurrenten wird es schwierig, überhaupt in den Markt einzusteigen.

Kostenführerschaft

Faktor »Produktgestaltung«:

Faktor »Produktgestaltung«

Ein weiterer Beeinflussungsfaktor stellt die Gestaltung eines Produktes dar. Die Produktgestaltung muss sich dabei genau an den Bedürfnissen und Wünschen der Kunden orientieren (Aufgabe der Marktforschung). Weiterhin muss ein Unternehmen immer bestrebt sein, seine Produkte neu- bzw. weiterzuentwickeln, um auch weiterhin die Nachfrage stimulieren zu können. Qualitativ hochwertige bzw. innovative Produkte rechtfertigen auch höhere Preise. Diese Strategie bezeichnet man auch als *Qualitätsführerschaft*.

Qualitätsführerschaft

5.5 Ausgewählte preispolitische Maßnahmen

Preispolitik

Die Preispolitik beschäftigt sich mit Maßnahmen, die zur Beeinflussung von Preisen dienen. Sie stützt sich auf die Ergebnisse der betrieblichen Marktforschung bzw. der Kosten- und Leistungsrechnung, insbesondere der Kalkulation. Im Folgenden erhalten Sie einen Überblick über ausgewählte preispolitische Maßnahmen von Unternehmen.

5.5.1 Preisdifferenzierung

Definition

> Unter Preisdifferenzierung versteht man den Verkauf von gleichen Produkten an verschiedene Abnehmer zu unterschiedlichen Preisen.

Arten der Preisdifferenzierung

Folgende Arten lassen sich unterscheiden:

räumlich

- Räumliche Preisdifferenzierung: Produkte werden auf geografisch unterschiedlichen Märkten zu verschiedenen Preisen verkauft (z. B. unterschiedliche Preise für Neuwagen innerhalb der EU).

zeitlich

- Zeitliche Preisdifferenzierung: Gleiche Produkte bzw. Leistungen werden zu verschiedenen Zeitpunkten unterschiedlich verkauft (z. B. Hotelpreise in Abhängigkeit von Haupt- und Nebensaison).

sachlich

- Sachliche Preisdifferenzierung: Hier orientiert man sich am Verwendungszweck des Produktes. Ein an sich gleiches Produkt wird – je nach Verwendung – zu einem unterschiedlichen Preis verkauft (z. B. unterschiedliche Preise bei Heizöl und Diesel aufgrund unterschiedlicher Steuersätze).

abnehmerorientiert

- Abnehmerorientierte Preisdifferenzierung: Das identische Produkt wird in Abhängigkeit von bestimmten Käufermerkmalen (Alter, Einkommen, beruflicher Status) zu unterschiedlichen Preisen verkauft (z. B. unterschiedliche Tarife der Deutschen Bahn in Abhängigkeit vom Alter).

- Mengenmäßige Preisdifferenzierung: Abnehmer größerer Produktmengen erhalten bessere Konditionen als Abnehmer kleinerer Produktmengen (z. B. Mengenrabatte beim Einkauf von Rohstoffen).

mengenmäßig

5.5.2 Psychologische Preisfindung

Grundsätzlich ist der Preis eines Produktes oder einer Dienstleistung ein wichtiger Aspekt der Kaufentscheidung – allerdings nicht unbedingt der alleinige, denn sonst würden Konsumenten keine Markenartikel kaufen oder es würde keinen Veblen-Effekt geben.

psychologische Preisfindung

Die Bedeutung, die ein Kunde dem Preis als Kaufentscheidungsmerkmal entgegenbringt, ist je nach Lebenssituation verschieden. Es ist hierbei von Bedeutung, welches *Involvement* (»Ich-Beteiligung«, Interesse) die Kunden dem Preis entgegenbringen, und das ist bei unterschiedlichen Zielgruppen und für die unterschiedlichen Lebensumstände immer anders. Der eine reagiert sensibel auf Preise, während ein anderer sich »großzügig« zeigt und erst bei großen Preisunterschieden reagiert.

Involvement

Auch die *Kaufsituation* ist wichtig. Insbesondere Kunden, die sich in einer Notsituation befinden (z. B. defektes Auto eines Pendlers oder defekte Waschmaschine bei sich türmenden Wäschebergen, defekte Heizung im kalten Winter) treffen ihre Entscheidungen eher unter der Perspektive einer schnellen Problemlösung und nicht so sehr vor dem Hintergrund des Preises. Die Wirkung des Preises wird also im starken Maße von psychologischen Faktoren beeinflusst.

Kaufsituation

Odd-Pricing als psychologische Preistechnik

Preise unterhalb runder Zahlen (z. B. 0,99 € oder 19,98 €) sind in der Praxis ausgesprochen populär. Die Konsumenten bewerten die Preiswürdigkeit eines Produktes oftmals anhand subjektiv gesetzter Preisschwellen. Solche »gebrochenen« Preise vermitteln oftmals den

»gebrochene« Preise

Eindruck, dass scharf kalkuliert wird und der Preis kaum geringer sein kann. Zudem wird ein Preis von 9,99 € im Vergleich zu 10,05 € als weitaus günstiger empfunden als der Preisunterschied nominal ist.

Preisbrechersymbole

Ein »Schnäppchen« wird dem Konsumenten in der Praxis häufig durch Preisbrechersymbole (Blitze, Pfeile) und durch das plakative Hervorheben der Produkte bzw. durch eine günstige Platzierung innerhalb des Verkaufsraumes suggeriert.

Zusammenfassung:
Es gibt verschiedene Marktformen. Die Marktformen wirken sich in elementarer Form auf die Preisbildung aus. Die Preis-Absatz-Funktion beschreibt das grundsätzliche Verhältnis zwischen Preis und Absatz. Wesentliche Einflussfaktoren auf den Preis eines Produktes sind – neben der Marktform – die Kaufkraft, die Preiselastizität der Nachfrage und die Preis-Qualitäts-Wahrnehmungen der Käufer. Aber auch die Kostensituation des Anbieters, der Kapazitätsauslastungsgrad, Größenvorteile und die Produktgestaltung üben Einfluss auf die Preisgestaltung aus. Des Weiteren bietet die Preispolitik den Unternehmen zahlreiche Möglichkeiten, durch entsprechende Maßnahmen Preise zu beeinflussen.

6. Profit-Center-Rechnung

Ziele eines Profit-Centers

Ein Profit-Center beschäftigt sich mit Profiten (Gewinnen). Die Bildung von Profit-Centern bezweckt eine klar definierte ergebnis-, markt- und kundenorientierte Gliederung des Unternehmens bei voller Verantwortung des jeweiligen Profit-Center-Leiters.

Profit-Center-Rechnung als Ergebnisrechnung

Die Profit-Center-Rechnung ist ein betriebswirtschaftliches Steuerungsinstrument, das nicht nur die Kosten, sondern auch die Erlöse berücksichtigt. Sie wird daher häufig auch als Ergebnisrechnung oder Management-Erfolgsrechnung bezeichnet.

Unternehmensbereiche werden zu Profit-Centern

Ein Unternehmen hat einen bzw. im Regelfall mehrere Profit-Center. Sie werden wie eigenständige abgrenzbare Unternehmensbereiche (bzw. Unternehmen) behandelt.

Typische Profit-Center sind Vertriebsstellen. Unter Vertriebsstellen verstehen wir in diesem Kontext einzelne autonome organisatorische Teilbereiche, für die ein eigener Periodenerfolg ermittelt wird. Diese organisatorischen Teilbereiche eines Unternehmens handeln somit als »Unternehmen im Unternehmen« wie beispielsweise Filialbetriebe oder einzelne Produkt- oder Leistungsbereiche eines Unternehmens.

Cost-Center

Das Gegenstück des Profit-Centers ist das Cost-Center. Dabei handelt es sich in der Regel um Stabsstellen des Betriebs. Typische Cost-Center sind z. B.

- die Marketing-Abteilung,
- die Sachbearbeiterin in der Gehaltsbuchhaltung oder aber auch
- der Hausmeister.

Alle Cost-Center haben eines gemeinsam: Sie produzieren ausschließlich Kosten (»costs«) und keinen Profit.

Hauptzweck der Profit-Center-Rechnung

Der Hauptzweck der Profit-Center-Rechnung ist, den Profit zu ermitteln und kritisch zu würdigen. Zur Berechnung des Profits wird im Prinzip auf die vorgestellte Deckungsbeitragsrechnung zurückgegriffen und diese leicht modifiziert.

Der »Deckungsbeitrag« des Profit-Centers berechnet sich wie folgt:

Grundformel

	Erlöse des Profit-Centers
–	verursachte Kosten des Profit-Centers
=	»Deckungsbeitrag« des Profit-Centers

Unterschied zur »klassischen« DBR

Umsatzerlöse werden mit berücksichtigt

Overheadkosten

Im Unterschied zur »klassischen« Deckungsbeitragsrechnung, die Sie im Abschnitt 4 kennen lernten, berücksichtigt der »Deckungsbeitrag« des Profit-Centers neben den verursachten variablen Kosten auch die verursachten fixen Kosten des Profit-Centers. Gemeinkosten bzw. fixe Kosten des Gesamtunternehmens, die nicht vom jeweiligen Profit-Center verursacht wurden (so genannte »overhead costs«) werden in den einzelnen Profit-Centern nicht verrechnet.

Interpretation

Ein positiver Deckungsbeitrag des Profit-Centers trägt dazu bei, die Overheadkosten des gesamten Unternehmens zu decken.

Ein negativer Deckungsbeitrag des Profit-Centers belastet hingegen das gesamte Betriebsergebnis. Es besteht dringender Handlungsbedarf zur Verbesserung der Situation.

Vorsicht:

positiver Deckungsbeitrag ≠ Gewinn

Ein positiver Deckungsbeitrag entspricht keinesfalls dem erzielten Gewinn des Profit-Centers. Warum? Nun, wie Sie bereits wissen, ergibt sich der Gewinn allgemein aus der Differenz zwischen Erlösen und den *gesamten* Kosten. Bei der Profit-Center-Rechnung werden allerdings nur die Kosten berücksichtigt, die auch vom Profit-Center *verursacht* wurden (vgl. obige Formel). Die Kosten, die vom Profit-Center nicht direkt verursacht wurden (Overheadkosten), bleiben übrig. Der Gewinn kann also nicht für ein einzelnes Profit-Center, sondern nur für das *Gesamtunternehmen* ermittelt werden, indem von der Summe aller »Deckungsbeiträge« (sämtlicher Profit-Center) die nicht durch diese verursachten Kosten des Gesamtunternehmens (Overheadkosten) abgezogen werden.

Maßnahmen zur Verbesserung des Deckungsbeitrags

Zur Verbesserung des Profit-Center-Deckungsbeitrags stehen theoretisch zwei Maßnahmen zur Verfügung: Zum einen kann eine Erlössteigerung bei gleich bleibenden Kosten angestrebt werden. Zum anderen können möglicherweise die Kosten bei einem konstanten Erlös reduziert werden.

Beurteilungsmaßstab: Zielvereinbarung

Als Zielvereinbarung mit dem Profit-Center-Leiter bietet sich ein »Soll-Deckungsbeitrag« des von ihm gemanagten Profit-Centers an. Das reale Ergebnis der Profit-Center-Rechnung (»Ist-Deckungsbeitrag«) kann dann als Beurteilungsmaßstab für den Profit-Center-Verantwortlichen herangezogen werden.

Beispiel:

Beispiel

Profit-Center-Ergebnisse mit gleicher Struktur (Imbiss / Imbiss) sind miteinander vergleichbar. Der Vergleich ermöglicht eine sinnvollere Aussage über den Erfolg eines Profit-Centers als die Einzelbeurteilung.

Kommen wir in diesem Zusammenhang auf unseren Imbissbetrieb »Wurst-Barone« zurück. Als Sie noch mit der Lektüre dieses Abschnitts beschäftigt waren, hat unser Betrieb einen weiteren Imbiss eröffnet. Damit verfügt er aktuell über zwei Imbissstände. Beide Stände werden als Profit-Center geführt.

Profit-Center 1
(ursprünglicher Schnell-Imbiss in einer etablierten Gegend)

	Erlöse des Profit-Centers	60.000 €
–	verursachte Kosten des Profit-Centers	– 30.000 €
=	»Deckungsbeitrag« des Profit-Centers 1	30.000 €

Profit-Center 2
(neuer Schnell-Imbiss, Neueröffnung in einem Umfeld mit hoher Konkurrenz)

	Erlöse des Profit-Centers	40.000 €
–	verursachte Kosten des Profit-Centers	– 30.000 €
=	»Deckungsbeitrag« des Profit-Centers 2 =	10.000 €

Ergebnisanalyse

Ergebnisanalyse

Beide Profit-Center haben gemäß ihrer Zielvereinbarung mit einem positiven Deckungsbeitrag abgeschlossen. Damit tragen beide Profit-Center dazu bei, unternehmensbezogene Fix- bzw. Gemeinkosten (Overheadkosten), wie z. B. den Lieferwagen der »Wurst-Barone«, mit zu finanzieren.

Das Profit-Center 1 hat besser abgeschnitten als das Profit-Center 2. Der Deckungsbetrag ist höher. Sehr wahrscheinlich ist das auf die Anlaufschwierigkeiten des Profit-Centers 2 zurückzuführen.

Bewertung

Vorteile

Die Vorteile der Profit-Center-Rechnung sind:
- Neben den Kosten werden auch die Erlöse berücksichtigt.
- Delegation von Verantwortung und Kompetenzen an die Profit-Center-Leiter (und damit Entlastung der Unternehmensleitung).

- Steigerung der Motivation und Identifikation der Verantwortlichen mit der eigenen Aufgabe.
- Mehr Transparenz hinsichtlich der Leistung und des Ergebnisses und damit eine bessere Steuerung des Geschäfts.

Nachteile

Leider gibt es auch Nachteile:

- Fixkosten bleiben unberücksichtigt (keine Vollkostenrechnung).
- Für langfristige Unternehmensziele bietet die Profit-Center-Rechnung aufgrund ihres kurzfristigen Charakters wenig Freiheitsgrade.

Zusammenfassung:
Profit-Center (Gewinn-Zentren) sind klar abgrenzbare Unternehmensbereiche, für deren Kosten und Erlöse die Profit-Center-Leitung verantwortlich ist. Beurteilungsmaßstab für den Erfolg der Profit-Center-Leitung ist die Realisierung der mit dem Gesamtmanagement getroffenen Zielvereinbarung.

EBC*L

Wirtschaftsrecht

Vorbemerkung

Ausgewählte Rechtsformen (Gesellschaftsrecht)

Kaufvertrag

Firmenrecht und Vertretungsberechtigung

Die Insolvenz

Unternehmenszusammenschlüsse

Wirtschaftsrecht

1. Vorbemerkung

Wirtschaftsrecht

Unter dem Begriff »Wirtschaftsrecht« findet sich eine Vielzahl von Rechtsnormen und Maßnahmen, mit denen der Staat auf die Rechtsbeziehungen der am Wirtschaftsleben Beteiligten untereinander und im Verhältnis zum Staat einwirkt. In Anlehnung an den Lernzielkatalog zur Vorbereitung auf die Prüfung zum EBC*L beleuchten wir im Einzelnen

Inhalte

- ausgewählte Rechtsformen (Gesellschaftsrecht),
- den Kaufvertrag,
- das Firmenrecht und die Vertretungsberechtigung,
- das Insolvenzrecht und
- ausgewählte Formen von Unternehmenszusammenschlüssen, insbesondere das Kartell und den Konzern.

2. Ausgewählte Unternehmensrechtsformen (Gesellschaftsrecht)

2.1 Einführung

der Begriff »Gesellschaftsrecht«

Das Gesellschaftsrecht beschäftigt sich mit dem Recht der Gesellschaften. Das sind die so genannten privatrechtlichen Personenvereinigungen. Gesellschaften werden zur Erreichung eines bestimmten gemeinsamen Zwecks (Betrieb eines Unternehmens) durch einen Gesellschaftsvertrag (dazu gleich mehr) begründet. Das Gesellschaftsrecht ist in verschiedenen Gesetzen fest verankert. Wichtige Rechtsgrundlagen sind in diesem Zusammenhang z. B. das Bürgerliche Gesetzbuch (BGB), das Handelsgesetzbuch (HGB), das Aktiengesetz (AktG) und das Gesetz betreffend die Gesellschaften mit beschränkter Haftung (GmbHG).

Gesellschafter

Die »Akteure« der Gesellschaften sind die Gesellschafter. Gesellschafter sind zumeist Personen »aus Fleisch und Blut« (so genannte natürliche Personen), die an einem Gesellschaftsunternehmen (privatrechtliche Personenvereinigung) beteiligt sind und denen dadurch verschiedene Rechte (z. B. Gewinnanteile) und Pflichten (z. B. Haftung) zugesprochen werden. Diese Rechte und Pflichten sind jedoch abhängig von der konkreten Rechtsform des Unternehmens (bzw. auch von individuell getroffenen Vereinbarungen). Gesellschafter im Speziellen können auch Unternehmen (so genannte juristische Personen) eines anderen Unternehmens sein (dazu später mehr).

Gesellschaftsvertrag

Der Gesellschaftsvertrag dient zur Klärung der Rechte und Pflichten der Gesellschafter untereinander. Er enthält beispielsweise Regelungen zur Gewinnverteilung, der Mitarbeit im Unternehmen und den Vertretungsbefugnissen. Daneben werden im Gesellschaftsvertrag wichtige Daten des Unternehmens (z. B. die Rechtsform bzw. der

Firmenname) aufgeführt. Bei Kapitalgesellschaften (z. B. GmbH und AG) muss der Gesellschaftsvertrag von einem Notar beurkundet werden. Dies bedeutet, dass ein Notar den Gesellschaftsvertrag (Urkunde) entwirft und für die rechtliche Richtigkeit der Urkunde die Verantwortung trägt.

Weshalb gibt es mehrere Rechtsformen?

Unser Staat hat durch zahlreiche Bestimmungen Möglichkeiten geschaffen, die Rechtsform eines Unternehmens den individuellen unternehmerischen Zielen anzupassen. Allerdings hat die Wahl einer bestimmten Rechtsform finanzielle, steuerliche und rechtliche Folgen. Darüber hinaus gibt es aber auch persönliche Motivationen (z. B. Imagegründe und die mit der Rechtsform verbundenen Kosten). Klar ist: Es gibt weder die optimale Rechtsform, noch eine Rechtsform auf Dauer. Denn mit der Entwicklung des Unternehmens verändern sich auch automatisch die Ansprüche an dessen Rechtsform.

wichtige Fragen zur Wahl der Rechtsform

Folgende Fragen können behilflich sein, wenn es um die »Qual der Wahl«, sprich um die »richtige« Rechtsform geht:

- Passt die Rechtsform zum angestrebten Umfang der unternehmerischen Tätigkeit?
- Wie hoch sind die Gründungskosten des Unternehmens?
- Wie viele Personen machen mit?
- Wer soll »das Sagen« haben bzw. wer vertritt das Unternehmen? (Geschäftsführung und Vertretung)
- Wie gut lässt sich Eigenkapital beschaffen?
- Wie gut lässt sich Fremdkapital beschaffen? (Kreditwürdigkeit)
- Wie sollen insgesamt Rechte und Pflichten aufgeteilt werden?
- Wer haftet für die Verbindlichkeiten (Schulden) des Unternehmens?
- Wer ist bereit, unter Umständen sogar sein Privatvermögen zu riskieren (keiner, einer, alle, einige)?
- Wie soll der Gewinn verteilt werden?
- Welche Steuern müssen bezahlt werden?
- Liegen gesetzliche Vorschriften bzgl. der Rechnungslegung vor?

Neben den Inhalten der angeführten Fragen können bei der Rechtsformwahl noch weitere Aspekte von Bedeutung sein, z. B. Publizitätspflichten (= gesetzliche Verpflichtung, die Öffentlichkeit über das Betriebsgeschehen, die Lage und den Erfolg eines Unternehmens sowie über die Ursachen der geschäftlichen Entwicklung zu unterrichten) oder rechtsformabhängige Kosten (wie z. B. Notarkosten und Vergütungen für besondere Gremien).

Weitere Aspekte

Geschäftsführung versus Vertretung

An dieser Stelle grenzen wir zwei wichtige Begriffe gegeneinander ab, die Ihnen im Laufe dieses Kapitels immer wieder begegnen werden: Geschäftsführung (= Recht eines Gesellschafters) versus Vertretung (= Pflicht des Gesellschafters)

Durch die Geschäftsführung werden Entscheidungen getroffen, die das Innenverhältnis des Unternehmens betreffen (z. B. Mitarbeiter beurteilen und befördern, Arbeitsanweisungen erteilen, Strategien entwickeln, organisatorische Abläufe bestimmen etc.).

Geschäftsführung = Innenverhältnis

Innenverhältnis

Die Berechtigung, das Unternehmen nach außen zu vertreten nennt man Vertretung (z. B. Arbeitsverträge mit Mitarbeitern schließen, mit einer Bank einen Kreditvertrag vereinbaren etc.).

Vertretung = Außenverhältnis

Außenverhältnis

Geschäftsführungs- und Vertretungsbefugnisse können in der Regel auf verschiedene Personen verteilt werden. Auf die Vertretungsbefugnisse werden wir am Ende des Abschnitts gesondert eingehen.

In der Unternehmensgründungsphase werden wichtige unternehmerische Entscheidungen (Standort, Organisation etc.) getroffen. In dieser Phase fällt auch die Entscheidung zu Gunsten einer Rechtsform (im Falle einer Rechtsformänderung auch während des Bestehens des Unternehmens).

Bestimmung der Rechtsform als grundlegende Entscheidung

Die angeführten Entscheidungen haben einen grundlegenden Charakter (konstitutive Entscheidungen). Sie legen den Handlungsrahmen für ein Unternehmen langfristig fest.

2.2 Personengesellschaft versus Kapitalgesellschaft

Die Gesellschaftsunternehmen, die Sie betrachten, lassen sich prinzipiell in

- Personengesellschaften und
- Kapitalgesellschaften

unterscheiden.

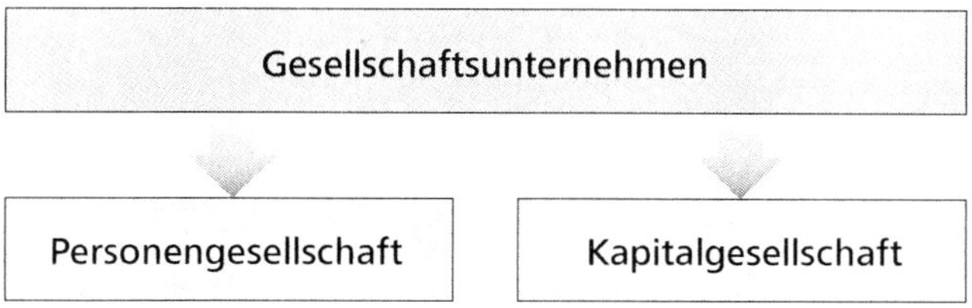

Personengesellschaften

Zu den Personengesellschaften zählen

- die offene Handelsgesellschaft (OHG),
- die Kommanditgesellschaft (KG) und
- die Gesellschaft bürgerlichen Rechts (GbR, auch »BGB-Gesellschaft«).

Kapitalgesellschaften

Kapitalgesellschaften sind u. a.

- die Gesellschaft mit beschränkter Haftung (GmbH) und
- die Aktiengesellschaft (AG).

Kapitalgesellschaften gehören – neben anderen Rechtsformen – zu den privatrechtlichen Körperschaften.

Bevor Sie sich später im Detail ausgewählten Rechtsformen zuwenden, werden wir zuerst eine grundsätzliche Differenzierung zwischen Personengesellschaft und Kapitalgesellschaft vornehmen.

Merkmale einer Personengesellschaft

Grundsätzlich arbeiten bei Personengesellschaften die Gesellschafter persönlich mit. Die Abstimmung innerhalb der Personengesellschaften findet nach der Zahl der Gesellschafter und nicht nach dem Verhältnis der Kapitalbeteiligung statt. Die Gesellschafter sind stärker an die Gesellschaft gebunden als die Gesellschafter der Kapitalgesellschaft: Die Gesellschaftsbeteiligung ist zumeist nicht übertragbar; das Gesellschaftsvermögen steht den Gesellschaftern gemeinschaftlich zu.

Personengesellschaften sind vor allem durch folgende, wesentliche Merkmale gekennzeichnet:

- Personengesellschaften bestehen aus mindestens zwei Gesellschaftern.
- Bei einer Personengesellschaft ist der Gesellschafter (als natürliche Person) Träger von Rechten und Pflichten.
- Die Gesellschaftsanteile einer Personengesellschaft können nicht frei übertragen werden.
- Die Gesellschafter haften und zahlen Steuern.
- Personengesellschaften sind keine juristischen Personen.

juristische Person

Der Begriff »juristische Person« ist eine »Schöpfung« der Gesetzgebung. Man versteht darunter eine zweckgebundene Organisation (z. B. Kapitalgesellschaft), der kraft Gesetzes eine eigene Rechtsfähigkeit verliehen wurde. Prinzipiell kennt unsere Rechtsordnung zwei Arten von »Personen«:

- natürliche Personen: Das sind körperlich vorhandene Personen. Diesen kommt bereits aus ihrem »Person-Sein an sich« eine gesetzliche Rechtsfähigkeit zu, d. h. natürliche Personen – also grundsätzlich jeder von uns – sind Träger von Rechten und Pflichten.
- juristische Personen: Diese »gesetzliche Kunstgattung« ist ebenfalls Träger von Rechten und Pflichten. Die juristische Person kann allerdings nicht selbstständig aktiv werden. Sie benötigt hierzu ihre »Gehilfen«, die so genannten Organe, die wiederum

natürliche Personen sind (z. B. der Vorstand bei einer Aktiengesellschaft). Diese Konstruktion hat zur Folge, dass beispielsweise Haftungs- und Besteuerungstatbestände nur der juristischen Person (z. B. der Aktiengesellschaft) und nicht einer natürlichen Person gegenüber begründet werden können bzw. dass die juristische Person Eigentümerin des Gesellschaftsvermögens ist.

Zusatzinfo:
Rechtsfähigkeit von Personengesellschaften
In der Literatur wird als weiteres Kriterium einer Personengesellschaft ihre fehlende Rechtsfähigkeit genannt. Allerdings existiert seit dem 01.07.2002 ein Urteil des Bundesgerichtshofs (BGH), nach dem einer Personengesellschaft (speziell einer Gesellschaft bürgerlichen Rechts (GbR)) die Rechtsfähigkeit teilweise anerkannt wurde. Somit stellt aus unserer Sicht die Rechtsfähigkeit kein wirksames Abgrenzungskriterium zwischen Kapitalgesellschaften und Personengesellschaften dar.

Der Name »Kapitalgesellschaft« verrät Ihnen bereits, dass bei dieser Art von Gesellschaft eher eine reine Kapitalbeteiligung im Vordergrund steht. So sind Kapitalgesellschaften nicht primär auf die persönliche Mitarbeit der Gesellschafter hin konzipiert.

Merkmale einer Kapitalgesellschaft

Kapitalgesellschaften sind im Unterschied zu Personengesellschaften juristische Personen. Sie sind rechtlich gesehen Körperschaften, können selbst Eigentum erwerben und müssen auch Steuern bezahlen (die Körperschaftssteuer als eine Art »Einkommenssteuer« der Körperschaften). Die Gesellschafter haften grundsätzlich nur in Höhe ihres Anteils. Da eine juristische Person nicht selbst aktiv werden kann, benötigen Kapitalgesellschaften natürliche Personen, die die Leitung übernehmen (Organe). Die Leitung der Gesellschaft (Vorstand, Geschäftsführer) benötigt keine Kapitalbeteiligung. Die Mitgliedschaft in einer Kapitalgesellschaft ist übertragbar.

Zusammenfassende Übersicht

Merkmale	Personengesellschaft	Kapitalgesellschaft
Zahl der Gesellschafter	mindestens 2	mindestens 1
Juristische Person	nein	ja
Rechtsfähigkeit	teilweise zuerkannt (BGH Urteil 01.07.2002)	ja
Freie Übertragung der Geschäftsanteile	nein	ja
Persönliche Haftung der Gesellschafter	ja	nein
Bindung der Gesellschafter an die Gesellschaft	hoch	u. U. relativ gering
Besteuerungsansatz	Gesellschafter	Gesellschaft
Persönliche Mitarbeit der Gesellschafter	ja	nicht unbedingt, Kapitalbeteiligung steht im Vordergrund
Abstimmung	nach Zahl der Gesellschafter	nach Kapitalanteilen

2.3 Erster Überblick über mögliche Rechtsformalternativen

Übersicht

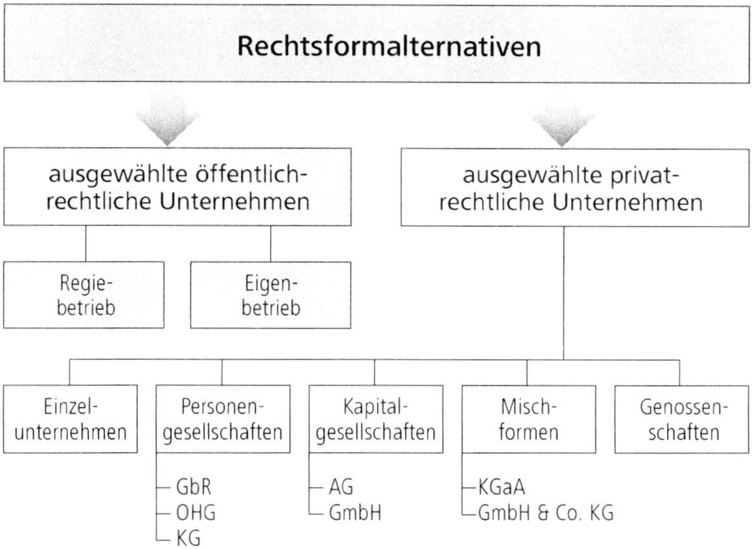

Sie werden sich im Folgenden schwerpunktmäßig auf die für die Prüfung zum EBC*L relevanten Unternehmensrechtsformen konzentrieren. Weitere in der Praxis übliche Rechtsformen wollen wir Ihnen dennoch nicht vorenthalten. Diese sind als nicht-prüfungsrelevant gekennzeichnet.

2.4 Das Einzelunternehmen

Einzelunternehmen

Bei einem Einzelunternehmen wird – wie es der Name bereits vermuten lässt – ein »Geschäft« von einer einzelnen (natürlichen) Person betrieben. Diese trägt sämtliche Rechte und Pflichten und haftet unbeschränkt und persönlich mit dem Geschäfts- und dem gesamten Privatvermögen für die Schulden des Unternehmens.

Beispiel:

Beispiel

Ein Arbeitssuchender möchte sich mit einem Imbissstand als »Ich-AG« selbständig machen. Mitarbeiter sollen vorerst nicht eingestellt werden. Er will unabhängig und »sein eigener Herr« sein. Daher wählt er die Rechtsform des Einzelunternehmers. Sein Konzept überzeugt die Agentur für Arbeit. Er tätigt seine ersten Einkäufe. Falls er Forderungen von Lieferanten nun nicht bezahlen kann, haftet er dafür persönlich und unbeschränkt mit seinem Privatvermögen. Das bedeutet: Im Ernstfall könnte sogar seine Eigentumswohnung gepfändet und zwangsverwertet werden.

Kleingewerbetreibende

Ein Einzelunternehmen entsteht allein durch die Eröffnung eines Geschäfts. Somit sind Einzelunternehmen sehr schnell gegründet und mit den wenigsten Vorschriften belastet. Die Anmeldung beim Gewerbeamt bzw. eine Steuernummer beim Finanzamt reicht prinzipiell schon aus. Als Einzelunternehmer können Sie »klein anfangen«. Sie sind dann ein Kleingewerbetreibender. Das heißt, Ihre Umsätze und Ihr Geschäftsverkehr erfordern keine vollkaufmännische Einrichtung (dazu zählt u. a. die Buchhaltung). Nichtsdestotrotz steht es Ihnen frei, sich auch als Kleingewerbetreibender ins Handelsregister einzutragen. Das kann beispielsweise dann der Fall sein, wenn Sie dadurch einen solideren Firmenauftritt erwirken wollen (Imagegründe). Mit dem Eintrag ins Handelsregister übernehmen Sie dann »ohne wenn und aber« sämtliche Rechte und Pflichten eines Kaufmanns.

Bevor wir weitere Merkmale des Einzelunternehmens betrachten, erscheint es uns an dieser Stelle zweckmäßig, einen kleinen thematischen »Schwenk« zu unternehmen. Dadurch werden Ihnen weitere zentrale Begriffe (Handelsregister, Kaufmannsbegriff, Gewerbebegriff) erläutert, die für das weitere Verständnis wichtig sind.

Kaufmannseigenschaft im Sinne des HGB

Nach § 1 Abs. 1 HGB ist Kaufmann, wer ein Handelsgewerbe betreibt. Ein Handelsgewerbe ist grundsätzlich jeder Gewerbebetrieb, es sei denn, dass das Unternehmen nach Art oder Umfang einen in kaufmännischer Weise eingerichteten Geschäftsbetrieb nicht verlangt. Bestimmendes Unterscheidungskriterium für die Kaufmannseigenschaft ist somit die Erforderlichkeit einer kaufmännischen Organisation.

Gewerbe

Auch der Gewerbebegriff ist gesetzlich geregelt. Man versteht darunter jede selbständige, nach außen gerichtete und planmäßige Tätigkeit (mit Ausnahme freiberuflicher, künstlerischer oder wissenschaftlicher Tätigkeit), die auf eine Gewinnerzielungsabsicht ausgerichtet ist.

Was ist nun ein in kaufmännischer Weise eingerichteter Gewerbebetrieb?
Ob ein in kaufmännischer Weise eingerichteter Gewerbebetrieb vorliegt, hängt von der Art und dem Umfang des betreffenden Gewerbes ab.

Kriterien sind dabei u. a.
- Größe der Geschäftsbeziehungen
- Umfang der Geschäftstätigkeit
- Umsatz
- Forderungshöhe
- Kapitaleinsatz
- das Vorliegen einer kaufmännischen Buchführung
- Inanspruchnahme von Krediten
- Umfang von Werbemaßnahmen
- Lagerhaltung etc.

Liegt eine Kaufmannseigenschaft nach § 1 HGB nicht vor, so besteht die Möglichkeit einer Eintragung ins Handelsregister als Kaufmann »auf Wunsch« (vgl. oben).

Achtung:
Kaufleute im Sinne des HGB müssen sich ins Handelsregister eintragen lassen.

das Handelsregister und seine Funktionen

Das Handelsregister ist ein bei den Amtsgerichten geführtes öffentliches Register, das Kaufleute und Handelsgesellschaften unter ihrer Firma verzeichnet und bestimmte Rechtsvorgänge offenkundig macht. Im Handelsgesetzbuch (HGB) und Nebengesetzen (z. B. Aktiengesetz) finden sich die Vorschriften über die Pflicht zur Eintragung und zur Anmeldung eintragungspflichtiger Tatsachen. Die Eintragung kann mit Zwangsgeld erzwungen, in Ausnahmefällen von Amts wegen vorgenommen werden.

Handelsregister	
Abteilung A	**Abteilung B**
• Einzelkaufleute • Personengesellschaften (außer stille Gesellschaft)	• Kapitalgesellschaften

Das Handelsregister besteht aus der Abteilung A für die Einzelkaufleute und die Personengesellschaften des Handelsrechts mit Ausnahme der stillen Gesellschaft (reine Innengesellschaft) sowie für die juristischen Personen des öffentlichen Rechts und Abteilung B für die Kapitalgesellschaften.

Informationen des Handelsregisters

Welche Informationen finden sich überhaupt im Handelsregister?

- Der exakte Firmenname und die Rechtsform
- Die Firmenadresse
- Die Namen der Gesellschafter und die Höhe ihrer Anteile am Unternehmen
- Die vertretungsberechtigten Personen und – wenn vorhanden – besondere Regelungen dazu
- Weitere Niederlassungen

Jeder kann diese Informationen ohne Begründung seines Interesses einsehen. Aktuelle Eintragungen werden auf dem Wege der öffentlichen Bekanntmachung zeitnah publiziert. Eintragungen genießen öffentliches Vertrauen. Das bedeutet: Man kann sich auf die inhaltliche Richtigkeit der Eintragungen verlassen. Diese gelten auch dann als richtig, wenn sie falsch eingetragen sein sollten.

Finanzierungsaspekt des Einzelunternehmens

Kommen wir wieder zurück zur Gründung des Einzelunternehmens und greifen den Finanzierungsaspekt auf. Ein »Alleingang« ist nur dann empfehlenswert, wenn ausreichend eigenes Kapital vorhanden ist. Auf keinen Fall sollte ein Einzelunternehmer seinen Betrieb ausschließlich durch Bankkredite finanzieren (zu den Finanzierungsregeln haben Sie bereits etwas im Kapitel »Kennzahlen« erfahren). Denn wenn sich der Unternehmenserfolg nicht sofort einstellt, kann die Zins- und Tilgungslast sehr schnell zur Gefährdung eines Unternehmens oder sogar zur Insolvenz führen. Kapitalintensive Unternehmen werden daher in der Regel immer mit einem oder mehreren Partner(n) gegründet. Diese können gleichberechtigte Partner sein oder nur als reine Kapitalgeber fungieren.

Bewertung der Rechtsform

Vorteile

- Das Einzelunternehmen ist die einfachste und günstigste Form der Unternehmensgründung.
- Es ist kein Mindestkapital erforderlich.
- Der Einzelunternehmer hat einen breiten Entscheidungsspielraum und die volle Kontrolle über das Unternehmen.
- Da der Einzelunternehmer alleine agiert, braucht er den erwirtschafteten Gewinn mit keinem anderen zu teilen.

Nachteile

- Der Einzelunternehmer haftet – neben seinem Geschäftsvermögen – auch mit dem gesamten Privatvermögen (persönlich und unbeschränkt).

- Es ist kein Partner und somit kein weiterer Kapitalgeber vorhanden.
- Das Unternehmen ist von dem Geschick und der Verantwortung einer einzelnen Person abhängig.

Zusammenfassung der wesentlichen Kriterien

Einzelunternehmen	
Gründerzahl	1
Gründungsaufwand	gering, Gewerbeanmeldung erforderlich
Kapital / Mindesteinzahlung	kein festes Kapital bzw. keine Mindesteinlage vorgeschrieben
Haftung	unbeschränkt und persönlich mit Geschäfts- und Privatvermögen
Geschäftsführung	alleinige Geschäftsführungsbefugnis
Vertretung	alleinige Vertretungsmacht
Ergebnisverteilung	keine Gewinnteilung
Handelsregister-eintragung	als Kleingewerbetreibender keine Verpflichtung; wenn Kaufmannseigenschaft vorliegt, Eintragung verpflichtend

2.5 Ausgewählte Personengesellschaften

2.5.1 Die Offene Handelsgesellschaft (OHG)

Merkmale der OHG

Eine offene Handelsgesellschaft (OHG) ist eine Personengesellschaft, an der mindestens zwei Gesellschafter beteiligt sind. Sie ist insbesondere für gleichberechtigte und -verpflichtete Partner geeignet. Die OHG kann somit als Standardrechtsform für Personen gesehen werden, die ein Handelsgewerbe mit mindestens einem weiteren Partner zusammen betreiben wollen. Das »Geschäft« muss ein nach

Art und Umfang in kaufmännischer Weise eingerichteter Gewerbebetrieb sein. = groß !

Jeder Gesellschafter einer OHG ist grundsätzlich einzeln vertretungsberechtigt. Die Geschäftsführung steht prinzipiell sämtlichen Gesellschaftern zu. Diese Regelungen sind allerdings im Gesellschaftsvertrag abänderbar, aber nur dann Dritten (z. B. Kunden) gegenüber wirksam, wenn sie in das Handelsregister eingetragen sind. Die OHG kennt kein Mindestkapital. Damit kann sie ohne Kapitaleinsatz gegründet werden. Jeder Gesellschafter haftet persönlich, unbeschränkt und solidarisch für die Schulden des Unternehmens.

solidarische Haftung

Die solidarische Haftung ist eine verschärfte Haftungsbestimmung und bedeutet: Ein Gläubiger (i. d. R. sind das Banken) hat das Recht, seine gesamten Forderungen von jedem einzelnen Gesellschafter einzutreiben. Jeder einzelne Gesellschafter muss notfalls auch mit seinem gesamten Privatvermögen für sämtliche Schulden des Unternehmens gerade stehen. Die Solidarhaftung erhöht aus Bankensicht die Kreditwürdigkeit (Bonität) dieser Gesellschaftsform.

Beispiel:

Beispiel

Die OHG »X-beliebig« hat die zwei Gesellschafter A und B. Im Gesellschaftsvertrag ist die Vertretungsmacht nicht beschränkt. A kauft (ohne Wissen von B) spontan eine neue Geschäftsausstattung aus massivem Tropenholz für sein Büro. A selbst hat persönlich nicht das nötige Geld dazu. Leider! Als die Geschäftsausstattung geliefert wird, A nicht zahlen kann und das Gesellschaftsvermögen auch nichts mehr »hergibt«, wendet sich das Möbelgeschäft direkt an B. Aufgrund eines Vollstreckungstitels wird dessen teurer privater Sportwagen gerichtlich versteigert, um aus dem Verkaufserlös die Lieferantenforderung zu begleichen. B kann jetzt höchstens noch versuchen, von seinem Partner die Schulden in einem zivilrechtlichen Prozess wieder einzufordern.

Auch Kleingewerbetreibende können durch die Handelsrechtsreform vom 1.7.1998 eine OHG gründen.
wenn sie freiwillig im Handelsregister eingetragen sind

Bewertung der Rechtsform

Vorteile

- Es ist keine Mindesteinlage vorgeschrieben.
- Die OHG hat ein hohes Ansehen, da diese Rechtsform über die beste Kreditwürdigkeit (Bonität) verfügt (Stichwort: solidarische Haftung).
- Alle Partner sind am Gewinn beteiligt.
- Alle Partner können grundsätzlich mitentscheiden.
- Alle Partner arbeiten in der Regel im Unternehmen mit.

Nachteile

- Jeder einzelne Gesellschafter einer OHG haftet persönlich, unbeschränkt und solidarisch für alle Schulden des Unternehmens (»Alle für einen, einer für alle«).
- Die OHG ist handelsrechtlich zur Buchführung verpflichtet.
- Ein hohes gegenseitiges Vertrauen der Gesellschafter ist nötig.

Offene Handelsgesellschaft (OHG)	
Gesellschaftsform	Personengesellschaft
Gründerzahl	mindestens 2
Gründungsaufwand	relativ gering
Kapital/ Mindesteinzahlung	kein festes Kapital bzw. keine Mindesteinlage vorgeschrieben
Haftung	unbeschränkt, persönlich und solidarisch mit Geschäfts- und Privatvermögen
Geschäftsführung	gemeinsame Geschäftsführungsbefugnis (durch alle Gesellschafter), wenn im Gesellschaftsvertrag nichts anderes geregelt ist
Vertretung	Jeder Gesellschafter hat prinzipiell Vertretungsmacht (Einzelvertretung), wenn im Gesellschaftsvertrag nichts anderes geregelt ist. Eine Änderung muss ins Handelsregister eingetragen werden, sonst ist sie Dritten gegenüber unwirksam.
Ergebnisverteilung	alle sind am Gewinn bzw. Verlust beteiligt
Formvorschriften zum Gesellschaftsvertrag	schriftlicher Gesellschaftsvertrag nicht zwingend erforderlich, allerdings zu empfehlen
Handelsregistereintragung	Eintragung verpflichtend

Zusammenfassung der wesentlichen Kriterien

2.5.2 Die Kommanditgesellschaft (KG)

Merkmale der KG

Die Kommanditgesellschaft (KG) ist eine »Spezialform« der OHG und somit eine Personengesellschaft. Allerdings ist das unternehmerische Risiko (insbesondere die Haftung) zwischen den Gesellschaftern unterschiedlich verteilt. Eine KG muss mindestens einen Vollhafter (Komplementär) und einen Teilhafter (Kommanditist) aufweisen. Aufgrund der unterschiedlich verteilten Rechte und Pflichten kann man die KG als »Zwei-Klassen-Gesellschaft« umschreiben.

Bei der KG sind die Rechte und Pflichten zwischen dem Komplementär und dem Kommanditisten unterschiedlich aufgeteilt.

Komplementär

Hinter dem Begriff »Komplementär« steckt das aus dem Lateinischen stammende Wort »complementum«, was übersetzt »Ergänzung« bedeutet. Während der Kommanditist (als Teilhafter) nur in Höhe seiner geleisteten Einlage haftet, kommt dem Komplementär eine »ergänzende Haftung« zu. Er haftet unbeschränkt, persönlich und gegebenenfalls auch solidarisch.

Die Gesellschaftsform einer KG wird oftmals gewählt, wenn ein oder mehrere Gesellschafter einer OHG einen oder mehrere neue Gesellschafter aufnehmen, um an finanzielle Mittel zu gelangen und somit die Liquidität der Gesellschaft zu erhöhen. Denn außer einem Kontrollrecht sind Kommanditisten nicht aktiv an der Leitung der Firma beteiligt (insbesondere sind Kommanditisten von der Geschäftsführung und Vertretung der Gesellschaft nach dem HGB zwingend ausgeschlossen). Somit arbeiten der oder die Komplementär(e) aktiv im Unternehmen mit und haben die Entscheidungsgewalt. Jeder Komplementär ist grundsätzlich einzeln vertretungsberechtigt, was allerdings durch eine entsprechende Regelung im Gesellschaftsvertrag abgeändert werden kann.

Verglichen mit der OHG hat der Komplementär die gleichen Rechte und Pflichten wie ein OHG-Gesellschafter.

Kommanditist

Ein Kommanditist ist keineswegs ein Gesellschafter, der »Kommandos« gibt. Er bringt ausschließlich Kapital (Geld, Mitarbeit, Fachwissen, Patente etc.) in das Unternehmen ein. Dafür ist er am Gewinn und am Unternehmenswert beteiligt. Die Höhe der Einlage wird durch den Gesellschaftsvertrag bestimmt und muss bei Eintragung der Gesellschaft in das Handelsregister mit eingetragen werden. Der Kommanditist haftet den Gläubigern der Gesellschaft bis zur Höhe seiner Einlage unmittelbar; die Haftung ist ausgeschlossen, soweit die Einlage geleistet ist. Neben dem Recht auf ein Stück vom Gewinn hat jeder Kommanditist gewisse Kontrollrechte (z. B. Einsicht in die Bücher).

Beispiel:

Beispiel

Der Komplementär einer KG beschließt gegen den Willen des Kommanditisten, ein neues Produkt zu erstellen. Prinzipiell kann er das. Der Entschluss bringt es mit sich, dass für das neue Produkt eine Produktionsanlage angeschafft werden muss. Das neue Produkt wird leider ein Flop. Das Unternehmen wird damit zahlungsunfähig und letztlich abgewickelt. Wie sieht es nun mit der Haftung aus? Der Kommanditist haftet nur mit seiner Kapitaleinlage, die er jedoch vollständig verlieren kann. Der Komplementär haftet hingegen mit seiner Kapitaleinlage und ergänzend mit seinem Privatvermögen. In der Konsequenz kann der Komplementär über seine Kapitaleinlage hinaus sein gesamtes privates Vermögen verlieren.

Vorteile Komplementär

Bewertung der Rechtsform

- Man kann leichter als auf dem Kreditweg an Startkapital kommen
- Hohe Bonität
- Kommanditisten haben prinzipiell keine Geschäftsführungsbefugnis und zwingend keine Vertretungsmacht. Somit behält man als Komplementär in der Regel alleiniges Entscheidungsrecht.

Nachteil Komplementär

- Komplementäre haften (wie OHG-Gesellschafter): persönlich, unbeschränkt und solidarisch, also auch mit ihrem gesamten Privatvermögen.

Vorteile Kommanditist

- Kommanditisten haften nur in Höhe ihrer Einlagen und nicht mit dem Privatvermögen.
- Kommanditisten sind am Unternehmensergebnis beteiligt.

Nachteil Kommanditist

- Vom Gesetz her keine Vertretungsmacht und grundsätzlich keine Geschäftsführungsbefugnis, sondern nur Kontrollrechte.

Zusammenfassung der wesentlichen Kriterien

Kommanditgesellschaft (KG)	
Gesellschaftsform	Personengesellschaft
Gründerzahl	mindestens 2
Gründungsaufwand	relativ gering
Kapital/ Mindesteinzahlung	kein festes Kapital bzw. keine Mindesteinlage vorgeschrieben; Kommanditisten müssen allerdings ihre Einlage leisten (Höhe beliebig)
Haftung	Komplementäre haften unbeschränkt und persönlich (ggf. auch solidarisch) mit Geschäfts- und Privatvermögen; Kommanditisten haften nur in Höhe der Einlage. Die Haftungsbeschränkung tritt in der Regel erst nach der Eintragung ins Handelsregister ein.
Geschäftsführung	gemeinsame Geschäftsführungsbefugnis durch alle Komplementäre, wenn im Gesellschaftsvertrag nichts anderes geregelt ist

Kommanditgesellschaft (KG)	
Vertretung	Jeder Komplementär hat prinzipiell Vertretungsmacht, wenn im Gesellschaftsvertrag nichts anderes geregelt ist. Eine Änderung muss ins Handelsregister eingetragen werden, sonst ist sie Dritten gegenüber unwirksam. Kommanditisten haben zwingend keine Vertretungsmacht.
Ergebnisverteilung	alle sind am Gewinn bzw. Verlust beteiligt
Formvorschriften zum Gesellschaftsvertrag	schriftlicher Gesellschaftsvertrag nicht zwingend erforderlich, allerdings zu empfehlen
Handelsregister-eintragung	Eintragung verpflichtend

2.5.3 Die Gesellschaft bürgerlichen Rechts (GbR)

Merkmale der GbR

Die Gesellschaft bürgerlichen Rechts (GbR) ist einerseits die einfachste Form einer Gesellschaft. Andererseits stellt sie den »Urtyp« einer Personengesellschaft dar. Die entsprechenden Regelungen finden Sie im Bürgerlichen Gesetzbuch (BGB). Deshalb nennt man die GbR auch BGB-Gesellschaft. Wir bleiben bei dem Begriff GbR.

Eine GbR entsteht bei Vorliegen bestimmter Voraussetzungen automatisch. Immer wenn sich mehrere Personen zur Förderung eines gemeinsamen Zwecks (Gesellschaftszweck) zusammenschließen und darüber hinaus die zur Erreichung des Zwecks notwendigen Beiträge (z. B. Kapitaleinlagen, Know-how) geleistet sind, ist eine Gesellschaft bürgerlichen Rechts entstanden. Für die Gründung einer GbR ist kein schriftlicher Gesellschaftsvertrag notwendig. Mündliche Vereinbarungen sind ausreichend. Die Eintragung einer GbR in das Handelsregister ist nicht möglich.

Kommerziell agierende Personen und / oder Personengruppen (Ärzte, Rechtsanwälte, selbständige Betriebswirte) finden sich häufig als Gemeinschaft in einer GbR zusammen. In der Regel sollen durch diese Verbindungen Kosten reduziert bzw. Synergien genutzt werden. Neben dieser bewussten Variante entstehen GbRs auch zufällig – ohne dass sich ihre Gesellschafter dessen überhaupt bewusst sind. Beispiele dafür sind Fahr- und Lotteriegemeinschaften sowie nichteheliche Lebensgemeinschaften.

Grenzen einer GbR

Gerne wählen auch Kleingewerbetreibende (z. B. Kiosk- oder Imbissbudenbetreiber) die Rechtsform einer GbR. Hier muss sich der Umfang der geschäftlichen Tätigkeit jedoch in einem sehr überschaubaren Rahmen bewegen. Ist dies nicht der Fall, wird die GbR automatisch zur OHG mit der Pflicht zur Eintragung ins Handelsregister.

weitere Merkmale der GbR

GbR-Gesellschafter haften für die Schulden der Gesellschaft persönlich, unbeschränkt und solidarisch.

Bei der GbR sind alle Gesellschafter nur gemeinsam zur Geschäftsführung und Vertretung berechtigt. Im Gesellschaftsvertrag kann allerdings eine abweichende Regelung getroffen werden.

Bewertung der Rechtsform

Zusammenfassend lassen sich die Vor- und Nachteile folgendermaßen skizzieren:

Vorteile

- Einfach zu gründende Gesellschaftsform.
- Mindestkapital ist nicht vorgesehen.
- Die GbR hat bei Kreditinstituten ein höheres Ansehen als beispielsweise die Einzelunternehmung.
- Jeder beteiligte Gesellschafter hat ein hohes Maß an Mitbestimmungsmöglichkeiten.
- Es besteht handelsrechtlich keine Verpflichtung zur doppelten Buchführung. Nach dem Steuerrecht besteht eine solche nur,

wenn der Jahresumsatz bzw. -ertrag eine gewisse Höhe überschritten hat (§ 141 der Abgabenordnung).

Nachteile

- Eine GbR ist besonders vom persönlichen Engagement und einem hohen gegenseitigen Vertrauen geprägt.
- Viele Gesellschaften bürgerlichen Rechts arbeiten ohne vertragsmäßige Grundlage. Deshalb können Auseinandersetzungen schnell existenzgefährdend für die Gesellschafter werden.
- Kein Firmenname, sondern nur eine Geschäftsbezeichnung möglich (dazu später mehr).
- Volle Haftung jedes Mitgesellschafters, einschließlich seines Privatvermögens.

Zusammenfassung der wesentlichen Kriterien

Gesellschaft bürgerlichen Rechts (GbR bzw. BGB-Gesellschaft)	
Gesellschaftsform	Personengesellschaft
Gründerzahl	mindestens 2
Gründungsaufwand	gering
Kapital/ Mindesteinzahlung	kein festes Kapital bzw. keine Mindesteinlage vorgeschrieben
Haftung	Gesellschafter haften unbeschränkt, persönlich und solidarisch mit Geschäfts- und Privatvermögen.
Geschäftsführung	gemeinsame Geschäftsführungsbefugnis, wenn im Gesellschaftsvertrag nichts anderes geregelt ist
Vertretung	gemeinsame Vertretungsmacht, wenn im Gesellschaftsvertrag nichts anderes geregelt ist
Ergebnisverteilung	Alle sind am Gewinn bzw. Verlust beteiligt.
Formvorschriften zum Gesellschaftsvertrag	schriftlicher Gesellschaftsvertrag nicht zwingend erforderlich, allerdings zu empfehlen
Handelsregistereintragung	Eintragung nicht möglich

2.6. Die stille Gesellschaft

Eine stille Gesellschaft tritt nach außen hin überhaupt nicht in Erscheinung. Sie ist eine so genannte Innengesellschaft. Das dazugehörende Handelsgewerbe betreibt ein anderer als der stille Gesellschafter. Es handelt sich hierbei »nur« um eine Beteiligung in Form einer Vermögenseinlage des stillen Gesellschafters.

Kapitalanlage

Innenverhältnis

Der stille Gesellschafter hat gewisse Ähnlichkeit mit dem Kommanditisten einer KG: Er stellt einem Unternehmen Kapital zur Verfügung und ist dafür am Gewinn beteiligt. Macht das Unternehmen Verluste, erhält der stille Gesellschafter kein Geld. Die stille Beteiligung ist grundsätzlich bei allen Rechtsformen möglich. Der Name kommt daher, dass die stille Gesellschaft für außen stehende Personen nicht erkennbar ist. Es gibt nur ein Innenverhältnis. Ein Außenverhältnis existiert damit nicht. Ein stiller Gesellschafter hat in der Regel keine Mitspracherechte; sein Risiko ist auf seine Kapitaleinlage beschränkt.

Bewertung der Rechtsform

Vorteile für das Unternehmen

- Keine Eintragung des stillen Gesellschafters ins Handelsregister.
- Stärkung der Eigenkapitalbasis, ohne dass der Kapitalgeber nach außen in Erscheinung tritt.

Nachteile für das Unternehmen

- Gefahr der zu starken Abhängigkeit vom Geldgeber.
- Der stille Gesellschafter trägt nach außen hin keine Verantwortung.

Vorteile für den stillen Gesellschafter

- Individueller und begrenzbarer Kapitaleinsatz, kein gesetzliches Wettbewerbsverbot, keine Mitarbeiterverpflichtung.
- Haftung beschränkt sich auf die Beteiligungshöhe.

Nachteil für den stillen Gesellschafter

- Unter Umständen stellt eine solche Beteiligung ein Risiko dar.

Zusammenfassung der wesentlichen Kriterien

Stille Gesellschaft	
Gesellschaftsform	reine Innengesellschaft
Gründerzahl	nur 2 (Einzelperson und Handelsgesellschaften)
Gründungsaufwand	relativ gering
Kapital/ Mindesteinzahlung	Einlage für den stillen Gesellschafter und Beteiligung am Gesellschaftsvermögen
Haftung	Keine; nur der Inhaber des Handelsgeschäfts haftet unbeschränkt und persönlich bzw. mit Gesellschaftsvermögen.
Geschäftsführung	Inhaber des Handelsgeschäfts; grundsätzlich ist allerdings eine Beteiligung des stillen Gesellschafters möglich.
Vertretung	keine; Inhaber des Handelsgeschäfts
Ergebnisverteilung	Der stille Gesellschafter bekommt nicht nur eine gewinnunabhängige Vergütung in Form eines Zinses, sondern er ist zu einem bestimmten Teil (durch den Gesellschaftsvertrag geregelt) am Gewinn bzw. Verlust beteiligt.
Formvorschriften zum Gesellschaftsvertrag	schriftlicher Gesellschaftsvertrag nicht zwingend erforderlich, allerdings zu empfehlen
Handelsregistereintragung	nein

ungenau, falsch
Gewinnbeteiligung
Verlust: seine Einlage kann „verloren" gehen

2.7 Ausgewählte Kapitalgesellschaften

2.7.1 Die Gesellschaft mit beschränkter Haftung (GmbH)

Merkmale der GmbH

Eine Gesellschaft mit beschränkter Haftung (GmbH) ist – im Gegensatz zu den bislang dargestellten Gesellschaften – eine Kapitalgesellschaft mit eigener Rechtspersönlichkeit. Sie ist eine so genannte juristische Person.

Popularität

Die GmbH ist neben dem Einzelunternehmen die in Deutschland beliebteste Unternehmensrechtsform. Die Popularität der GmbH ist vermutlich auf die mit ihr verbundene Haftungsbeschränkung zurückzuführen.

Haftungsbeschränkung

Der große Vorteil einer GmbH liegt – wie es der Name bereits vermuten lässt – in der beschränkten Haftung der Gesellschafter. Beschränkte Haftung meint hier, dass die Gesellschafter einer GmbH in der Regel nicht mit ihrem Privatvermögen für die Schulden des Unternehmens haften, sondern nur in Höhe ihrer Geschäftsanteile (= Stammeinlagen). Somit eignet sich die GmbH besonders für den Zusammenschluss mehrerer Gesellschafter, die zwar in der Gesellschaft mitarbeiten und entscheiden wollen, das Risiko aber auf die Geschäftseinlage beschränkt wissen möchten.

Beispiel zur Haftung:

Beispiel

Nehmen Sie an, dass sich der eingangs als Einzelunternehmen geführte Imbiss erfolgreich im Markt etabliert hat. Jetzt braucht der ursprüngliche Existenzgründer aktive Unterstützung. Die »Wurst-Barone GmbH« wird gegründet. Der hinzugekommene Gesellschafter vertritt mit dem »Ursprungsgesellschafter« die GmbH als Geschäftsführer. Klagen Externer können nur gegen die GmbH als juristische Person gerichtet werden; das Privatvermögen der Gesellschafter (Haus, Hof und Garten) bleibt unangetastet.

zusätzliche Sicherheiten bei Kreditvergabe

Kreditgeber versuchen häufig (insbesondere bei Neugründungen) bei Kreditvergaben, die Haftungsbeschränkung der GmbH-Gesellschafter »auszubremsen«, indem sie die Gesellschafter Bürgschaften ausstellen lassen. Bei einer Insolvenz der GmbH werden dann die bürgenden Gesellschafter persönlich in die Pflicht genommen.

rechtsbegründende Eintragung ins Handelsregister

Die GmbH kann zu jedem zulässigen Zweck gegründet werden. Sie kann auch von einer Einzelperson gegründet werden (das ist die so genannte »Ein-Mann-GmbH«). Die Gründungsformalitäten sind bei einer GmbH weitaus aufwendiger als bei den zuvor besprochenen Rechtsformen. Für eine GmbH ist die Eintragung ins Handelsregister zwingend erforderlich, da sie rechtlich erst durch die Eintragung entsteht (= rechtsbegründende Eintragung). Der Gesellschaftsvertrag einer GmbH muss von einem Notar schriftlich aufgesetzt werden (er bedarf der notariellen Beurkundung). Die Mindestinhalte des Gesellschaftsvertrags sind gesetzlich geregelt.

Stammkapital/ Stammeinlage

Das Stammkapital (alle Stammeinlagen der Gesellschafter) einer GmbH beträgt 25.000 €. Allerdings sind für den »Start« nicht sofort die gesamten 25.000 € fällig. Rechtlich verbindlich sind beim Start der GmbH nur 12.500 € des Stammkapitals zu leisten. Die Gesellschafter können später Nachschüsse auf die Stammeinlage leisten. Teile des Stammkapitals können auch in Form von Sacheinlagen (Auto, PC etc.) eingebracht werden.

Vertretung durch die Geschäftsführung

Da sich eine juristische Person nicht selbst vertreten kann, »bedient« sich die GmbH eines vertretungsberechtigten Organs. Das ist der oder die Geschäftsführer/in. Da eine GmbH grundsätzlich einen oder mehrere Gesellschafter haben kann, ist es auch möglich, dass die GmbH in der Konsequenz über einen oder mehrere Geschäftsführer verfügt. Angestellte Geschäftsführer sind prinzipiell ebenfalls denkbar.

geborener/gekorener Geschäftsführer

Somit haben wir bei einer GmbH generell zwei »Typen« von Geschäftsführern:

- den »geborenen« Geschäftsführer; das ist ein geschäftsführender Gesellschafter (Prinzip der »Selbstorganschaft«)
- den »gekorenen« Geschäftsführer; das ist ein angestellter Geschäftsführer, der selbst kein Gesellschafter ist (Prinzip der »Fremdorganschaft«)

Bei der Ein-Mann-GmbH gibt es das wundervolle Phänomen, dass der einzige Gesellschafter sowohl Gesellschafter als auch Geschäftsführer ist.

Regelung der Vertretungsmacht

Bei mehreren Geschäftsführern gilt die Gesamtvertretung durch alle Geschäftsführer [redacted]. Diese kann allerdings durch den Gesellschaftsvertrag oder durch Beschlüsse abgeändert werden, muss dann, zur Wirksamkeit Dritten gegenüber, ins Handelsregister eingetragen werden. Gegenüber den Geschäftspartnern darf der Umfang der Vertretungsmacht nicht beschränkt werden. Die Geschäftsführung kann verpflichtet werden, bei bestimmten Geschäften (z. B. ab einer gewissen Größenordnung) die Zustimmung sämtlicher Gesellschafter einzuholen. Tut sie dies nicht, ist das Geschäft nach außen hin trotzdem wirksam. Der »unfolgsame« Geschäftsführer macht sich hierbei höchstens im Innenverhältnis schadensersatzpflichtig.

Regelung der Geschäftsführung

Die Geschäftsführungsbefugnis (das Innenverhältnis) ist bei einer GmbH in der Art geregelt, dass vom Gesetz her prinzipiell sämtliche Geschäftsführer [redacted] zur Geschäftsführung befugt sind. Hier ist auch wieder eine Änderung durch den Gesellschaftsvertrag oder durch Beschluss der Gesellschafter denkbar.

Im Normalfall (von GmbHs mit mehr als 500 Arbeitnehmern einmal abgesehen; dort gibt es noch einen Aufsichtsrat) verfügt eine GmbH über zwei Organe. Ein Organ haben wir bereits angeführt. Das war der Geschäftsführer bzw. die Geschäftsführung.

Die Gesellschafterversammlung ist ein weiteres Organ der GmbH. Sie bestimmt das Vertretungsorgan, d. h. den oder die Geschäftsführer, überwacht die Geschäftsführung, entscheidet über die Ergebnisverteilung und die Geschäftspolitik etc.

die Gesellschafterversammlung als weiteres Organ

Vorteile

Bewertung der Rechtsform

- Beschränkte Haftung: Die GmbH haftet mit dem Gesellschaftsvermögen und nicht mit dem Privatvermögen der Gesellschafter. Somit ist eine Trennung zum privaten Bereich gut möglich.
- Die Gesellschafter können gleichzeitig Geschäftsführer der GmbH sein und als solche die Stellung des Unternehmers und des Arbeitnehmers (steuerrechtlich) verbinden. Denn das Geschäftsführergehalt gilt als steuerlich zulässige Betriebsausgabe.

Nachteile

- Es fallen relativ hohe Gründungskosten an (Notar, Handelsregister, Veröffentlichungskosten).
- Mindeststammkapital von 25.000 € ist notwendig.
- In der Startphase besteht eine geringe Kreditwürdigkeit.
- Banken verlangen bei der Kreditvergabe an die GmbH zumeist die persönliche Haftung der geschäftsführenden Gesellschafter.
- Eintragung ins Handelsregister zwingend erforderlich.
- GmbHs müssen an das Finanzamt Körperschaftssteuervorauszahlungen leisten.
- Die GmbH muss einen Jahresabschluss (Bilanz mit Gewinn- und Verlustrechnung und Anhang) aufstellen, auch wenn Erträge und Vermögen gering sind.

Zusammenfassung der wesentlichen Kriterien

Gesellschaft mit beschränkter Haftung (GmbH)	
Gesellschaftsform	Kapitalgesellschaft
Gründerzahl	mindestens 1
Gründungsaufwand	relativ hoch
Kapital / Mindesteinzahlung	Mindeststammkapital 25.000 € (bei Gründung mindestens 12.500 €)
Haftung	prinzipiell nur mit dem Gesellschaftsvermögen; Haftungsbeschränkung wird erst mit der Eintragung ins Handelsregister wirksam
Geschäftsführung	grundsätzlich Gesamtgeschäftsführungsbefugnis, allerdings im Gesellschaftsvertrag abänderbar
Vertretung	Grundsätzlich Gesamtvertretung der Geschäftsführung, jedoch im Gesellschaftsvertrag abänderbar. Jede Änderung muss zu ihrer Wirksamkeit in das Handelsregister eingetragen werden.
Ergebnisverteilung	Verteilung der Gewinne erfolgt nach dem Verhältnis der Geschäftsanteile (Stammeinlagen).
Formvorschriften zum Gesellschaftsvertrag	schriftlicher Gesellschaftsvertrag zwingend erforderlich; Mindestinhalt ist gesetzlich geregelt, notarielle Beurkundung notwendig
Handelsregister-eintragung	ja

2.7.2 Die Aktiengesellschaft (AG)

Merkmale einer AG

Die Aktiengesellschaft (AG) ist eine Kapitalgesellschaft und hat somit eine eigene Rechtspersönlichkeit (Stichwort: juristische Person). Auch für eine AG ist die Eintragung in das Handelsregister zwingend erforderlich, da sie rechtlich erst durch die Eintragung entsteht (= rechtsbegründende Eintragung). Aktiengesellschaften entstehen oft auch durch Umformung von (bereits in anderen Rechtsformen) bestehenden Unternehmen.

Motivation zur Gründung einer AG

Die AG dient in erster Linie als Instrument zur Kapitalbeschaffung. Durch den Verkauf von Aktien fließt dem Unternehmen Kapital (das so genannte Grundkapital) zu. Durch den Kauf beteiligen sich Aktionäre am Unternehmen.

Die »Mitgliedschaft« in einer Aktiengesellschaft ist extrem variabel und u. U. auch anonym. Denn die Aktien lassen sich prinzipiell wie bewegliche Sachen veräußern. Im Normalfall weiß die Gesellschaft überhaupt nicht exakt, wer nun jeder einzelne Gesellschafter ist.

Beispiel:

Beispiel

Kommen wir zurück auf unsere »Wurst-Barone GmbH«. Die Geschäfte florieren. Die GmbH hat zwischenzeitlich eine nicht unerhebliche Zahl von Imbissbuden eröffnet. Ihre Würste finden reißenden Absatz. Die GmbH-Gesellschafter überlegen, eine zentrale Produktion aufzubauen. Dafür benötigen sie Kapital. Aus diesem Grund beschließen sie, ihre GmbH in eine Aktiengesellschaft umzuwandeln. Durch den Verkauf von Aktien soll dem Unternehmen Kapital zugeführt werden.

aufwendige Gründung

Der Gründungsakt einer AG hat ganz andere Dimensionen als die Gründungen der bislang vorgestellten Unternehmensrechtsformen. Eine oder mehrere Personen müssen einen »Gesellschaftsvertrag« abschließen. Dieser heißt bei einer AG allerdings nicht Gesellschaftsvertrag, sondern Satzung. Sie muss notariell beurkundet werden.

Dies bedeutet, dass ein Notar die Satzung selbst entwirft und für die rechtliche Richtigkeit die Verantwortung übernimmt. Das Aktiengesetz (AktG) schreibt den Mindestinhalt vor.

Publizitätspflicht

Eine wesentliche Regelung zum Schutz der Gläubiger und Aktionäre ist die zwingende Publizitätspflicht. Eine AG muss ihren Geschäftsbericht, den Jahresabschluss, den Anhang und den Lagebericht veröffentlichen.

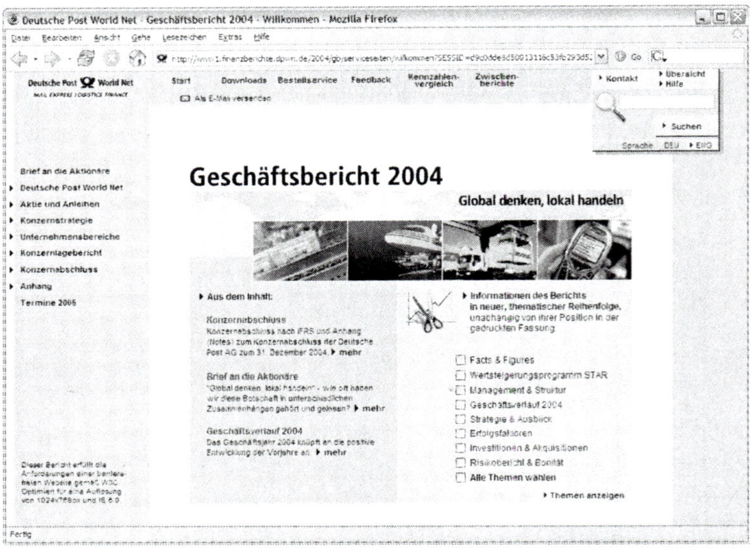

Grundkapital

Zur Gründung einer AG ist ein Grundkapital von mindestens 50.000 € erforderlich. Dieses Grundkapital wird in eine bestimmte Anzahl von Aktien zerstückelt.

Aktie

Eine Aktie ist ein Wertpapier, das den Mitbesitz an einer Aktiengesellschaft verbrieft. Jede Aktie verbrieft ein Stimmrecht in der Hauptversammlung. Dabei gilt grundsätzlich: Pro Aktie eine Stimme. Ein Kleinaktionär hat natürlich im Vergleich zu Großaktionären nur wenige Einflussmöglichkeiten. In bestimmten Fällen ist das Stimmrecht sogar »ausgeschaltet« (siehe weiter unten im Abschnitt »Aktiengattungen«). Neben dem Stimmrecht hat der Aktionär ein Recht auf Dividende.

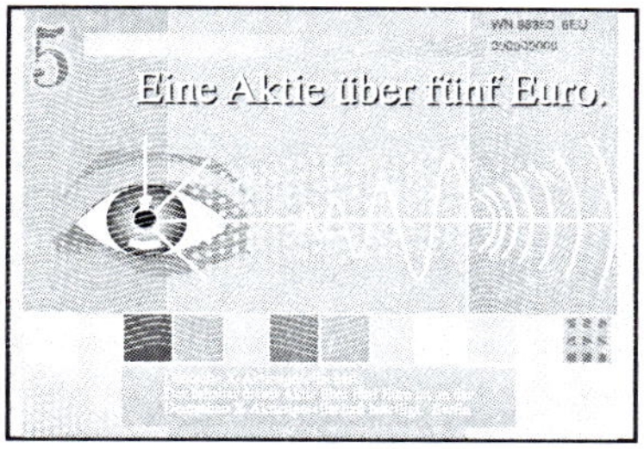

Dividende besser: ist der Anteil am Gewinn einer AG, der ausgeschüttet wird

Die Dividende ist der Gewinnanteil einer Aktie. Die Höhe der Dividende hängt von den Gewinnen und der Ausschüttungspolitik der Aktiengesellschaft ab. Die AG muss und kann allerdings auch Teile der Gewinne einbehalten. Man spricht in diesem Zusammenhang davon, dass Rücklagen gebildet werden.

Kursanstieg

Neben der Dividende ist der mögliche Kursanstieg der Aktie von hoher Bedeutung für die Anleger. Kursanstieg bedeutet konkret: Die ursprünglich gekaufte Aktie kann teurer verkauft werden. Damit entsteht ein Kursgewinn. Gerade die Chance auf einen Kursgewinn ist für viele Anleger die entscheidende Kaufmotivation.

Entwicklung der Aktie

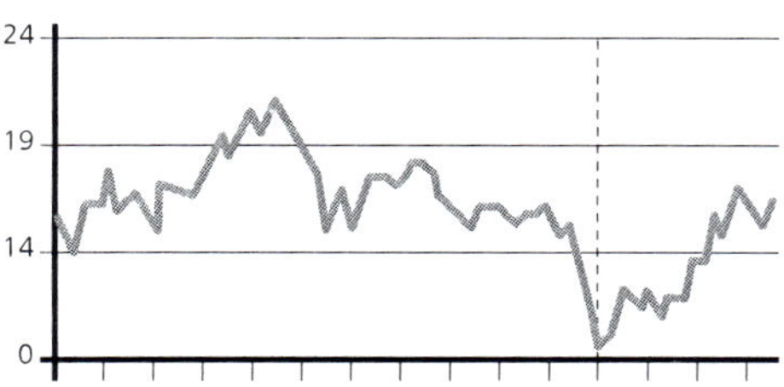

Spekulationen gehen oft mit Risiken einher. So ist das auch bei der Aktie. Die Geldanlage in Aktien ist durchaus mit Risiken behaftet.

Kursverlust

Der Kurswert ist variabel = der Wert, zu dem eine Aktie am Markt gehandelt wird.

Der notierte Wert einer Aktie (Kurswert) kann unter Umständen unter den ursprünglichen Kaufpreis fallen (Kursverlust). Der Kursverlust errechnet sich wie der Kursgewinn aus der Differenz zwischen der aktuellen Börsennotierung und dem Kaufpreis des Papiers – nur ist das Vorzeichen hier leider negativ.

Nennwert

Neben dem beschriebenen Kurswert hat jede Aktie einen Nennwert. Der Nennwert (oder auch Nominalwert) einer Aktie ist der Wert bzw. Betrag, auf den sich die Aktie bezieht. Der Nennwert dokumentiert ein faktisches Eigentumsrecht des Aktionärs an »seiner AG«. Der Nennwert einer Aktie wird nicht durch die Börse beeinflusst und lautet immer auf denselben Betrag – auch wenn eine Aktie mehr (Kursgewinn) oder weniger (Kursverlust) wert wird. Er ergibt sich durch Division von Grundkapital durch die Anzahl der ausgegebenen (emittierten) Aktien. Der Nennwert muss mindestens 1 € betragen.

$$\text{Nennwert einer Aktie} = \frac{\text{Grundkapital}}{\text{ausgegebene Aktien}}$$

Beispielrechnung Nennwert

$$\text{Nennwert} = \frac{10 \text{ Mio. €}}{1 \text{ Mio. Aktien}}$$

$$\text{Nennwert} = 10 \text{ € pro Aktie}$$

Aktiengattungen

Weiter oben haben Sie bereits erfahren, dass jeder Aktionär prinzipiell neben einem Stimmrecht ein Recht auf Dividende hat. In der Praxis existieren allerdings verschiedene Arten von Aktien (Aktiengattungen), die diese »Elementarrechte« in unterschiedlicher Intensität verbriefen. Das Aktiengesetz schreibt vor, dass in der Satzung die Aktiengattungen dokumentiert sein müssen.

Die wesentlichen Gattungen sind:

- Inhaberaktien
- Namensaktien
- Stammaktien
- Vorzugsaktien

Inhaberaktien

Inhaberaktien, so lässt der Name bereits vermuten, sind auf den Inhaber lautende Aktien. Es handelt sich hierbei um die übliche Form gehandelter Aktien. Die Bezeichnung »Inhaber« bezieht sich darauf, dass der Inhaber der Aktie alle mit ihr verbundenen Rechte (Dividendenanspruch, Stimmrecht) wahrnehmen kann. Der Kontakt zwischen der Gesellschaft und dem Aktionär ist anonym.

Namensaktien

Der »Gegenpol« dazu sind Namensaktien: Im Gegensatz zur Inhaberaktie lautet die Namensaktie auf den Namen des Aktionärs. Dieser Eigentümer ist mit Adresse und Stand im Aktienbuch der AG eingetragen. Allerdings können Namensaktien auch an eine andere Person übertragen werden (in diesem Falle spricht man von einer vinkulierten Namensaktie).

Stamm- und Vorzugsaktien

Je nach Umfang der verbrieften Rechte gibt es zudem Stammaktien und Vorzugsaktien. Stammaktien gewähren dem Aktionär alle gesetzlichen und satzungsmäßigen Aktionärsrechte. Vorzugsaktien sind Aktien mit zusätzlichen Vorrechten oder Beschränkungen (z. B. Mehrstimmrechte, Mindestdividende, fehlendes Stimmrecht bei höherer Dividende etc.).

Organe der AG

Ähnlich der GmbH hat auch die AG Organe. Dabei handelt es um

- die Hauptversammlung,
- den Aufsichtsrat und
- den Vorstand.

Wie Sie bereits wissen, erwirbt der Aktionär mit dem Kauf einer Aktie neben seinem Recht auf einen Gewinnanteil (= Dividende) zumeist ein Stimmrecht in der Hauptversammlung der Aktionäre.

Hauptversammlung

Die Hauptversammlung ist das Repräsentationsorgan der Eigentümer des Unternehmens (Aktionäre). Aktionäre können nur in der Hauptversammlung über ihr Stimmrecht agieren und damit Einfluss auf die Unternehmensentwicklung ausüben.

Die Hauptversammlung bildet aus sich heraus das zweite Organ der AG, den Aufsichtsrat.

Aufsichtsrat

nur Kontroll-funktion

Die wichtigste Funktion des Aufsichtsrates ist – neben Überwachung, Kontrolle und Beratung – die Bestellung des dritten Organs, des Vorstandes.

Vorstand

Der Vorstand ist das eigentliche Leitungsorgan der Gesellschaft. Der Vorstand »managt« die AG (= Geschäftsführung) und vertritt sie im Außenverhältnis (= Vertretung).

Geschäftsführung

Die Geschäftsführung der AG ist auf die Organe der AG verteilt.

- Der Vorstand besteht in der Regel aus mehreren Personen. Er führt eigenverantwortlich die laufenden Geschäfte der Gesellschaft. Wenn in der Satzung nichts anderes geregelt ist, besteht eine Gesamtgeschäftsführungsbefugnis aller Vorstandsmitglieder. Zu seinen Aufgaben gehört weiterhin die regelmäßige Berichterstattung an den Aufsichtsrat.
- Der Aufsichtsrat besitzt dem Vorstand gegenüber eine Kontrollfunktion. Zu seinen Aufgaben gehören die Bestellung und Abberufung des Vorstandes und die Überwachung der Geschäftsführung. Ferner wirkt er beim Jahresabschluss mit. Der Aufsichtsrat setzt sich aus Vertretern der Aktionäre und der Arbeitnehmer zusammen und berichtet an die Hauptversammlung.

- Die Hauptversammlung besteht aus den Aktionären der Gesellschaft und hat in wichtigen Fragen, die die Kapitalgeberinteressen betreffen, Entscheidungsrecht. Hierzu gehören z. B. die Wahl ihrer Vertreter für den Aufsichtsrat, Beschlüsse über Kapitalerhöhungen und Fusionen sowie die Entlastung von Vorstand und Aufsichtsrat. Das Stimmrecht eines Aktionärs in der Hauptversammlung bemisst sich nach dem relativen Nennwert seines Aktienbesitzes.

Stimmrechtsvollmacht

Kann ein Aktionär nicht persönlich an der Hauptversammlung teilnehmen, kann er entweder seine Stimmrechte verfallen lassen oder die Stimmrechtsvollmacht nutzen und sein Stimmrecht übertragen. In der Regel wird diese Vollmacht von Banken ausgeübt.

Beispiel:

Beispiel

Tante Erna hat 100 Aktien einer bestimmten AG geerbt. Sie ist eine ältere behäbige Dame. Die aktuelle Hauptversammlung der AG findet in der Großstadt Berlin statt und die Tante wohnt irgendwo im tiefen Bayern. Für sie ist Berlin am anderen Ende der Welt. Da möchte sie nicht hin. Tante Erna weiß aber Bescheid und erteilt die Stimmrechtsvollmacht ihrer Bank – diese hat ihr schließlich seit Jahrzehnten gute Dienste geleistet und sich bewährt.

Vertretung

= Gesamtvertretung (vgl. GmbH)

Wie bereits angesprochen, vertritt der Vorstand die AG. Seine Vertretungsbefugnis kann im Außenverhältnis nicht beschränkt werden. Im Innenverhältnis kann aber vereinbart werden, dass bestimmte Geschäfte der Zustimmung des Aufsichtsrats bedürfen. Ein Vertrag, der ohne die erforderliche Zustimmung abgeschlossen wurde, ist jedoch nach außen hin trotzdem wirksam. Der Vorstand kann aber eventuell der Gesellschaft gegenüber schadenersatzpflichtig sein, wenn er die Sorgfaltspflicht eines ordentlichen Geschäftsleiters verletzt – es sei denn, die Verletzungshandlung beruht auf einem gesetzmäßigen Beschluss der Hauptversammlung.

Haftung

Für die Verbindlichkeiten haftet nur das Vermögen der Gesellschaft, weshalb auch im Insolvenzfall der Aktionär seinen Anteil verlieren kann. Somit haften die Anteilseigner, also die Aktionäre, nur begrenzt, d. h. in Höhe ihrer Einlage für die Verbindlichkeiten des Unternehmens. Sie haben zudem die Möglichkeit, ihren Anteil am Unternehmen jederzeit – zum jeweiligen Börsenkurs – wieder zu veräußern.

Bewertung der Rechtsform

Vorteile für die Aktiengesellschaft

- Kapitalbeschaffung ohne fixe Zins- und Kreditrückzahlung.
- Möglichkeit zur Sicherung der Aktienmehrheit (über 50 %) und damit Sicherstellung der vollen unternehmerischen Entscheidungsgewalt.
- Haftungsbeschränkung

Nachteile für die Aktiengesellschaft

- Hoher und teurer formaler Aufwand.
- Pflichten des Kaufmanns

Vorteile für Aktionäre

- Möglichkeit, sich auch mit kleinen Beträgen an großen Unternehmen zu beteiligen.
- Recht auf Dividende (= Anteil am jährlich erwirtschafteten Gewinn).
- Chance auf Kursgewinne (= steigender Wert der Aktien).
- Aktien können recht einfach wieder verkauft werden.

Nachteile für Aktionäre

- Aktien können an Wert verlieren (= Kursverlust; bei Insolvenz der AG u. U. völliger Wertverlust).
- Kleinaktionäre tragen unternehmerisches Risiko, ohne maßgeblichen Einfluss auf die Geschäftsführung zu haben.

Zusammenfassung der wesentlichen Kriterien

Aktiengesellschaft (AG)	
Gesellschaftsform	Kapitalgesellschaft
Gründerzahl	mindestens 1
Gründungsaufwand	sehr hoch
Kapital/ Mindesteinzahlung	Mindestgrundkapital 50.000 €
Haftung	nur mit dem Gesellschaftsvermögen; Haftungsbeschränkung wird erst mit der Eintragung ins Handelsregister wirksam
Geschäftsführung	Vorstand für die laufenden Geschäfte; Aufsichtsrat und Hauptversammlung haben Einfluss auf Geschäftspolitik; grundsätzlich gilt die Gesamtgeschäftsführungsbefugnis (diese kann in der Satzung abgeändert werden)
Vertretung	Vorstand; grundsätzlich gilt die Gesamtvertretung (unbeschränkt und unbeschränkbar)
Ergebnisverteilung	Der zur Ausschüttung kommende Teil des Jahresüberschusses wird auf die Aktionäre entsprechend dem relativen Nennwert ihres Aktienbesitzes verteilt.
Formvorschriften zum Gesellschaftsvertrag	schriftlicher Gesellschaftsvertrag zwingend erforderlich; Mindestinhalt ist gesetzlich geregelt; notarielle Beurkundung notwendig
Handelsregistereintragung	ja

2.8 Mischformen

Anmerkung: *Nicht prüfungsrelevant!*

Neben den bislang dargestellten Rechtsformen existieren so genannte Mischformen, bei denen Rechtsformelemente von Kapital- und Personengesellschaften miteinander kombiniert werden:

- GmbH & Co. KG
- GmbH & Co. OHG
- KG a. A. (Kommanditgesellschaft auf Aktien) etc.

GmbH & Co. KG

Wir wollen uns an dieser Stelle auf ein Beispiel beschränken – die GmbH & Co. KG.

Merkmale der GmbH & Co. KG

Die GmbH & Co. KG verbindet die Vorteile einer Kapital- und Personengesellschaft auf eine recht aparte Weise miteinander. Die GmbH & Co. KG ist im Kern eine Kommanditgesellschaft (also eine Personengesellschaft), bei der eine GmbH als Vollhafterin (Komplementärin) fungiert. Dies ist möglich, da eine GmbH als juristische Person eine eigene Rechtspersönlichkeit besitzt. Auf diese Weise wird die unbeschränkte Haftung der Komplementäre aufgehoben und auf das Gesellschaftsvermögen der GmbH begrenzt.

Die Gründung dieser Mischform erfolgt durch einen Gesellschaftsvertrag. Zuerst wird die GmbH gegründet, die in einem weiteren Schritt Komplementärin einer Kommanditgesellschaft wird. Häufig sind die Kommanditisten zugleich Gesellschafter der GmbH. Es ist auch möglich, eine Ein-Mann-GmbH & Co. KG zu gründen. Die GmbH als Komplementärin bleibt also rechtlich selbständig, auch wenn sie persönlich haftende Gesellschafterin ist.

Geschäftsführung

Die Geschäftsführung der GmbH führt auch die Geschäfte der GmbH & Co. KG.

Vertretung

Wie Sie bereits wissen, vertritt bei einer GmbH die Geschäftsführung die Gesellschaft. Da die GmbH in dieser speziellen Konstruktion als Komplementärin die KG vertritt, folgt daraus, dass die GmbH & Co. KG ebenfalls von der Geschäftsführung der GmbH vertreten wird.

GmbH & Co. KG		
	GmbH	**KG**
Innenverhältnis	Geschäftsführer	pers. haft. Gesellschafter (Komplementär)
Außenverhältnis	Geschäftsführer	pers. haft. Gesellschafter (Komplementär)

Die Bewertung der Rechtsform

Vorteile

- Die Komplementärin (»Vollhafterin«) ist eine GmbH, die ihrerseits von ihrer Rechtsnatur her in der Haftung beschränkt ist.
- Flexible Eigenfinanzierung möglich.

Nachteile

- Aufnahme von Fremdkapital ist schwieriger aufgrund der Haftungsbeschränkung der Vollhafterin (GmbH).
- Gründungsvertrag zwischen der GmbH und den Kommanditisten ist notwendig.
- Für die GmbH ist ein Mindeststammkapital von € 25.000 vorgeschrieben.

Zusammenfassung der wesentlichen Kriterien

GmbH & Co. KG	
Gesellschaftsform	Mischform (Sonderform einer Personengesellschaft)
Gründerzahl	mindestens 2 (für die GmbH eine Person und ein Kommanditist)
Gründungsaufwand	relativ hoch
Kapital / Mindesteinzahlung	GmbH: Mindeststammkapital 25.000 €; Kommanditisteneinlage in beliebiger Höhe
Haftung	GmbH: prinzipiell nur mit dem Gesellschaftsvermögen; Haftungsbeschränkung wird erst mit der Eintragung ins Handelsregister wirksam. Kommanditisten: nur in Höhe der Einlage; die Haftungsbeschränkung tritt in der Regel erst nach der Eintragung ins Handelsregister ein.
Geschäftsführung	Geschäftsführung der GmbH ist Geschäftsführung der GmbH & Co. KG; in besonderen Fällen ist eine Beteiligung der Kommanditisten erforderlich.
Vertretung	Geschäftsführung der GmbH vertritt die GmbH & Co. KG; Kommanditisten haben grundsätzlich keine Vertretungsmacht.
Ergebnisverteilung	GmbH als juristische Person erhält in der Regel keinen Gewinn; die übrigen Kommanditisten sind alle am Gewinn bzw. Verlust beteiligt.
Formvorschriften zum Gesellschaftsvertrag	GmbH: schriftlicher Gesellschaftsvertrag zwingend erforderlich; Mindestinhalt ist gesetzlich geregelt, notarielle Beurkundung notwendig. GmbH CO. KG: schriftlicher Gesellschaftsvertrag nicht zwingend erforderlich, allerdings zu empfehlen.
Handelsregistereintragung	ja

3. Kaufvertrag

Zustandekommen eines Kaufvertrags

Grundsätzlich entsteht ein Kaufvertrag durch die Willenserklärungen von mindestens zwei Personen. Das heißt konkret: Für das Zustandekommen eines Kaufvertrages ist zumindest ein Verkäufer und ein Käufer notwendig.

Willenserklärung

Der Begriff »*Willenserklärung*« ist ein Terminus des bürgerlichen Rechts. Man versteht darunter die Äußerung einer geschäftsfähigen Person, durch die sie bewusst eine bestimmte Rechtsfolge herbeiführen will.

Antrag

Annahme

Schuldverhältnis

Die erste Willenserklärung ist ein *Antrag* (z. B. die Bestellung einer Ware durch den Käufer) und die zweite Willenserklärung ist die *Annahme* des Antrages (z. B. Bestellungsannahme bzw. Auftragsbestätigung durch den Verkäufer). Selbstverständlich kann der Antrag auch vom Verkäufer ausgehen (z. B. schriftliches Angebot eines Händlers). Die Annahme des Antrags findet dann durch den Käufer statt. (z. B. Unterzeichnung des Angebots). Beide Willenserklärungen führen im Ergebnis zu einem Vertrag, der ein Schuldverhältnis begründet. Aus diesem Schuldverhältnis ergeben sich sowohl für den Verkäufer als auch für den Käufer bestimmte Pflichten (siehe Grafik).

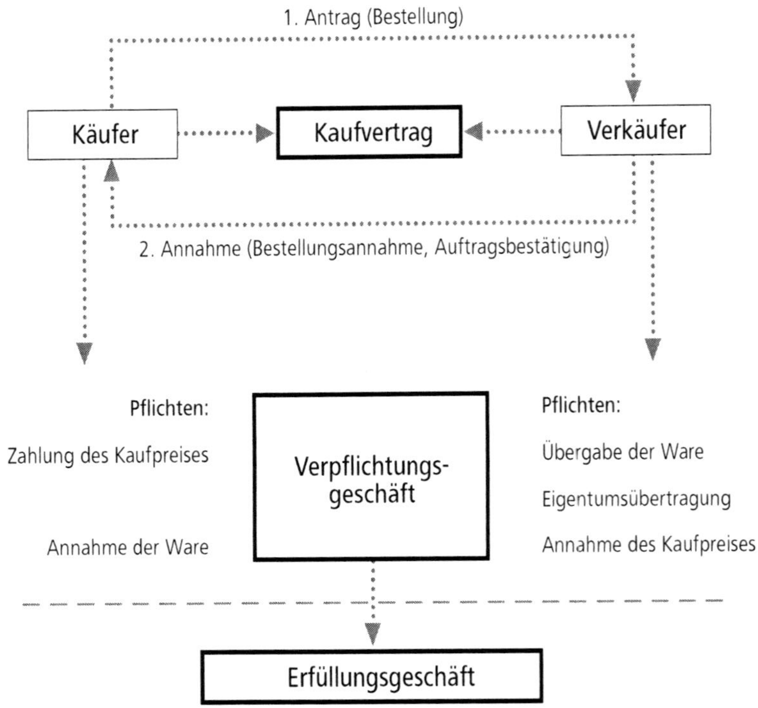

Anfrage

Wichtige Ergänzung: Eine Anfrage des Käufers stellt noch keinen verbindlichen Antrag dar. Es handelt sich hierbei nur um eine unverbindliche Erkundigung des Käufers.

Die vertragstypischen Pflichten begründen sich aus dem § 433 BGB (Bürgerliches Gesetzbuch). In Abs. 1) und 2) sind die Pflichten für den Verkäufer und Käufer geregelt:

§ 433 BGB: Pflichten für Verkäufer und Käufer

(1) Durch den Kaufvertrag wird der Verkäufer der Sache verpflichtet, dem Käufer die Sache zu übergeben und das Eigentum zu verschaffen. Der Verkäufer hat dem Käufer die Sache frei von Sach- und Rechtsmängel zu verschaffen.

(2) Der Käufer ist verpflichtet, dem Käufer den vereinbarten Kaufpreis zu zahlen und die gekaufte Sache abzunehmen.

Verpflichtungs- und Erfüllungsgeschäft

Das Zustandekommen eines Kaufvertrages wird juristisch als *Verpflichtungsgeschäft* bezeichnet. Die Ausführung hingegen als *Erfüllungsgeschäft.*

Beispiel:

Beispiel

Sie kaufen einen PC. Mit dem Verkäufer schließen Sie einen entsprechenden schriftlichen Kaufvertrag. Damit wurde das Verpflichtungsgeschäft vollzogen. Doch leider ist der PC nicht auf Lager. Sie vereinbaren mit dem Verkäufer eine Lieferfrist. Die Lieferfrist wird schriftlich fixiert und ist damit Bestandteil des Kaufvertrages. Drei Tage später erscheint der Verkäufer – wie verabredet und in dem Kaufvertrag verbindlich geregelt – mit dem neuen PC. Damit liefert er die Ware und Sie nehmen die Ware an. Damit wurde das Erfüllungsgeschäft vollzogen.

Gegenstände des Kaufvertrages

Formal können Kaufvertragsgegenstände nach verschiedenen Merkmalen unterschieden werden:

- bewegliche oder unbewegliche Sachen (z. B. Autos oder Immobilien)
- Rechte (z. B. Forderungen oder Patente)
- Sach- oder Rechtsgesamtheiten (z. B. gesamte Unternehmen)

Kaufvertragsbestandteile

Neben der in unserem Beispiel angeführten Lieferfrist kann ein Kaufvertrag weitere verbindliche Bestandteile beinhalten. Denkbar sind:

- Rabatte (Nachlässe für Waren und Leistungen auf Listenpreise),
- Zahlungskonditionen (Skonto etc.),
- Lieferbedingungen (Art, Zeitpunkt und eventueller Preis der Lieferung),
- Zahlungsbedingungen (z. B. Zahlungsort und -zeitraum),
- Garantie, Umtausch, Rückgabe und die
- AGBs (Allgemeine Geschäftsbedingungen).

individuelle Gestaltung

Letztendlich können Kaufvertragsbestandteile aber individuell gestaltet werden.

Formfreiheit der Kaufverträge

In diesem Sinne können Kaufverträge in der Regel formfrei (d. h. ohne zwingende Rechtsvorschriften) mündlich oder schriftlich geschlossen werden. In unserem vorstehenden Beispiel wurde ein schriftlicher Kaufvertrag geschlossen.

Einschränkungen

§ 311 BGB: notarielle Beurkundung

Aber keine Regel ohne Ausnahme. Es gibt bestimmte Kaufverträge, die auf Grund gesetzlicher Vorgaben einer bestimmten Form unterliegen. So ist z. B. beim Kauf einer Immobilie nach § 311 b, Abs. 1 BGB die Form der notariellen Beurkundung zwingend vorgeschrieben. Dies bedeutet, dass ein Notar den Kaufvertrag (»Urkunde«) entwirft und für die rechtliche Richtigkeit des Vertrags die Verantwortung trägt.

4. Firmenrecht und Vertretungsberechtigung

4.1 Firma und Firmenrecht

Firmenname

Jede Person hat einen Namen. Auch ein Unternehmen benötigt einen Firmennamen, unter dem es im Geschäftsleben auftritt.

Was ist nun eigentlich eine Firma? Im Handelsgesetzbuch steht dazu, dass die Firma eines Kaufmanns der Name ist, unter dem er im Handel seine Geschäfte betreibt und seine Unterschrift abgibt. Ein Kaufmann kann unter seiner Firma klagen und verklagt werden. Somit ist die Firma nichts anderes als ein Name, und zwar der Name, unter dem der Kaufmann im Geschäftsleben auftritt.

Trennung Name von Firma

Die Trennung von Name und Firma hat bei Kaufleuten folgenden einsichtigen Grund. Durch die Trennung ist es möglich, den Namen des Unternehmens vom Eigennamen des Kaufmanns zu unterscheiden. Sie gestattet daher eine Abgrenzung der Privatsphäre von dem Unternehmensbereich.

Firmenname kann übernommen werden

Sollten Sie einmal ein bestehendes Unternehmen erwerben, dürfen Sie den Firmennamen fortführen, falls der bisherige Geschäftsinhaber oder die Erben einwilligen. Der ursprüngliche Firmenname bleibt erhalten und die neue Gesellschaft wirbt mit dem guten Renommee des ehemaligen Händlers.

Beispiel:

Beispiel

Sicherlich kennen Sie auch Unternehmen, wo dies zutrifft. Als Beispiel führen wir einen Autohändler an, der den ursprünglichen Firmennamen »Paul van Dolen« fortführt. Die »Nachfolgerin« des Ursprungsunternehmens firmiert jetzt als »Paul van Dolen Nachf. GmbH & Co. KG«.

MwSt-Satz: 16 %

Zwischensumme	Mehrwertsteuer	MwSt Altteile	Auslagen		Rechnungsendbetrag
9,51		1,52		EUR	11,03 *

Die Rechnung ist sofort netto Kasse zur Zahlung fällig. Ohne eine weitere Zahlungsaufforderung tritt nach 30 Tagen Verzug ein (§ 286 Abs. 3 BGB).

Musterring 14–18
12345 Musterstadt
Telefon 0123 456-0
Telefax 0123 456-78
www.vandolen.de
info@vandolen.de

Rechtsform: Kommanditgesellschaft
Sitz der Gesellschaft: Musterstadt
Handelsregister: Musterstadt HRA-Nr. 0815
P.h.G.: Meyer und Lembke GmbH
Handelsregister: Musterstadt HRB-Nr. 4711
Geschäftsführerin: Rita Lembke

Bankhaus Knetmann, BLZ 111 222 33, Konto-Nr. 111 333
Bank des Volkes Mustergau eG, BLZ 124 108 16, Konto-Nr. 444
Sparbank Musterstadt, BLZ 201 115 18, Konto-Nr. 235 699
Steuer-Nr.: 01 442 1234 7, USt.-IdNr. DE 474769
Prädikat: Service mit Herz
Zertifiziert nach DIN ISO 9001:2000

Sämtliche Leistungen und Lieferungen erfolgen aufgrund der Ihnen bekannten Geschäftsbedingungen für die Ausführung von Instandsetzungsarbeiten an Kraftfahrzeugen.
Gerichtsstand: Musterstad

Die »Inhaberin« des neuen Unternehmens ist die Meyer und Lembke GmbH«, die durch die Geschäftsführerin Rita Lembke vertreten wird.

Informationen zu der im Handelsregister eingetragenen Gesellschaftsform finden Sie üblicherweise auf den Briefbögen und den Rechnungen der jeweiligen Gesellschaft. In unserem Beispiel finden Sie die entsprechenden Informationen am Rechnungsende. Bei der Nachfolgefirma handelt es sich um eine GmbH & Co. KG und damit um eine gesellschaftsrechtliche Mischform.

Firmenwahl

Das im HGB geregelte Firmenrecht gibt allen Kaufleuten eine weitgehende Freiheit bei der Wahl ihrer Firma.

Vier verschiedene »Firmentypen« stehen dabei zur Auswahl.

Personenfirma	Die Person des Unternehmens wird benannt. Beispiel: Wassermann KG	**Personenfirma**
Sachfirma	Der Gegenstand des Unternehmens wird benannt. Beispiel: Deutsche Post AG	**Sachfirma**
Gemischte Firma	Die Person und der Gegenstand des Unternehmens werden benannt. Beispiel: Anton Müller Kühlschrankfabrik OHG	**gemischte Firma**
Phantasiefirma	Phantasiename, der nicht dem Unternehmensgegenstand entnommen ist. Beispiel: Coca-Cola GmbH	**Phantasiefirma**

Davon unabhängig sind bei der Firmierung die nachfolgenden Grundsätze zwingend zu beachten:

Firmenwahrheit und Klarheit

Firmenwahrheit und Klarheit

Die Firma muss eine korrekte Darstellung der Art, des Umfangs und der Rechtsverhältnisse des Unternehmens beinhalten. In diesem Zusammenhang müssen Kaufleute ihrer Firma einen entsprechenden Rechtsformzusatz beifügen.

- Einzelunternehmen, die sich im Handelsregister eintragen lassen, müssen den Zusatz »e. K.« (eingetragener Kaufmann) verwenden.
- Für offene Handelsgesellschaften und Kommanditgesellschaften ist zwingend der Zusatz »OHG« und »KG« vorgeschrieben.
- Gesellschaften mit beschränkter Haftung bzw. Aktiengesellschaften müssen den Zusatz »GmbH« bzw. »AG« tragen.

Firmenausschließlichkeit

Firmenausschließlichkeit

Jede neue Firma muss sich klar von bestehenden Firmen unterscheiden. Eine bewusste Ähnlichkeit zu bestehenden Firmen darf nicht absichtlich herbeigeführt werden. Durch die Firmenausschließlichkeit sollen Verwechselungen mit bestehenden Firmen ausgeschlossen werden.

Firmenbeständigkeit

Firmenbeständigkeit

Eine bestehende Firma darf nur mit Zustimmung des bisherigen Inhabers oder seiner Erben von einem neuen Inhaber weitergeführt werden. Das von uns angeführte Beispiel der »Paul van Dolen Nachf. GmbH & Co. KG« greift den Grundsatz der Firmenbeständigkeit auf.

Firmenöffentlichkeit

Firmenöffentlichkeit

Jede Änderung der Firma ist in das Handelsregister einzutragen.

rechtsverbindliche Zeichnung der Firma

Eingangs haben wir darauf hingewiesen, dass ein Kaufmann unter seinem Firmennamen unterschreibt. Zwischenzeitlich haben Sie erfahren, dass der Firmenname mit der Firma gleichzusetzen ist. In dem gesellschaftsrechtlichen Terminus heißt diese »Unterschrift« rechtsverbindliche Zeichnung der Firma.

Bestandteile

Die Bestandteile einer rechtsverbindlichen Zeichnung sind:

- der exakte Firmenname samt genauer Firmenanschrift
- die Unterschrift einer (mehrerer) vertretungsberechtigten Person(en)

Nur die vollständige rechtsverbindliche Zeichnung hat rechtsverbindlichen Charakter.

4.2 Die Vertretungsberechtigung

Nicht jede Person kann ein Unternehmen vertreten, also für das Unternehmen Rechte erwerben und Verpflichtungen eingehen (darauf sind wir bereits bei der Vorstellung der einzelnen Rechtsformen eingegangen). Das Gesetz enthält dafür grundsätzliche Vorgaben. Schauen Sie sich diese näher an:

gesetzliche Vorgaben

- Das Einzelunternehmen vertritt der Unternehmer selbst.
- Die OHG kann von jedem Gesellschafter alleine vertreten werden (Einzelvertretung).
- Die KG wird vom Komplementär vertreten. Gibt es mehrere Komplementäre, ist jeder Einzelne vertretungsbefugt (Einzelvertretung).
- Bei einer GmbH wird von den Gesellschaftern ein vertretungsbefugter Geschäftsführer bestellt. Werden mehrere Geschäftsführer bestellt, ist eine Gesamtvertretung vorgesehen, d. h. sämtliche Geschäftsführer müssen unterzeichnen, damit ein Vertrag rechtsgültig wird.
- Bei einer Aktiengesellschaft ist der Vorstand vertretungsberechtigt (Gesamtvertretung).

Beschränkungen oder Erweiterungen der gesetzlichen Vorgaben

Eine Anpassung der gesetzlichen Vorgaben an die eigenen Bedürfnisse ist oftmals möglich und wird in der Praxis auch häufig so praktiziert. Der Gesetzgeber bietet Unternehmen einen relativ großen Gestaltungsspielraum bei der Erteilung von Vertretungsbefugnissen. Vorstellbar sind Beschränkungen bzw. Erweiterungen der Vertretungsbefugnisse.

Beschränkung
Beispiel OHG:

Beispiel: Beschränkung

Durch den Gesellschaftsvertrag wird eine Gesamtvertretung (durch alle Gesellschafter) festgelegt. Wie Sie bereits wissen, ist vom Gesetz her grundsätzlich die Einzelvertretung vorgesehen. Durch die beschlossene Gesamtvertretung kommt es zu einer Beschränkung, da jetzt nur sämtliche Gesellschafter zusammen die OHG vertreten können.

Erweiterung
Beispiel GmbH:

Beispiel: Erweiterung

Durch den Gesellschaftsvertrag wird eine Einzelvertretung einzelner Geschäftsführer anstelle der vom Gesetz her angedachten Gesamtvertretung festgelegt. Dies führt zu einer Erweiterung, da jetzt jeder einzelne Geschäftsführer vertretungsberechtigt ist.

Handelsregistereintrag notwendig

Eine Änderung von Vertretungsbefugnissen muss – damit sie rechtsverbindlich ist – immer ins Handelsregister eingetragen werden.

Vollmachten

Auch Mitarbeiter können mit einer Art »Vetretungsbefugnis« ausgestattet werden. Diese »Vertretungsbefugnisse« sind unterschiedlich gewichtete Vollmachten. Wird Mitarbeitern eine Vollmacht erteilt, unterscheidet man zwischen Prokura und Handlungsvollmacht.

Prokura

Nur ein Kaufmann (im Sinne des HGB) hat »die Lizenz«, einem anderen – formlos – eine Prokura (ppa. oder pp.) zu erteilen. Die Prokura muss in das Handelsregister eingetragen werden. Gesetzliche Regelungen zur Prokura finden sich im HGB.

Grundsätzlich können bei folgenden – in diesem Abschnitt erläuterten – Unternehmensrechtsformen Prokuristen bestellt werden:

- Einzelunternehmen, die im Handelsregister eingetragen sind
- OHGs
- KGs
- GmbHs
- GmbH & Co. KGs
- AGs

Die Prokura ist eine weitreichende Vollmacht. Der Prokurist (als Inhaber der Prokura) ist Dritten gegenüber umfassend bevollmächtigt. Prokuristen dürfen lediglich keine Grundstücke belasten oder veräußern bzw. Handlungen vornehmen, die – aufgrund gesetzlicher Vorschriften – dem Geschäftsinhaber selbst vorbehalten sind (z. B.

Anmeldungen zum Handelsregister). Ferner sind sie im »Innenverhältnis« an die Weisungen des Inhabers gebunden; anderenfalls entsteht eine Schadenersatzpflicht.

Einzelprokura kann auf Gesamtprokura beschränkt werden

Die weit reichende Einzelprokura (ein einzelner Prokurist kann das Unternehmen vertreten) kann auf eine Gesamtprokura (ein Vertrag bedarf der Unterschrift mehrerer Prokuristen) oder eine gemischte Vertretung (ein Prokurist und ein Gesellschafter müssen den Vertrag unterzeichnen) beschränkt werden. Die Erteilung, der Widerruf oder die Beschränkung der Prokura ist nur dann gültig, wenn dies ins Handelsregister eingetragen wurde.

Zeichnung

Der Prokurist unterzeichnet folgendermaßen: Er fügt der Firma seinen Namen bei – mit einem die Prokura andeutenden Zusatz.

Velocitas AG

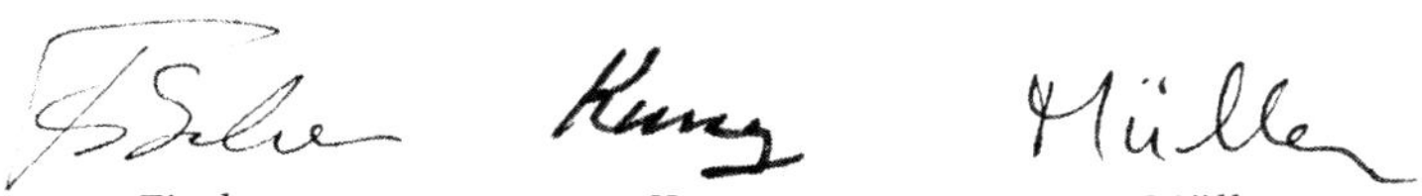

ppa. Fischer *ppa. Kunz* *ppa. Müller*

Handlungsvollmacht

Handlungsvollmachten sind – im Gegensatz zu der Prokura – stark eingegrenzt. Sie umfassen nur bestimmte Tätigkeiten, die der Betrieb eines Handelsgewerbes gewöhnlich mit sich bringt. Handlungsvollmachten können als Artvollmacht und Einzelvollmacht (Sondervollmacht) ausgestattet werden.

Artvollmacht

Die Artvollmacht ermächtigt zur ständigen Vornahme einer bestimmten zu einem Handelsgewerbe gehörenden *Art* von Geschäften. Artvollmacht haben z. B. Lagerverwalter, Einkäufer, Verkäufer und Buchhalter.

Einzelvollmacht (Sondervollmacht)

Die Einzelvollmacht (Sondervollmacht) ermächtigt ausschließlich zur *einmaligen* Vornahme einer bestimmten zum Handelsgewerbe gehörenden Art von Geschäften. Beispiel: Einmalig Geld zur Bank bringen.

Erweiterung der Handlungsvollmacht (Gesamtvollmacht)

Die Handlungsvollmacht kann in ihrer Kompetenz erweitert werden. Sie kann als Gesamtvollmacht für einen bestimmten Bereich definiert werden. Gesamtvollmachten haben in der Regel Abteilungs-, Filialleiter oder Betriebsleiter.

Handlungsvollmachten können nicht ins Handelsregister eingetragen werden.

Zeichnung

Der Handlungsbevollmächtigte unterzeichnet folgendermaßen:

- Bei der allgemeinen Handlungsvollmacht: Zum Namen der Firma bzw. der Unterschrift wird das Kürzel »i. V.« (in Vollmacht) gesetzt.

Velocitas AG

i. V. Hinz

- Bei den Art- oder Einzelvollmachten (Sondervollmachten): Hier wird der Zusatz »i. A.« (im Auftrag) angebracht.

Velocitas AG

i. A. Büneman

Auf einen Blick: Prokura versus Handlungsvollmacht		
Prokura	alle gerichtlichen und außergerichtlichen Geschäfte	z. B. Darlehen aufnehmen, Prozesse führen
Allgemeine Handlungsvollmacht	alle gewöhnlichen Rechtsgeschäfte	Einkaufen, Überweisungen schreiben, Mitarbeiter entlassen
Artvollmacht	eine bestimmte Tätigkeit laufend ausführen	z. B. Verkäufer
Einzelvollmacht	einmalige Tätigkeit	z. B. einmalig Geld zur Bank bringen

Zusammenfassung: Prokura versus Handlungsvollmacht

5. Die Insolvenz

Definition Insolvenz

> Der Begriff »Insolvenz« hat lateinische Wurzeln *(solvendo non esse = nicht zahlungsfähig sein)* und beschreibt somit einen recht unerfreulichen Zustand. In der Praxis versteht man unter Insolvenz, dass Unternehmen bzw. Privatpersonen dauerhaft nicht in der Lage sind, ihren fälligen Zahlungsverpflichtungen nachzukommen.

Beispiel

Beispiel:
Ein Unternehmen kann dauerhaft seine Verbindlichkeiten nicht mehr bezahlen (Steuern, Sozialabgaben für das Personal, Rechnungen der Lieferanten etc.).

Bonität

Liquiditätsengpass

Grundsätzlich kann jedes Unternehmen zeitweise in eine finanzielle Schieflage geraten, ohne dass es sofort zur Insolvenz kommt. Sofern das Unternehmen über eine ausreichende Bonität verfügt, weil beispielsweise die Eigenkapitalquote recht hoch ist, wird es eine ›finanzielle Durststrecke‹ in aller Regel durch die Aufnahme von kurzfristigen Krediten überwinden. Ist das Unternehmen allerdings nicht kreditwürdig und wird der Liquiditätsengpass ›zur Regel‹, kommt es unausweichlich zur Insolvenz.

Insolvenzverfahren
Insolvenzordnung (InsO)

Der ›Auftakt‹ einer Insolvenz ist die Eröffnung des *Insolvenzverfahrens*. Das genaue Vorgehen ist in der so genannten Insolvenzordnung (InsO) gesetzlich geregelt.

Insolvenzantrag

Zu Beginn muss ein Antrag bei dem zuständigen Insolvenzgericht (zumeist Amtsgericht) gestellt werden. Antragsberechtigt ist jeder,

der ein rechtliches Interesse am Insolvenzverfahren hat. Dies sind vor allem die *Gläubiger* (z. B. Sozialversicherungsträger, Arbeitnehmer, Lieferanten), aber auch die *Schuldner*, also die betreffenden Unternehmen selbst.

Gläubiger / Schuldner

Handelt es sich bei dem betreffenden Unternehmen um eine juristische Person (z. B. Kapitalgesellschaften), besteht eine gesetzliche Verpflichtung, die Insolvenz zu beantragen. Eine Pflichtverletzung hat zumeist zivil- und strafrechtliche Konsequenzen.

Antragspflicht

Welches sind die Ziele eines Insolvenzverfahrens?

Die Ziele des Insolvenzverfahrens sind im § 1 InsO beschrieben:

§ 1 InsO

- **Befriedigung der Gläubiger:** Das Insolvenzverfahren bezweckt, die Gläubiger des Schuldners gemeinschaftlich zu befriedigen. Entweder wird das Vermögen des Schuldners verwertet und der Erlös unter den Gläubigern verteilt oder es wird in einem Insolvenzplan eine abweichende Regelung getroffen. Ziel eines Insolvenzplans ist die finanzielle und leistungswirtschaftliche Sanierung des schuldnerischen Unternehmens.

Befriedigung der Gläubiger

Insolvenzplan

- **Gelegenheit zur Restschuldbefreiung:** »Dem redlichen Schuldner wird Gelegenheit gegeben, sich von seinen restlichen Verbindlichkeiten zu befreien.« (§ 1 InsO). Auf Antrag hin können Schuldner nach einer »Wohlverhaltensperiode« (zumeist sechs Jahre) schuldenfrei werden, obwohl durch die Verwertung ihres Vermögens die Verbindlichkeiten nur zu einem Teil (in Höhe der so genannten Insolvenzquote) erfüllt wurden. Die Restschuldbefreiung gilt allerdings nur für verschuldete natürliche Personen.

Restschuldbefreiung

Insolvenzquote

Was sind Insolvenzgründe?

Ohne Grund kann kein Insolvenzverfahren eröffnet werden. In der Insolvenzordnung finden sich insgesamt drei Insolvenztatbestände,

Kein Verfahren ohne Grund!

wobei der erste ein allgemeiner Grund ist und die beiden übrigen besondere Eröffnungsgründe darstellen:

gesetzliche Insolvenzgründe

- Zahlungsunfähigkeit (§17 InsO)
- drohende Zahlungsunfähigkeit (§18 InsO)
- Überschuldung (§19 InsO)

Zahlungsunfähigkeit

Eröffnungsgrund Zahlungsunfähigkeit: Der Eröffnungsgrund der Zahlungsunfähigkeit kann sowohl vom Schuldner als auch von den Gläubigern geltend gemacht werden. Ein Schuldner ist zahlungsunfähig, wenn er nicht in der Lage ist, seine fälligen Zahlungspflichten (Verbindlichkeiten) zu erfüllen, insbesondere wenn er seine laufenden Zahlungen (z. B. Lohn- und Gehaltszahlungen) bereits eingestellt hat. Weitere ‚Indizien' für eine Zahlungsunfähigkeit sind Mahn- und Vollstreckungsbescheide, Pfändungen und Kreditkündigungen.

drohende Zahlungsunfähigkeit

Eröffnungsgrund drohende Zahlungsunfähigkeit: Eine Insolvenzeröffnung wegen drohender Zahlungsunfähigkeit kann nur vom Schuldner selbst, nicht aber von den Gläubigern veranlasst werden. Hintergrund dieser Einschränkung ist, dass der Gesetzgeber jedem Schuldner die Möglichkeit geben will, bereits beim Erkennen der Krisensituation ein Schuldenbereinigungsverfahren durchzuführen. Eine drohende Zahlungsunfähigkeit liegt vor, sofern der Schuldner voraussichtlich nicht in der Lage sein wird, die bestehenden Zahlungspflichten im Zeitpunkt ihrer Fälligkeit zu erfüllen. ›Voraussichtlich‹ meint, dass die Zahlungsunfähigkeit wahrscheinlicher ist als der Nichteintritt dieses Szenarios.

Überschuldung

Eröffnungsgrund Überschuldung (nur bei juristischer Person als Schuldner oder bei Gesellschaften ohne Rechtspersönlichkeit): Der Eröffnungsgrund der Überschuldung kann sowohl vom Schuldner als auch von den Gläubigern geltend gemacht werden. Überschuldung liegt dann vor, wenn das Vermögen (»Aktiva«) des Schuldners die bestehenden Verbindlichkeiten (»Passiva«) nicht mehr deckt.

Um dies zu ermitteln, werden zumeist Sonderbilanzen erstellt, die die reellen Werte der einzelnen Vermögenspositionen berücksichtigen.

Insolvenzverwalter – der Krisenmanager

Insolvenzverwalter

Sofern ein Insolvenzverfahren über das schuldnerische Unternehmen eröffnet wird, bestellt und ernennt das zuständige Amtsgericht einen Insolvenzverwalter, der gewissermaßen als Interims- oder Krisenmanager und ›Schatzmeister der Zahlungsunfähigen und Überschuldeten‹ fungiert und somit die Geschäfte des angeschlagenen Unternehmens führt. Die bisherige Geschäftsführung des insolventen Unternehmens verkümmert während des Insolvenzverfahrens zur ›Geschäftsführung mit stark beschränkter Freiheit‹, da ihnen nichts mehr gestattet ist, was der Insolvenzverwalter nicht möchte. Die Aufgabenfelder des Insolvenzverwalters sind vielseitig und das fachliche Anforderungsprofil hoch. Seine primäre Motivation ist es, das Unternehmen zu retten (sanieren). Wenn dies allerdings nicht mehr möglich ist, kommt es unausweichlich zur Liquidation des Unternehmens.

6. Unternehmenszusammenschlüsse

6.1 Hintergrund und Formen

Unternehmens-zusammenschlüsse

Unternehmenszusammenschlüsse liegen voll im Trend. Wenn Sie in den Wirtschaftsteil Ihrer Zeitung schauen, werden Sie fast täglich mit dieser Thematik konfrontiert. Eine Ursache hierfür ist, dass im Laufe der Zeit auf allen Märkten immer härtere Konkurrenzbedingungen vorherrschen. Die Unternehmen müssen auf diese verschärften Wettbewerbsgegebenheiten entsprechend reagieren.

Definition

Unternehmenszusammenschlüsse sind durch eine enge Zusammenarbeit bzw. Vereinigung verschiedener Unternehmen charakterisiert. Unterschieden werden dabei Vorgänge der

- Kooperation und
- Konzentration.

Wodurch unterscheidet sich die Kooperation von der Konzentration?

Kooperation

Eine *Kooperation* zeichnet sich durch die freiwillige und zumeist auf vertraglicher Basis geregelte Zusammenarbeit rechtlich selbstständiger Unternehmen aus. Auch die wirtschaftliche Selbstständigkeit der kooperierenden Unternehmen bleibt – außerhalb der vertraglichen Zusammenarbeit – bestehen.

Konzentration

Bei der *Konzentration* kommt es hingegen durch kapitalmäßige oder vertragliche Bindungen zu einer Einschränkung oder vollkommenen Aufhebung der wirtschaftlichen Selbstständigkeit der beteiligten Unternehmen. Die rechtliche Selbstständigkeit der Unternehmen bleibt (weitestgehend) erhalten.

6.2 Ziele von Unternehmenszusammenschlüssen

Gewinnmaximierung

Die Motivationen von Zusammenschlüssen sind zahlreich. Ein Hauptziel ist, dass die beteiligten Unternehmen ihre Chance auf eine langfristige Maximierung des Gewinns verbessern möchten (durch Erhöhung der Wirtschaftlichkeit und Erzielung von Rationalisierungseffekten).

weitere Ziele

Weitere Ziele sind:
- Stärkung der Wettbewerbsfähigkeit durch verbesserte Marktstellung
- Risikominimierung
- Beschaffungsziele (z. B. bessere Konditionen)
- Produktionsziele (z. B. Schaffung optimaler Betriebsgrößen)
- Investitions- und Finanzierungsziele (z. B. Aufbringung größerer Kapitalbeträge)
- Absatzziele (z. B. Rationalisierung der Vertriebsorganisation)
- steuerliche Ziele

6.3 Ausgewählte Formen von Unternehmenszusammenschlüssen

ausgewählte Formen

Die Formen von Unternehmenszusammenschlüssen sind vielfältig. Wir möchten beispielhaft die Kooperationsform »*Kartell*« und die Konzentrationsform »*Konzern*« näher beleuchten.

6.3.1 Das Kartell

Kartell

Kartelle sind Zusammenschlüsse rechtlich selbstständiger Unternehmen.

Beschränkung des Wettbewerbs

Die Zusammenarbeit wirkt sich in aller Regel wettbewerbsbeschränkend aus; es finden Absprachen (z.B. bezüglich Preis, Menge und Gebiet) zwischen den kooperierenden Unternehmen statt.

preistreibend

grundsätzliches Kartellverbot

Im Endeffekt wirken sich Kartelle für den Verbraucher preistreibend aus. Aus diesem Grund sind insbesondere Kartelle, die Preisabsprachen beinhalten, grundsätzlich verboten. Rechtliche Regelungen dazu finden Sie im »Gesetz gegen Wettbewerbsbeschränkungen« (GWB).

Welche Arten von Kartellen gibt es?

ausgewählte Kartellarten

Ausgewälte Kartellarten:

- Preiskartelle
- Konditionenkartelle
- Rabattkartelle
- Kalkulationskartelle
- Rationalisierungskartelle
- Quotenkartelle
- Ex- und Importkartelle
- Mittelstandkartelle
- Strukturkrisenkartelle

Legalisierungsmöglichkeiten

Bestimmte Kartellarten können vom Bundeskartellamt *»legalisiert«* werden, indem sie auf Antrag genehmigt werden. Andere Kartellarten sind unter bestimmten Bedingungen nur *anmeldepflichtig*.

genehmigungspflichtige Kartelle

Genehmigungspflichtige Kartelle sind beispielsweise das Rationalisierungskartell und das Strukturkrisenkartell.

Rationalisierungskartelle bestimmen einheitliche Normen und Typen oder beschäftigen sich mit der Rationalisierung wirtschaftlicher Vorgänge. Strukturkrisenkartelle beschränken den Wettbewerb bei anhaltendem Rückgang der Nachfrage.

Anmeldepflichtige Kartelle sind z. B. das Mittelstandskartell und das Ex- und Importkartell.

anmeldepflichtige Kartelle

Mittelstandskartelle werden von kleinen und mittleren Unternehmen geschlossen. Sie sollen der Wettbewerbsfähigkeit der teilnehmenden Unternehmen dienen, indem beispielsweise Vereinbarungen über einen gemeinsamen Einkauf von Waren getroffen werden. Ex- und Importkartelle unterstützen und sichern die Aus- und Einfuhr von Gütern.

6.3.2 Der Konzern

Unter einem Konzern versteht man die Zusammenfassung von zwei oder mehr rechtlich selbstständigen Unternehmen. Diese werden hierbei unter einer einheitlichen Leitung wirtschaftlich zusammengefasst. Das bedeutet konkret: Konzernunternehmen behalten ihre rechtliche Selbstständigkeit bei gleichzeitiger Aufgabe ihrer wirtschaftlichen Selbstständigkeit.

Konzern

Welche Arten von Konzernen gibt es?

Das Aktiengesetz ist die entscheidende Rechtsgrundlage und unterscheidet zwei Konzernarten:

- Unterordnungskonzern
- Gleichordnungskonzern

Konzernarten

Ein *Unterordnungskonzern* entsteht durch ein Abhängigkeitsverhältnis. Er liegt vor, wenn die einheitliche Leitung von einem herrschenden Unternehmen ausgeübt wird. Wie kann es dazu kommen? Ganz einfach: im Regelfall durch den Erwerb der Kapitalmehrheit an einem Unternehmen. Dies geschieht bei Aktiengesellschaften üblicherweise durch den Kauf von Aktien des favorisierten Unternehmens an der Börse. Entsprechende Aktivitäten sind uns aus der Tagespresse nicht fremd. Es kommt immer wieder zu »Übernahmeversuchen«.

Unterordnungskonzern

Gleichordnungskonzern

Bei einem *Gleichordnungskonzern* besteht dieses Abhängigkeitsverhältnis hingegen nicht. Es gibt eine einheitliche Leitung, die allerdings keinen herrschenden Einfluss ausüben kann. Damit sind die Konzernunternehmen in dieser Konstruktion gleichberechtigt.

Der Vollständigkeit halber möchten wir Ihnen noch abschließend einen Überblick über weitere Formen von Unternehmenszusammenschlüssen geben, ohne diese weiter zu erläutern.

weitere Formen von Unternehmenszusammenschlüssen

Kooperationsformen:

- Interessengemeinschaften
- Gelegenheitsgesellschaften (Arbeitsgemeinschaften, Konsortien)
- Unternehmensverbände (Wirtschaftsfachverbände, Kammern, Arbeitgeberverbände)
- Joint Ventures

Konzentrationsformen:

- Fusionen (Verschmelzung)
- im Mehrheitsbesitz stehende Unternehmen und mit Mehrheit beteiligte Unternehmen
- wechselseitig beteiligte Unternehmen
- eingegliederte Gesellschaften

Zusammenfassung:
Unternehmenszusammenschlüsse sind durch eine enge Zusammenarbeit bzw. Vereinigung verschiedener Unternehmen charakterisiert. Unterschieden werden dabei Vorgänge der Kooperation und der Konzentration. Eine bedeutende Kooperationsform ist das Kartell. Eine in der Praxis weit verbreitete Konzentrationsform ist der Konzern.

EBC*L

Fragenkatalog EBC*L

Testprüfung

Lösungsvorschläge

Fragenkatalog EBC*L

Fragen EBC*L

Damit Sie Ihr prüfungsrelevantes Wissen vertiefen und überprüfen können, präsentieren wir Ihnen nachfolgend einige Fragen und Lösungsvorschläge. Die Auswahl der Fragen orientiert sich inhaltlich, strukturell und von der Höhe der erreichbaren Punktzahl an einer realistischen EBC*L-Prüfung. Dadurch erhalten Sie einen ersten Eindruck in das Anforderungsprofil der Prüfung.

Die Prüfungsfragen unterteilen sich in drei Kategorien, die jeweils unterschiedlich bewertet werden. Im Detail handelt es sich hierbei um

- Wiederholungsfragen (pro Frage 4 Punkte),
- Verständnisfragen (pro Frage 6 Punkte) und
- ein Fallbeispiel (12 Punkte).

Die Fragen beziehen sich auf die Themenbereiche

- Bilanzierung,
- Unternehmensziele und Kennzahlen,
- Kostenrechnung und
- Wirtschaftsrecht.

Bei der richtigen Beantwortung aller Fragen können Sie maximal 100 Punkte erreichen. Für das Bestehen der Prüfung sind mindestens 75 Punkte erforderlich. 120 Minuten stehen Ihnen für die Beantwortung der Fragen zur Verfügung.

Wir wünschen Ihnen bereits an dieser Stelle viel Erfolg bei Ihrer Prüfung.

Ihr Autorenteam

Testprüfung

Wiederholungsfragen *(pro Frage 4 Punkte)*

Themenbereich Bilanzierung:

Frage 1:
Kann das Eigenkapital eines Unternehmens sofort in bar entnommen werden? Fügen Sie Ihrer Antwort bitte eine Begründung hinzu.

Frage 2:
Was versteht man unter »Aktivierungspflicht«?

Frage 3:
Was heißt »EGT«? Stellen Sie bitte die Berechnung dar.

Frage 4:
Was ist unter dem Begriff »Forderung« zu verstehen? Wo erscheinen Forderungen im Jahresabschluss?

Themenbereich Unternehmensziele und Kennzahlen:

Frage 5:
Was ist unter der Eigenkapitalquote zu verstehen?

Frage 6:
Wie wird die Eigenkapitalrentabilität berechnet?

Frage 7:

Aus dem vergangenen Geschäftsjahr liegen für ein Handelsunternehmen folgende Zahlen vor.

Eigenkapital:	450.000 €
Erträge:	6.300.000 €
Aufwendungen:	6.210.000 €
Anzahl Mitarbeiter:	70

Berechnen Sie aus den gegebenen Daten

a) die Eigenkapitalrentabilität

b) die Wirtschaftlichkeit

c) die Produktivität der Mitarbeiter, ausgedrückt in Umsatz je Mitarbeiter (in €)

Frage 8:

Welchem nachstehenden Prinzip stimmen Sie zu?

a.) Liquidität geht vor Rentabilität.

b.) Rentabilität geht vor Liquidität.

Begründen Sie bitte Ihre Entscheidung.

Themenbereich Kostenrechnung:

Frage 9:

Was sind »Fixkosten«? Führen Sie bitte zwei Beispiele für Fixkosten auf.

Frage 10:

Das zentrale Instrument der Kostenstellenrechnung ist der BAB. Welche Funktion hat er?

Frage 11:

Was unterscheidet die Profit-Center-Rechnung im Wesentlichen von der Kostenstellenrechnung?

Frage 12:
Was ist unter variablen Kosten zu verstehen? Führen Sie bitte zwei Möglichkeiten am Beispiel eines Malerbetriebes auf.

Themenbereich Wirtschaftsrecht:

Frage 13:
Was sind die Rechte und Pflichten eines Komplementärs? Führen Sie bitte drei Beispiele an.

Frage 14:
Was ist der entscheidende Vorteil einer GmbH? Welche Nachteile stehen dem gegenüber? Führen Sie bitte zwei Beispiele an.

Frage 15:
Was bedeutet Gesamtprokura?

Frage 16:
Führen Sie bitte vier charakteristische Merkmale einer OHG auf.

Verständnisfragen *(pro Frage 6 Punkte)*

Themenbereich Kostenrechnung:

Frage 17:
Ein Bauunternehmen erzielte Umsatzerlöse von 1.200.000 €. 700.000 € davon erwirtschaftet das Profit-Center »Privatkunden«. Die direkt den Privatkunden zurechenbaren Kosten betragen 340.000 €. Die Gesamtkosten des Bauunternehmen belaufen sich auf 720.000 €.

- Wie hoch ist der Deckungsbeitrag des Profit-Centers »Privatkunden«?
- Was bedeutet es für das Gesamtunternehmen, wenn ein Profit-Center einen positiven Deckungsbeitrag erzielt?

Themenbereich Bilanzierung:

Frage 18:

Ein Unternehmer plant, vor Jahresende einen neuen Firmenwagen zu erwerben. Der Wert des Fahrzeuges beläuft sich auf 30.000 €. Er vermutet, dass der Fahrzeugwert seinen Gewinn um 30.000 € verringert und somit die abzuführende Steuer erheblich reduziert. Hat er Recht? Begründen Sie bitte Ihre Antwort.

Themenbereich Bilanzierung:

Frage 19:

Welche Ausgaben bzw. Anschaffungen für ein Lebensmittelgeschäft reduzieren sofort in voller Höhe den Gewinn?

- Benzin für den Firmenwagen
- Anschaffung neuer Regale
- Gehälter
- Kauf einer neuen Leuchtreklame
- Kreditzinsen
- Paketgebühren

Themenbereich Wirtschaftsrecht:

Frage 20:

Stellen Sie sich bitte folgendes vor: Sie sind Mitgesellschafter einer OHG. Leider wird die OHG zahlungsunfähig. Als einziger der OHG-Gesellschafter verfügen Sie über ausreichend Privatvermögen. Die Banken versuchen nun, ihre gesamten Forderungen bei Ihnen einzutreiben. Haben die Banken damit Erfolg? Bitte begründen Sie Ihre Antwort.

Fallbeispiel *(12 Punkte)*

Themenbereiche Bilanzierung/Kennzahlen:

Die Bilanz eines Unternehmens enthält folgende €-Werte:

Aktiva		Passiva	
Immobilien	15.000.000	Eigenkapital	16.800.000
Maschinen	14.000.000		
Fuhrpark	3.000.000		
Büro- und Geschäftsausstattung	1.800.000		
Warenbestand	5.000.000	Bankkredit (langfristige Verbindlichkeiten)	21.000.000
Forderungen	3.000.000		
Kasse, Bank	5.000.000	kurzfristige Verbindlichkeiten	9.000.000
Gesamtvermögen	46.800.000	Gesamtkapital	46.800.000

Wie hoch ist

- das Anlagevermögen? Wie hoch das Umlaufvermögen?
- die Liquidität 1. Grades?
- die Eigenkapitalquote?
- Wie beurteilen Sie die finanzielle Lage des Gesamtunternehmens?

Lösungsvorschläge

Frage 1:

Nein. Das Eigenkapital ist eine abstrakte Größe und ergibt sich rechnerisch als Saldo aus Vermögen und Schulden. Dies hat zur Folge, dass ein Unternehmen das Eigenkapital nicht einfach entnehmen und ausgeben kann. Es ‚steckt' gewissermaßen in den Vermögensgegenständen eines Unternehmens.

Frage 2:

Aktivierungspflicht ist ein handelsrechtliches Gebot, grundsätzlich sind (bis auf einige Ausnahmen) sämtliche Vermögensgegenstände und Rechnungsabgrenzungsposten am Bilanzstichtag auf der Aktivseite der Bilanz auszuweisen.

Frage 3:

EGT = Ergebnis der gewöhnlichen Geschäftstätigkeit. Das EGT beschreibt somit das Ergebnis, das aufgrund der eigentlichen, d. h. das Kerngeschäft betreffenden und notwendigen Betätigung eines Unternehmens entsteht.

Berechnung:

	Betriebliches Ergebnis
+	Finanzergebnis
=	EGT

Frage 4:

Von Forderungen spricht man, wenn ein Unternehmen Anspruch auf Entgelt für eine erbrachte Leistung hat. In der Bilanz (als einem Teil des Jahresabschlusses) werden Forderungen im Umlaufvermögen ausgewiesen.

Frage 5:

Die Eigenkapitalquote beschreibt den Anteil des Eigenkapitals am Gesamtkapital des Unternehmens. Somit informiert diese Kennzahl über die Kapitalstruktur, Stabilität und Unabhängigkeit des Unternehmens. Sie beeinflusst maßgeblich die Kreditwürdigkeit (Bonität) des Unternehmens. Je höher die Eigenkapitalquote, desto höher ist die Bonität.

Frage 6:

Die Eigenkapitalrentabilität beschreibt die »Verzinsung« des Eigenkapitals. Die Formel lautet:

$$\text{Eigenkapital} = \frac{\text{Gewinn}}{\text{Eigenkapital}} * 100$$

Frage 7:

a) Gewinn = Erträge – Aufwendungen
= 6.300.000 € – 6.210.000 €
= 90.000 €

$$\text{Eigenkapitalrentabilität} = \frac{\text{Gewinn}}{\text{Eigenkapital}} * 100$$

$$= \frac{90.000\ €}{450.000\ €} * 100$$

$$= 20\ \%$$

b) $\text{Wirtschaftlichkeit} = \frac{\text{Erträge}}{\text{Aufwendungen}} * 100$

$= \frac{6.300.000\ €}{6.210.000\ €} * 100$

$= 101{,}45\ \%$

c) $\text{Produktivität der Mitarbeiter} = \frac{\text{Erträge}}{\text{Mitarbeiter}}$

$= \frac{6.300.000\ €}{70\ \text{Mitarbeiter}}$

$= 90.000\ €$ pro Mitarbeiter

Frage 8:

Im Zweifelsfall geht die Liquidität der Rentabilität vor. Denn im Gegensatz zur Rentabilität, die die wirtschaftliche Attraktivität des Unternehmens abbildet, ist die Liquidität existenziell für das Unternehmen notwendig. Bei mangelnder Liquidität droht die Insolvenz.

Frage 9:

Fixkosten sind die Kosten, die auch dann anfallen, wenn nicht produziert wird. Das bedeutet, dass Fixkosten unabhängig von der Leistungsmenge sind. Fixkosten sind somit (bis zur Kapazitätsgrenze) immer konstant.

Beispiele für typische Fixkosten sind die Miete / Pacht und die Darlehensraten für finanzierte Anlagegegenstände (z. B. Maschinen).

Frage 10:

Im BAB als zentralem Instrument der Kostenstellenrechnung erfolgt die Umlage der Gemeinkosten auf Kostenstellen anhand von Belegen oder nach geeigneten Verteilungsschlüsseln. Optisch entspricht der BAB einer Tabelle (er enthält Spalten und Zeilen).

- In den Zeilen werden die Gemeinkostenarten abgebildet.
- In den Spalten stehen die Kostenstellen.

Eine weitere Funktion des BAB ist, die Kostenträgerrechnung ›technisch‹ zu unterstützen. In diesem Zusammenhang können so genannte Gemeinkostenzuschlagssätze aus dem BAB abgeleitet werden.

Frage 11:
Die Profit-Center-Rechnung bezieht neben den verursachten Kosten auch die Erlöse des Profit-Centers mit ein. Die Kostenstellenrechnung berücksichtigt keine Erlöse, sondern ausschließlich Kosten.

Frage 12:
Variable Kosten sind von der Leistungsmenge abhängig, d. h. sie steigen oder fallen – je nachdem, ob mehr oder weniger produziert wird. Wird hingegen überhaupt nichts produziert, fallen auch keine variablen Kosten an.

Beispiele: Farbe; Kosten der Aushilfskräfte, die auf Stundenbasis honoriert werden etc.

Frage 13:
- Gewinnbeteiligung (Recht)
- Geschäftsführungsbefugnis (Recht)
- persönliche, unbeschränkte und ggf. solidarische Haftung (Pflicht)

Frage 14:
Der entscheidende Vorteil einer GmbH ist die beschränkte Haftung. Diesem Vorteil stehen folgende Nachteile gegenüber: Erhöhte Gründungskosten und aufgrund der beschränkten Haftung eingeschränkte Bonität bei der Kreditaufnahme (Ausnahme: i. d. R. Bürgschaftshinterlegung und / oder Sicherheiten).

Frage 15:
Die Gesamtprokura bedeutet eine Einschränkung der (Einzel-)Prokura. Bei der Gesamtprokura muss mindestens eine weitere vertretungsberechtigte Person mit zeichnen, damit ein Vertrag rechtsgültig wird.

Frage 16:
- Personengesellschaft
- mindestens zwei Gesellschafter
- unbeschränkte, persönliche und solidarische Haftung
- Einzelvertretungsberechtigung der Gesellschafter

Frage 17:

Umsatzerlöse des Profit-Centers »Privatkunden«		700.000 €
–	zurechenbare Kosten des Profit-Centers »Privatkunden«	– 340.000 €
=	Deckungsbeitrag des Profit-Centers »Privatkunden«	360.000 €

Bedeutung für das Gesamtunternehmen: Ein positiver Deckungsbeitrag des Profit-Centers trägt dazu bei, die Overheadkosten (= Gemeinkosten bzw. fixe Kosten, die nicht vom Profit-Center verursacht wurden) des gesamten Unternehmens zu decken.

Frage 18:
Nein. Der Unternehmer ist im Unrecht. Bei dem Firmenwagen handelt es sich um aktivierungspflichtiges Anlagevermögen. Keinesfalls reduziert dieser Kauf im Jahr der Anschaffung in voller Höhe den Gewinn des Unternehmers. Nur die jährliche Abschreibungsrate darf als Aufwand berücksichtigt werden.

Frage 19:
Benzin, Gehälter, Paketgebühren und Kreditzinsen reduzieren sofort in voller Höhe den Gewinn. Die Regale und die Leuchtreklame werden abgeschrieben. Nur in der Höhe ihrer jeweiligen jährlichen Abschreibungsraten wirken sie gewinnmindernd.

Frage 20:
Ja. Und zwar aufgrund der solidarischen Haftung. Die Banken haben das Recht, ihre gesamten Forderungen von jedem einzelnen Gesellschafter einzutreiben. Jeder Gesellschafter muss notfalls auch mit seinem gesamten Privatvermögen für sämtliche Schulden des Unternehmens gerade stehen.

Fallbeispiel:
Anlagevermögen

Anlagevermögen	
Immobilien	15.000.000
Maschinen	14.000.000
Fuhrpark	3.000.000
Büro- und Geschäftsausstattung	1.800.000
Summe	33.800.000

Umlaufvermögen

Umlaufvermögen	
Warenbestand	5.000.000
Forderungen	3.000.000
Kasse, Bank	5.000.000
Summe	13.000.000

$$\text{Liquidität 1. Grades} = \frac{\text{liquide Mittel (Kasse, Bank)}}{\text{kurzfristige Verbindlichkeiten}} * 100$$

$$= \frac{5.000.000\ €}{9.000.000\ €} * 100$$

$$= \mathbf{55{,}56\ \%}$$

$$\text{Eigenkapitalquote} = \frac{\text{Eigenkapital}}{\text{Gesamtkapital}} * 100$$

$$= \frac{16.800.000\ €}{46.800.000\ €} * 100$$

$$= \mathbf{35{,}9\ \%}$$

Die finanzielle Lage des Gesamtunternehmens:
Die Liquidität 1. Grades sollte stets über 100 % betragen, damit alle offenen Rechnungen bezahlt werden können. Diese Situation ist hier leider nicht gegeben. Es besteht dringender Handlungsbedarf, damit kein Liquiditätsengpass auftritt.

Die Eigenkapitalquote ist stark branchenabhängig. Es gibt Unternehmen, die nur über 10 % Eigenkapitalanteil verfügen. Somit ist die ausgewiesene Eigenkapitalquote von 35,9 % ein guter Wert. Eine hohe Eigenkapitalquote wirkt sich positiv auf die Kreditwürdigkeit (Bonität) des Unternehmens aus. Zur kurzfristigen Verbesserung der Liquidität 1. Grades empfiehlt sich möglicherweise die anteilige Umwandlung kurzfristiger Verbindlichkeiten in Bankkredite (langfristige Verbindlichkeiten).

Stichwortverzeichnis

Stichwortverzeichnis

Stichwortverzeichnis

Stichwortverzeichnis

Stichwortverzeichnis